中国信息经济学会电子商务专业委员会 **推荐用书**

电子商务优秀设计方案与分析

—— 第七届和第八届全国大学生电子商务“创新、创意及创业”挑战赛部分优秀设计方案述评

《电子商务优秀设计方案与分析》编写组 编

重庆大学出版社

内容简介

本书将第七届和第八届全国大学生电子商务"创新、创意及创业"挑战赛的部分优秀作品经过进一步规范、整理、分析和点评后集结而成，较好地展示了2017年和2018年全国大学生电子商务"三创"成绩，可以为更多的大学生从事"三创"活动做借鉴，为电子商务创业者和实践者提供参考。

图书在版编目(CIP)数据

电子商务优秀设计方案与分析：第七届和第八届全国大学生电子商务"创新、创意及创业"挑战赛部分优秀设计方案述评 / 《电子商务优秀设计方案与分析》编写组编. -- 重庆：重庆大学出版社，2020.8（2021.8 重印）

ISBN 978-7-5689-2169-5

Ⅰ.①电… Ⅱ.①电… Ⅲ.①电子商务—案例—中国 Ⅳ.①F724.6

中国版本图书馆 CIP 数据核字(2020)第 085960 号

电子商务优秀设计方案与分析

——第七届和第八届全国大学生电子商务"创新、创意及创业"

挑战赛部分优秀设计方案述评

《电子商务优秀设计方案与分析》编写组　编

策划编辑：尚东亮

责任编辑：文　鹏　刘玥凤　版式设计：尚东亮

责任校对：刘志刚　　　　　责任印制：张　策

*

重庆大学出版社出版发行

出版人：饶帮华

社址：重庆市沙坪坝区大学城西路21号

邮编：401331

电话：(023) 88617190　88617185(中小学)

传真：(023) 88617186　88617166

网址：http://www.cqup.com.cn

邮箱：fxk@cqup.com.cn (营销中心)

全国新华书店经销

POD：重庆新生代彩印技术有限公司

*

开本：787mm×1092mm　1/16　印张：17.25　字数：390千

2020年8月第1版　　2021年8月第2次印刷

ISBN 978-7-5689-2169-5　定价：68.00元

编 写 组

组　长　李　琪

副组长　陈德人　吕廷杰　陈　进

成　员　（按姓氏拼音排序）

李洪心　彭丽芳　汤兵勇　王丽芳

项目指导教师　（按姓氏拼音排序）

巴大志　陈祥兵　高　航　高文海　谷　聪　蒋玉石

李　斌　李　锋　李　明　梁　雪　刘鸿铭　刘永武

刘　勇　马永辉　苗　苗　莫　赞　彭丽芳　盛晓娟

施　璐　王丹枫　王冬屏　王　琥　王　威　温芝龙

文　燕　吴夏蓉　项益鸣　徐　越　许德武　许梅恋

薛万欣　晏育章　杨晓莲　易永祥　虞晓东　张闻羽

支侃买　周广春　周显洋　周　怡

项目点评专家　（按姓氏拼音排序）

陈　晔（企）　李忠俊　李立威　林　翊　刘腾红

孟　伟　彭丽芳　乔志林　任志鸿（企）　任昱衡（企）

帅青红　汤兵勇　张　宁

文稿统筹整理秘书

“三创赛”竞组委秘书处、西安交通大学在读博士生：王璐瑶　高夏媛

前 言

根据教育部、财政部(教高函〔2010〕13号)文件精神,全国大学生电子商务“创新、创意及创业”挑战赛(以下简称“三创赛”)是激发大学生兴趣与潜能,培养大学生创新意识、创意思维、创业能力以及团队协同实战精神的学科性竞赛。“三创赛”为高等学校落实教育部、财政部《关于实施高等学校本科教学质量与教学改革工程的意见》,开展创新教育和实践教学改革,加强产学研之间联系起到积极示范作用。

第七届全国大学生电子商务“创新、创意及创业”挑战赛从2016年11月开始组织工作,本届大赛共有2万多支团队、1 000多所参赛学校报名,在全国32个省级行政单位组织了省级选拔赛。经“三创赛”竞赛组织委员会审核,共有562支(包括香港和澳门特别行政区的34个分赛区)团队的作品进入总决赛,经专家预评后,最终有182支团队成功入围全国总决赛现场赛。第七届“三创赛”总决赛于2017年7月20—22日在西安交通大学成功举行。本届总决赛经过专家预评、分组赛和现场PK等环节,最后共决出第一名、第二名、第三名各1名,特等奖15名,一等奖60名,二等奖、三等奖若干名,创新、创意、创业奖各15名,并且为获得特等奖的团队指导老师颁发了“最佳指导老师奖”,为获得一等奖团队的指导老师颁发了“优秀指导老师奖”。

第八届“三创赛”从2017年11月开始组织工作,报名数量再创历史新高,达到了4万多支(其中官网报名31 970支,浙江赛区报名团队九千余支),涉及600余所高校的近16万学生。第八届“三创赛”竞赛组织委员会分别在31个省、直辖市、自治区举办了省级赛,各省级赛承办单位在5月15日到6月30日间完成了相关赛事,各赛区累计的现场赛团队总数达到了2 785支,其中14个赛区的省赛现场赛团队数量超过了100支,4个赛区的省赛现场赛团队数量超过了200支。第八届“三创赛”总决赛于2018年7月27—30日在山西太原的太原理工大学成功举行。本届总决赛经过专家预评、分组赛和现场PK等环节,最后共决出第一名、第二名、第三名各1名,特等奖15名,一等奖75名,二等奖110名,三等奖若干名,创新、创意、创业奖各15名。

第八届“三创赛”全国总决赛在第七届的基础上进行了赛事创新,搭建了政府组团、企业唱戏的赛事平台,大力融合产品展示、项目招商以及人才招聘等多项内容,形成“政、产、学、研、商”结合的新办赛模式,从而开启由“三创赛”向“三创会”的创新转换,助力高素质人才培养和区域经济转型发展。

“三创会”现场同时进行了:

(1)“三创赛”系列赛事;

(2)“校企合作、人才倍增”的企业现场产品展示、体验交流和企业人才招聘活动；

(3)政产学合作的三创赛高峰论坛，为培育“大众创业、万众创新”生力军添智献力；

(4)成果对接会：对参赛团队的项目成果进行企业对接和成果转化。

历届“三创赛”能够成功举办与教育部高等学校电子商务类专业教学指导委员会领导和各位委员的积极参与密不可分。各省级选拔赛承办单位从申请承办权到组织分赛区选拔赛，再到积极推荐优秀作品参加全国总决赛，做了大量工作，各地高校及地方政府、企业开展了卓有成效的竞赛活动，取得了优秀成果。“三创赛”得到了教育部高教司的指导和赞扬，教育部高等学校电子商务类专业教学指导委员会作为主办单位，西安交通大学和太原理工大学分别作为第七届和第八届总决赛的承办单位做出了卓越贡献，重庆市石柱土家族自治县和山西汾酒集团分别作为第七届和第八届总决赛的冠名单位在资金上给予了大力支持，中国信息经济学会电子商务专业委员会、全国高校电子商务与电子政务联合实验室、北京博导前程信息技术股份有限公司、深圳因纳特科技有限公司等组织和企业作为“三创赛”协办单位提供了大力帮助，在此一并致谢！

为了更好地发挥“三创赛”总决赛获奖成果的作用，“三创赛”竞赛组委会与第七届和第八届参加国赛的团队（含获得国赛特等奖的团队）签署了成果转化协议，由“三创赛”竞赛组委会发布竞赛成果（包括本书的出版），积极推动获奖成果的转化。同时，“三创赛”竞赛组织委员会与重庆大学出版社再度合作，请参赛团队把获奖成果按统一结构编辑、整理、加以分析，再请教育部高等学校电子商务类专业教学指导委员会专家、高校专家和企业专家加以评价，然后结集出版以飨读者。本书共收录了第七届和第八届“三创赛”总决赛特等奖作品18个，其中前11个为第七届的参赛作品，后7个为第八届的作品。

本书的成功出版要感谢重庆大学出版社的大力支持，感谢各获奖团队和指导老师的奉献，感谢所有点评专家和编委会成员的工作与支持。同时，本书难免还有不足之处，希望读者不吝指正。

编写组

2019年9月6日

目　录

康养石柱，五彩生活

参赛团队：重庆师范大学 & 重庆大学　石柱印象
参赛组长：杨钰平
参赛队员：林　巧　刘　浩　高　玲　谢雨航
指导教师：李　明　王丹枫（企业）　刘鸿铭（企业）
关 键 词：农村电商　区域联盟　电子商务 O2O　自媒体　新零售

摘要：本团队在政府扶持、龙意公司打造和大学生团队策划下，结合石柱的地理、人文、生态、旅游和产品的“五彩”特色，打造媒体门户、营销策划、电子商务三大板块，帮助家乡的康养绿色、土家风俗产品走出石柱，吸引更多人走进来。目前，平台已经正常运作并有所成效。我们应用了“区域联盟”新型营销策略，联合重庆周边 30 余家区县媒体，互助合作，资源整合，建立渝网盟，并打造出以印象石柱为中心的渝网盟特产馆，实现各区域互为特色农产品供应商与渠道分销商，采取一对多的合作模式，创新线上线下 O2O 的互动。进行自媒体营销、地推营销、区域联动及大数据营销，全面覆盖重庆，全方位满足消费者需求。而我们则通过产品销售、平台运营、广告媒介及地推活动获取利润。

1　项目简介

1.1　项目社会经济意义

近年来，消费者崇尚外来物，而特色农产品销售受传统营销观念和传统销售模式制约，农户有产品无处销。这是电商发展迅速，但农村电商却发展缓慢的根本原因所在。所以在政府的大力支持下，我们致力于挖掘本地农产品、包装农产品、销售农产品，逐步形成品牌效应，让特色农产品成为康养石柱的另一张名片，大力推动家乡经济发展。

1.2　项目目标与近期效果

举办的产品推介会、美食文化节得到市民的大力支持，特色农产品在平台上的销量不断增加。未来本项目目标如下：

(1)立足石柱,覆盖重庆,走向全国。

(2)持续挖掘重庆特色农产品,完善平台信息和服务体系,打造品牌效应。

1.3　项目主要内容

本项目结合石柱"五彩"特色,已成功打造"石柱生活网"App、石柱网上超市以及"印象石柱"微信商城三大平台,并应用"区域联盟"新型营销策略,联合重庆周边 29 个区县电子商务平台,对线下渠道进行资源、渠道等多方面整合,实现特色农产品由农村到城市的销售。

1.4　项目技术路线

本项目运用"page test"技术对网站性能进行监测和管理,深入挖掘网站用户数据,分析用户消费行为,搭建"石柱生活网"App、石柱网上超市以及"印象石柱"微信商城。并设网站客服,能在线把握销售机会,提高网站浏览量。同时,从营销方式、移动支付选择上进行优化改进,使平台消费者实现便捷购物,提高产品知名度。

1.5　项目特色

本平台采用"区域联盟"创新型营销策略,集合各区县农产品进行运营销售,实现信息资源共享,联盟之间互推互助。同时,我们的高校营销团队通过"石柱生活网"自媒体App、微信公众号在高校招募优秀团队,对高校市场进行全方位的了解以及推广,扩大公司产品的销售渠道。

2　项目分析

2.1　市场需求分析

近年来,消费环境的优化和居民收入的增加,使消费者逐渐崇尚外来物,而石柱农产品的市场和流通一直制约着农户产业的发展,影响农户的经济收益以及农村长久稳定的发展,导致农户有产品无处销、农村电商发展缓慢、农产品知名度下降、影响力降低等。而网络基础设施投入力度的不断加大,为线上市场的发展奠定了坚实的基础。O2O 模式充分利用了互联网跨地域、无边界、海量信息、海量用户的优势,所有的消费行为均可以准确统计,可充分挖掘线下资源,吸引更多的商家进来,进而促成线上用户和线下商品与服务的交易。

但是,石柱现有的农村电商企业对本地营销渠道建设虽较为完善,但知名度较低、覆盖面较窄,仅面向本地,造成农产品的交易难,农产品出现结构性、季节性和区域性过剩,存在信息交流不畅、农产品交易手段单一、交易市场管理不规范等问题。农产品市场迫切需要改革创新,而 O2O 这个新的营销模式将给中国线上市场带来新的活力。那么,当务之急就是要解决农产品市场的信息畅通以及市场预测问题,尽可能避免不必要的损失。这就需要创造电子商务平台解决这个问题,通过此平台去提高信息的流通率、匹配率以及产品的交易率,方便石柱农村电商的发展和扩大。

2.2 产品市场定位

为了解石柱县农户农产品的销售区域,我们对全县 23 家农户进行走访调查及分析(参见图 1)。我们发现石柱县大部分农产品留在本地销售,销往城镇及市区的还是很少,主要原因是流通环节信息不畅、缺少物流渠道、农产品分布较散,同时,人们越来越习惯在网上进行消费。立足于石柱县,我们发现县外商品渐渐地通过网络渠道涌进石柱县,对当地的个体经销商造成一定的冲击。既然外面的商品能够卖进来,那我们就要将石柱的特色产品卖出去,让石柱的大门打开,让石柱的产品走出去。因此石柱的各类产品急需通过互联网进行集中、加工和转变,现有市场急需一个整合、高效的电商平台进行农产品的销售和推广。

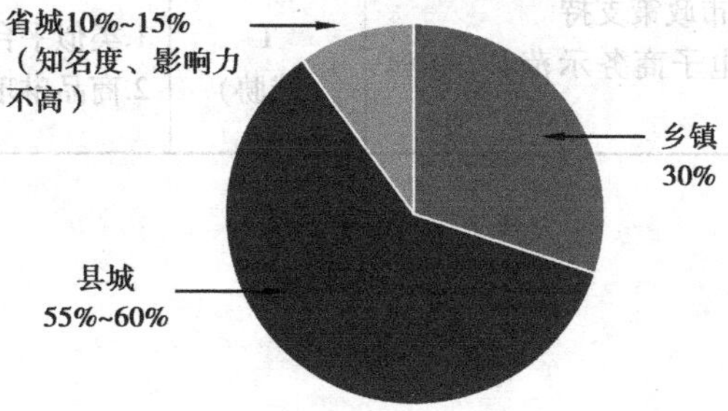

图 1 石柱农户农产品销售区域

2.3 可行性分析

1) PEST 分析

项目的 PEST 分析如表 1 所示。

表 1 石柱县电子商务环境 PEST 分析

外部政治环境	国家对电子商务发展高度重视
	重庆市对电子商务发展大力支持
外部经济环境	中国宏观经济持续健康发展
	重庆市电子商务市场发展迅速
外部社会环境	全民消费观念逐渐转变
	居民对生活质量的要求不断提高
科学技术发展	国内信息化基础设施和网络应用基础环境的完善
	信息服务业潜力突出

从当前的政治、经济、社会文化、科学技术环境来讲,我国县域电子商务产业的发展正处于最好的时机:政策利好、经济增长迅速、社会需求逐步提升、技术环境更加完善。本项目三大平台在整合资源、提供公共服务、聚合产业等方面能够起到重要的作用,对推动经济发展有重大价值。

2)SWOT 分析

我们项目的 SWOT 分析如表 2 所示。由 SWOT 分析可得,项目应建立联盟的合作开放平台,轻线上电商平台,重线下垂直区域,提供消费者全渠道连接服务的有效解决方案。推动以区域商贸流通业为助力的产业链 O2O 化与电子商务化的快速健康发展。

表 2　石柱县电子商务发展状况 SWOT 分析

S (优势)	1.石柱县资源丰富,发展迅速 2.政府大力支持 3.“区域联盟”和充足的媒体资源	W (劣势)	1.主要依赖公路,物流成本较高 2.石柱县的农村电子商务还处于起步阶段,农户的知识程度低,很难适应产品的电商化改革
O (机遇)	1.国家、重庆市政策支持 2.石柱县是电子商务示范县,有利于电商产出	T (威胁)	1.类似平台较多 2.商品琳琅满目

3　项目设计

3.1　产品形态设计

本团队主要做石柱莼菜、中益土蜂蜜、红辣椒、倒流水豆腐干、三星香米几款产品精细化服务和营销策划包装及产品包装。我公司将针对不同目标人群对产品包装进行差异化处理,对于以赠送、珍藏为购买目的的消费群体,对产品进行精包装:将我公司 logo 以雕刻的方式植入产品包装提升产品质感,并以石柱土家风情文化为主题对包装图案进行设计,产品包装图案勾勒出土家姑娘着特色服装在黄水参观、旅游时陶醉的画面,勾起消费者对石柱土家文化的向往,以刺激消费需求,进而增加销量。

3.2　经营模式设计

“水泥+鼠标”是传统行业借助互联网平台进行创新的形象表达。“石柱生活网”就是运用更加符合互联网时代的 7C 营销理论和方法等,借助互联网技术及平台所展开的营销活动。

模式一:利用互联网扩张,迅速占领市场。互联网这个平台的宣传推广,能够方便意向性很强的用户迅速找到“石柱生活网”。借助互联网做好网络公关工作,转化更多的人成为用户,并不断提升用户的黏性。

模式二:利用社交 App,建立与用户的对话桥梁。“石柱生活网”通过建立官方微博或找知名博主来传播企业资信,能达到成本低、传播快的目的,且能将很多潜在用户转化为现实的用户。用户可将自己的意见或建议以在主页留言板留言、评价或讨论的方式发表出来,在我们得到反馈信息的同时方便用户在选择时作为参考。所以,“石柱生活网”希望与用户建立一种长期而稳定的对话机制,从而获得忠诚用户。

模式三:利用互联网打造信息平台,为供求双方提供服务。发现问题并解决问题是“石柱生活网”创新经营的途径。互联网先进的工具和技术手段(“石柱生活网”拥有强大的后台技术人员团队)可以解决很多传统行业无法解决的问题。

3.3 技术方案设计

结合石柱的地理、人文、生态、旅游和产品的“五彩”特色,打造媒体门户、营销策划、电子商务三大板块,分别为城市生活服务“石柱生活网”App、城市社区电商“石柱网上超市”、农村电商“印象石柱”微信商城。

1) 城市生活服务部分

城市生活服务部分内容参见图 2。

2) 城市社区电商服务部分

城市社区电商服务部分内容参见图 3。

图 2 石柱生活网 App

图 3 石柱网上超市

3) 农村电商服务部分

农村电商服务部分内容参见图4。

莼菜　三星香米　中益土蜂蜜　倒流水豆腐干　石柱红辣椒

图4 “印象石柱”微信商城服务产品

3.4 组织机制设计

本公司技术核心工作组目前拥有10名专业技术团队核心成员,1名产品经理,2名安卓工程师,2名前端应用研发工程师,2名后台程序研发工程师,1名云服务器架构师,2名用户交互界面UI设计师,同时拥有一线知名互联网技术工程师组成的顾问团。专业且强大的技术团队为“石柱生活网”的发展提供了强有力的技术保障,使公司能够在竞争中不断发展壮大。

3.5 财务管理设计

1) 投资计划

公司资本总规模为500万元。其中,团队成员自行筹款入股50万元,占注册资本的10%;银行借款150万元,占注册资本的30%;吸引投资公司100万元资金,占注册资本的20%,吸引风投200万元资金,比例为40%。第三年起,我公司进一步发展,吸引并扩大客源,计划从第三年起再次开始吸引风投200万元。同时“市场支撑与服务调研工作组”已组建完成业务团队,遍布重庆两大高校,技术、市场、运营核心成员共计约20人。“石柱生活网”力争在未来发展中布局重庆市各大高校,在2020年突破10所高校,预计“石柱生活网”未来5年内的资产总规模能保持稳定增长。

2) 成本概况

本平台运营成本如图5所示。

3) 公司财务状况

公司财务状况通过资产负债表反映。资产负债表详细记录了公司在年初或一个经营期间末的经营状况。2017年财务数据预测如表3所示。

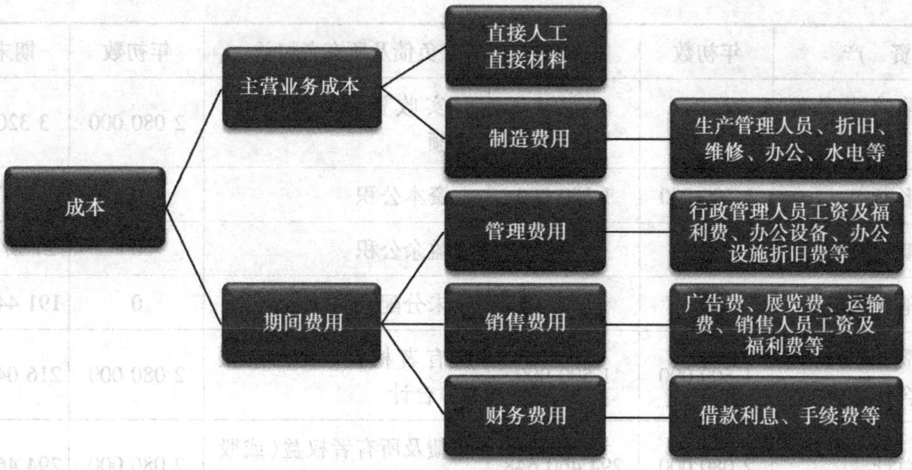

图5 公司运营成本概况

表3 2017年资产负债表预测

单位:元

资　产	年初数	期末数	负债及所有者权益	年初数	期末数
流动资产:			流动负债:		
货币资金	500 000	252 604 864	短期借款	0	3 000 000
短期投资	0	0	应付票据	0	0
应收票据	0	3 000 000	应付账款	0	4 500 000
应收利息	0	0	应交税金	0	70 920 000
应收账款	0	36 873 784	一年内到期的长期负债	0	0
预付账款	0	200 000	流动负债合计	0	78 420 000
存货	0	100 000	长期负债:		
流动资产合计	500 000	292 778 648	长期借款	0	0
固定资产:			长期负债合计	0	0
固定资产原值	80 000	190 000	负债合计	0	78 420 000
减:累计折旧	0	8 000			
固定资产净值	80 000	182 000	所有者权益(或股东权益):		
工程物资	0	0	实收资本(或股本)	2 080 000	3 320 000
固定资产合计	80 000	182 000	减:已归还投资	0	0

续表

资　产	年初数	期末数	负债及所有者权益	年初数	期末数
无形资产及其他资产：			实收资本（或股本）净额	2 080 000	3 320 000
无形资产	1 500 000	1 500 000	资本公积	0	0
长期待摊费用	0	0	盈余公积	0	21 272 065
其他长期资产	0	0	未分配利润	0	191 448 583
无形资产及其他资产合计	1 500 000	1 500 000	所有者权益（或股东权益）合计	2 080 000	216 040 648
资产总计	2 080 000	294 460 648	负债及所有者权益（或股东权益）总计	2 080 000	294 460 648

说明：按照公司法的规定，按照净利润的10%提取法定盈余公积，暂不提取任意盈余公积。

3.6　风险控制设计

1）市场风险及对策

在项目初期本团队将面临的市场风险可能有以下几点：

①平台知名度不高，顾客不清楚我们5个板块的内容及优质服务。

②产品方面：网上电商市场竞争激烈，各大平台产品琳琅满目、价格不一，影响消费者正确选择本团队“印象石柱”板块绿色康养的特色农产品。

主要对策：

①针对达不到营销效果所存在的风险，本团队将加强周边地区的宣传工作，在各大主流媒体进行视频广告推广。

②统一产品包装，加强品牌文化，提供方便快捷的一体化打包发货流程及售后服务。平台是否能做大做强，取决于能否在短时间内吸引人气、抢占市场。

2）人事管理风险

成员相对缺乏管理经验和开发技术，不一定能对市场及网站运营情况进行准确分析且做出正确决策，所以，我们的团队还需要继续学习相关方面的知识，提高自身解决问题的能力，在学习与实践中快速进步和成长。

3）财务风险及对策

本项目成立初期，注入资金较少，产品销售和平台运营费用支出比较大，融资信誉不高，同时有可能会发生融资人中途退出、资金链运作出问题等情况，导致到期债务无法清偿，公司陷入严重的债务危机，面临较大的财务风险。

主要对策如下：

①完善财务管理系统，合理确定资本结构，控制债务规模。

②制订有效的成本计划，记录日常开支情况，降低及避免超出预算额度。

③坚持"先内部融资，后外部融资，先负债融资，后股权融资"的原则，且融资一定要签署合同，使之具有法律效力。

④在确保主业健康发展的同时，可以把闲散的资金交由投资公司或基金管理公司运作，获取利润。

⑤加强资金管理，降低人为财务风险，尽量做到合理地配置资源。

4)来自外界环境的一些特殊风险及对策

针对其他风险的对策：我们公司通过加强管理，提高公司人员的风险意识以降低政治、经济、自然灾害等不可预见的风险因素给公司带来的不利影响。

4 项目建设

4.1 组织建设

本项目采取了按业务线直线节点分组的组织形式。这种组织形式具有信息流通顺畅、决策效率高、管理成本低、应变能力强等特点。自"石柱印象"团队成立至今，已形成稳定的5大业务工作组：技术核心工作组、先进技术预备及调研工作组、产品决策与发展工作组、竞赛与品牌创新工作组、市场支撑与服务调研工作组。各大工作组分工合作，专业度强，互相支持，业务清晰。

4.2 技术支持建设

项目各平台采用SPSS数据分析功能，挖掘用户数据、预测分析市场需求；后台运用了SpringMVC+Mybatis技术，主数据库采用了MySQL，并搭建了Redis高速缓存数据库。开发团队采用了Jenkins自动部署和Git版本控制器，开发过程高效稳定。同时，服务器选用两台Linux美团云服务器，并搭建Nginx作均衡负载。Web前端使用了Jquery+RequireJs技术，并搭建FreeMarker模板引擎。同时，移动端采用了占据操作系统市场70%份额的安卓系统，并利用安卓官方ADT作开发的技术。服务器实现了信息前端客户到后台管理系统的信息实时共享，响应速度快，能满足网上交易的需求。

4.3 商业运作建设

我们的商业运作建设包括以下三点：

①专业且强大的技术团队为平台的发展提供了强有力的技术保障，所以，公司能够在竞争中不断发展壮大。

②产品文化带动消费群体健康化战略：公司秉承"康养石柱"的发展理念，以带动石柱人民健康生活、绿色发展为目标，采用绿色生态的原材料对产品进行加工与包装，通过公司文化传递康养、绿色的生活理念，消费者购买的不仅是产品本身，更是我公司产品所

传递的康养文化。

③在高校招募优秀团队对高校市场进行全方位的了解以及推广，扩大公司产品的销售渠道，目标对象为大学生消费群体、高校周边餐饮行业零食店等，校园客户群集中，宣传成本和推广成本可控。

4.4　网络营销建设

1)第三方平台营销

互联网是广大民众获得信息最广泛的一种渠道，通过互联网对平台信息进行推广，提升平台知名度。通过“石柱生活网”主流媒体门户、微信公众号、QQ、贴吧、微博等新媒体进行推广，同时在区县主流媒体网站(“忠县之家”“丰都网”等)上进行文案和产品上线推广。在平台上定期推送石柱康养的趣闻和小知识，同时举行留言等活动，抽取幸运留言赠送平台代金券，提高客户对平台的忠诚度。

2)网红营销

打造具有石柱县特点的土家族网红，前期男女各1名，通过网红在直播平台对我公司产品进行体验式广告的传播，扩大品牌影响力。网红也会在石柱生活网的官方网站不定期进行直播产品讲解，提高石柱生活网官方网站的浏览量与我公司产品的点击率。

5　项目运行与维护

5.1　运行与维护过程

本项目三大平台的设计贴近石柱风情，功能键简单易操作，为客户提供丰富的用户体验。消费者可以通过网站、App、微信公众号浏览和线下活动的参与享受网站的服务。每月让用户参与线下活动和线上优惠等，为用户提供便利以及好的产品。

5.2　运行与维护效果

1)市场影响

公司已与重庆29个区县网站组成区域联盟，目前必须成立一个“联盟大平台”，把各区县农产品集合在一起进行运营销售；信息资源共享，联盟之间互推互助，在重庆以及全国范围内将电商发展壮大。目前，高校营销团队主要通过“石柱生活网”PC端、微信公众号和App在高校招募优秀团队对高校市场进行全方位的了解以及推广，扩大公司产品的销售渠道，目标对象为重庆市民。

2)运营业绩

实现石柱生活网200万用户量(40万有效用户量)的战略目标。健全石柱电商产业链，完善诚信电商体系和大重庆29个区县的区域联盟建设，打造多彩的旅游电子商务产业链，实现石柱县农业全产业链的全面发展。

3）社会与经济效益

随着市场经济的不断发展，农村电商的兴起衍生出了很多的电商平台，小规模平台的资源很不齐备，在激烈的市场竞争中难以抵御风险。为了尽可能地提高农村电商的成功概率，真正地帮助农民获得实实在在的利益，本项目平台用一种独特的营销模式跟很多有识之士共同搭建了这个联盟平台。在平台上，你可以找到重庆的农村产品，可以更好地进行资源互补和交流，同时本项目的营销模式，让你无须花费大量时间去各个平台选择，在我们的联盟平台上就可以一次搞定。

6 分析与评价

6.1 指导老师点评

本次的学生创业团队学科交叉合理，成员均为各高校各学院优秀的典型代表，真正实现了优势互补、全能发展。团队成员涵盖电子商务、财务会计、管理学等专业，每个人在团队中都能各司其职、各尽所能，将个人的能量最大限度地发挥出来，贡献给整个团队，使项目不断改进，不断完善。同时在政府与企业的技术顾问团的支持下，技术团队的技术与储备得到更新和流程化指导。相信未来的电子商务平台都会趋于一体化，对各方面的资源进行整合，互联网的发展也会逐渐淘汰资源少、较小型的平台。所以，这个项目最大的创新点便在于“区域联盟”新型营销模式，整合各区域的实体门店、物流配送、售后体系与供应链资源，创新线上线下O2O的互动，全渠道满足消费者的需求。学生能提出这样的创意，是超出了老师预计的，它是一种电子商务的颠覆性创新理念。

通过这次比赛，学生们不仅学到了怎样进行项目的设计、实现与展示，也学会把日常教学内容融入实践操作，他们的团队合作意识、竞争意识以及专业技能都有了很大的提升，相信在未来的道路上必然能走得更顺更远。

6.2 专家评析

从“三创”（创意、创新、创业）的角度去评价分析，可以发现该方案具有以下特点：

①创意：采用“区域联盟”创新型营销策略，集合各区县农产品进行运营销售；联合重庆周边29个区县电子商务平台，实现信息资源共享，联盟之间互推互助，对线下渠道进行多方面整合，推动特色农产品由农村到城市的转变。

②创新：运用“page test”技术对网站性能进行监测和管理，深入挖掘网站用户数据，分析用户消费行为，搭建“石柱生活网”App、“石柱网上超市”以及“印象石柱”微信商城；从营销方式、移动支付选择上进行优化改进，使平台消费者实现便捷购物，提高产品知名度。

③创业：专业且强大的技术团队为“石柱生活网”的发展提供了强有力的技术保障，使公司能够在竞争中不断发展壮大；同时在高校招募优秀团队对高校市场进行全方位的了解以及推广，扩大公司产品的销售渠道，近期目标对象为大学生消费群体、高校周边餐饮行业零食店等，校园客户群集中，宣传成本和推广成本可控。

该设计方案中还存在着一些问题，主要是对商业竞争存在的各种风险认识不足，财务设计与商业盈利模式还不够完善，缺乏必要的防范措施等。相信同学们会在市场运作实践中总结经验，克服不足，在电子商务创业道路上不断进步和发展。

评析专家：东华大学　汤兵勇　教授

云 style

参赛团队名称:云 style
参赛组长:刘志强
参赛队员:李婕圆　胡旭莲　马耀男　李　洁
指导教师:许德武　施　璐
关 键 词:商用 Wi-Fi　二维码登录　LSB 广告服务　商场定位　智能推送　大数据

摘要:本平台是一家集平台运营和广告推广于一体的互联网新媒体,秉承"极致、无畏、激情"的信仰,专注于商用 Wi-Fi 及媒体服务领域,开发并提供本地化商用 Wi-Fi 的解决方案。本项目 2016 年有 41.65 万元的销售额。2016 年年底,云 style 就成了浙中地区最大的 Wi-Fi 连接平台,并以爆发的态势覆盖全国,截至 2017 年 6 月,全国共计拥有 4 000 余家线下 Wi-Fi 店铺。

1　项目简介

1.1　项目社会经济意义

网络信息时代,移动端上网使用量的不断攀升,移动数据上网和 PC 端宽带高昂的使用价格,用户的上网体验越来越差,不管是移动端上网用户还是 PC 端上网用户,免费、快速、安全、稳定的上网环境将成为大势所趋,成为最有需求的产品与服务。本项目针对以上用户痛点升级推出的 Wi-Fi 技术产品,在满足用户体验快速、安全上网的同时,保证所有产品与服务做到完全免费。同时,在商用 Wi-Fi 以及室内定位的市场上,类似的平台数量与质量参差不齐。云 style 充分考虑用户的切实需求,为用户提供良好的功能及服务,旨在改善人们的生活水平,促进商用 Wi-Fi 市场的良性健康发展。

1.2　项目目标与近期效果

本项目平台 Wi-Fi 的接入具有无穷的市场潜力,云 style 注重短期目标与长远战略相结合,前期 Wi-Fi 抢占浙中的市场份额,实现 Wi-Fi+LBS 广告精准投放;中期将逐步拓宽,扩大生产商群,市场拓展到沿海发达省份,实现 Wi-Fi+O2O 打通线上和线下的通路;长期目标则是主攻全国市场,以云 style 平台 Wi-Fi 为基础实现 Wi-Fi+LBS 广告投放、Wi-Fi+O2O、Wi-Fi+大数据功能,基于用户识别和数据统计,给场景和用户贴标签,给广告商提供数据参考,又给用户提供数据分析和运营支持。全方位发展的新型科技平台——云 style,2016 年有 41.65 万元的销售额,截至 2017 年 6 月,全国共计拥有 4 000 余家线下 Wi-Fi 店铺,总收入 258.62 万元。

1.3 项目主要内容

本项目是一家集平台运营和基于 LBS 精准广告推广于一体的互联网新媒体,专注于商用 Wi-Fi 及媒体服务领域,开发并提供本地化商用 Wi-Fi 的解决方案。云 style 功能服务以移动端微信作为支撑,结合定位功能、推送功能为一体,为用户提供 Wi-Fi、购物、定位导航等服务。

1.4 项目技术路线

本项目主要通过 Wi-Fi 改造技术将商家的 Wi-Fi 账号、密码改造成二维码,同时,利用基于 LBS 的定位技术提供导航、精准推送服务。

1.5 项目特色

本平台突破以往商业 Wi-Fi 企业固有的经营模式,不断寻求商业 Wi-Fi 行业发展后期的道路。后期,将重心放在大数据分析服务与基于 LBS 技术的室内 Wi-Fi 导航上。利用大数据分析服务实现精准营销,有效提升商家客流转化率。而室内 Wi-Fi 导航将为我们的平台增加新的亮点。

2 项目分析(创新)

2.1 市场需求分析

商业 Wi-Fi 需求量巨大。商业 Wi-Fi 的需求者即铺设商业 Wi-Fi 的线下实体商户。《艾瑞咨询 2016 年中国商业 Wi-Fi 行业研究报告》显示,截至 2017 年年初,中国商业 Wi-Fi 商户数量为 73.2 万,并随着线下商家对于 Wi-Fi 服务的产品认知度和认同度进一步提高,以及消费者对 Wi-Fi 覆盖区域和覆盖质量的要求提升,商业 Wi-Fi 商户数量将保持高速增长,市场需求巨大。云 style 平台主要提供的产品和服务有 Wi-Fi 端口改造技术和商业 Wi-Fi 使用服务,能够迅速满足用户需求扩大市场占有率。近年来,国家对大数据产业的重视程度不断上升,从数据存储、软件开发到信息安全,从产业链、行业联盟到跨行业融合的新业态不断完善相关的宏观政策。云 style 平台紧紧抓住国家政策支持力度,将 Wi-Fi 流量与大数据分析技术相结合,进行连续的数据采集;并借助互联网进行数据的存储和分析,使数据处理方式更高效。

2.2 市场定位分析

服务区域定位。初期,平台将着力点放在学校周边商家,并逐步扩展至整个市区。在完成初期线下店铺的铺设后,以此为基础对杭州、上海、温州等地区的 Wi-Fi 市场进行探索,在各个地区设立办事处,并招募人员进行线下推广。当在上海、杭州等周边城市占据一定的市场份额后,公司将向全国范围推广,在各大城市占有一定市场份额。

目标客户定位。平台的目标客户主要为线下商家,使用平台提供的商用 Wi-Fi 技术。但随着平台的发展,用户流量的增多,平台的客户将会辐射到各个领域,与平台签订广告位合作协议等。用户流量的增加是推广平台的关键,所以从另一方面看,用户也是平台的客户。要不断提高用户体验,保持用户忠诚度。

2.3 可行性分析

1) SWOT 分析

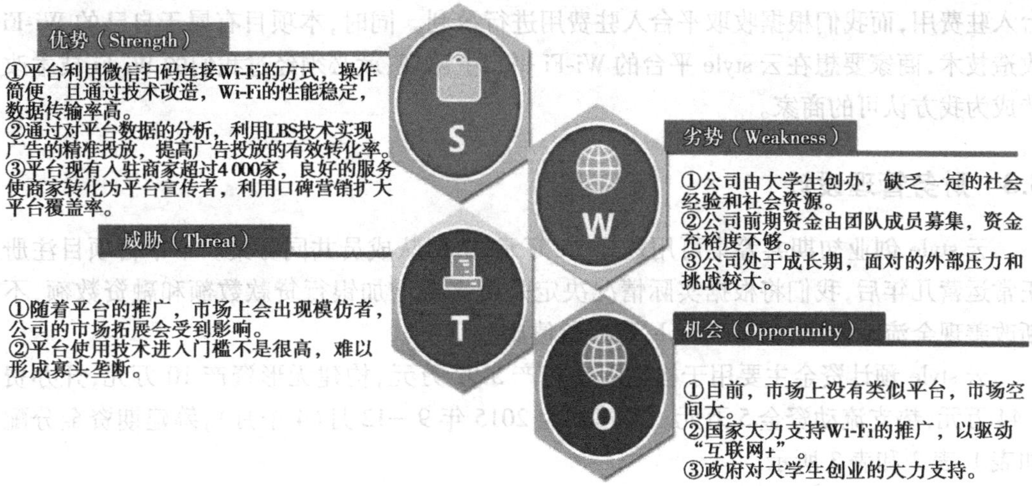
优势(Strength)
①平台利用微信扫码连接Wi-Fi的方式，操作简便，且通过技术改造，Wi-Fi的性能稳定，数据传输率高。
②通过对平台数据的分析，利用LBS技术实现广告的精准投放，提高广告投放的有效转化率。
③平台现有入驻商家超过4 000家，良好的服务使商家转化为平台宣传者，利用口碑营销扩大平台覆盖率。
S
劣势(Weakness)
①公司由大学生创办，缺乏一定的社会经验和社会资源。
②公司前期资金由团队成员募集，资金充裕度不够。
③公司处于成长期，面对的外部压力和挑战较大。
W
威胁(Threat)
①随着平台的推广，市场上会出现模仿者，公司的市场拓展会受到影响。
②平台使用技术进入门槛不是很高，难以形成寡头垄断。
T
机会(Opportunity)
①目前，市场上没有类似平台，市场空间大。
②国家大力支持Wi-Fi的推广，以驱动“互联网+”。
③政府对大学生创业的大力支持。
O

图 1　云 style 平台 SWOT 分析

2) 技术可行

技术具有独创性与领先性,Wi-Fi 引领智能家居、工业物联网和车联网——在客户经营场所中,将有更多支付终端设备、安全摄像头和能源设备通过 Wi-Fi 建立连接,供应链与物流商也能够接入网络,以达到实时监控、实时查询、实时沟通等目的。另一方面,企业也将利用现有的 Wi-Fi 基础设施,推动建筑与仓储基地、生产基地自动化技术的进步。Wi-Fi 商业化绝对不是一个游戏行业那么狭窄,还有广告、电子商务、O2O 更多全面创新的商业模式会涌现出来。云 style 将用平台吸引用户,用内容留住用户,并且产生客户的黏性，增加平台的存活能力。经实践证明，在我们的努力下，商家客户及云 style 平台的粉丝量增长明显。

3　项目设计（创意）

3.1　产品形态设计

云 style 平台 Wi-Fi 产品具有快速、便利、免费使用等特点。随着电脑普及率的提高，宽带的更新换代不断加快，升速力度不断加强，而目前市场上现有的无线设备系统质量参差不齐，Wi-Fi 缺乏完善的统一装置，当顾客在拥挤地点或者是偏僻地区时，网络速度和使用还是受限制的。近年来，虽然各个厂商都在积极寻求解决无线网络的快速、方便使用的问题，但是厂商接连推出的 Wi-Fi 的片区普及智能程度仍然较低，不能满足消费者快速便捷、安全有效的特定需求。因此，云 style 设计了一款智能吸引力强的 Wi-Fi 使用系统，在满足消费者需求的同时，又具有很好的操作便捷性。

3.2　经营模式设计

云 style 是一个开放的平台，可以提供给商家进行入驻，商家入驻需要缴纳一定的平台入驻费用，而我们根据收取平台入驻费用进行盈利。同时，本项目有属于自己的 Wi-Fi 改造技术，商家要想在云 style 平台的 Wi-Fi 平台上出现，就必须经过我们的 Wi-Fi 技术改造成为我方认可的商家。

3.3　财务管理设计

云 style 创业初期共筹集可用资金 25 万元，由团队成员共同募集。本平台项目注册正常运营几年后，我们将根据实际情况决定是否需要增加银行贷款数额和融资数额，不断改善现金流动情况，调节云 style 资产负债比。

云 style 预计资金主要用于构建固定资产 5.92 万元，构建无形资产 10 万元，开办费 3.44 万元，垫支流动资金 5 万元。筹建期为 2015 年 9—12 月（4 个月），筹建期资金分配如表 1、表 2 和表 3 所示。

表 1　筹建期投资表

类别	项　目	合计/万元
1	固定资产、设备投资	5.92
2	开办费	3.44
3	流动资金垫支	5
4	无形资产	10
5	总　计	24.36

表 2　筹建期预计投资明细表

项　目	资金/万元	项　目	资金/万元
一、固定资产		2.广告宣传费	2
1.租赁工作室(一年)	0.96	3.水电费(四个月)	0.12
2.办公设备	4.96	4.员工工资费(四个月)	
固定资产合计	5.92	财务人员(1)	0.24
二、无形资产	10	管理人员(1)	0.26
三、垫支的流动资金	5	营销人员(3)	0.72
四、开办费		开办费合计	3.44
1.工商注册费	0.1	合计	24.36

表 3　截至 2017 年 6 月底地区线下店铺分布及收入表

项　目	金华	杭州	温州	上海	北京	合计
累计线下店铺/家	1 248	1 026	702	688	584	4 248
技术服务费/(元每家)	50	50	50	50	50	—
技术服务收入	6.24	5.13	3.51	3.44	2.92	21.24

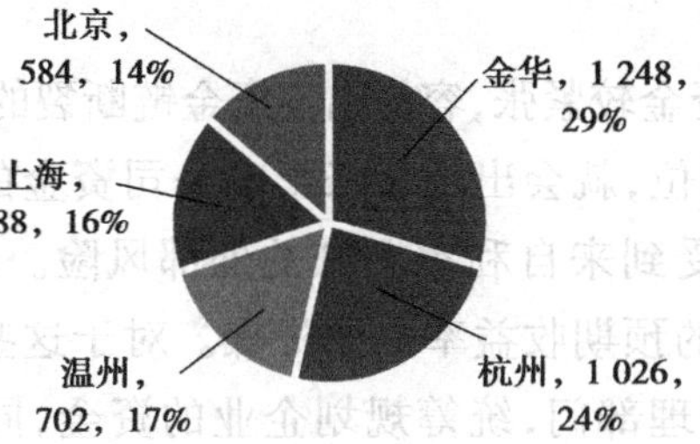

图 2　2017 年 6 月各地区线下店铺分布表

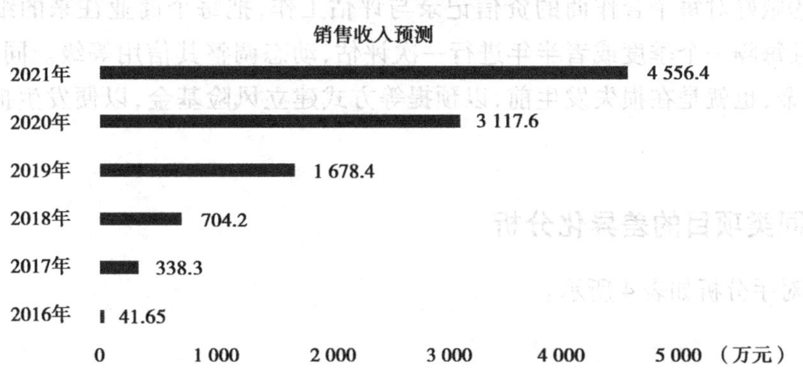

图 3　截至 2021 年销售收入预测

3.4　风险控制设计

公司要达到持续经营的目的,必然要对发展过程中遇到的各种风险与挑战有一定的预测并有相应的解决对策。只有这样,公司才能在遇到来自内外部的风险时,能够及时处理以保证公司的良好发展。

1)财务风险及对策

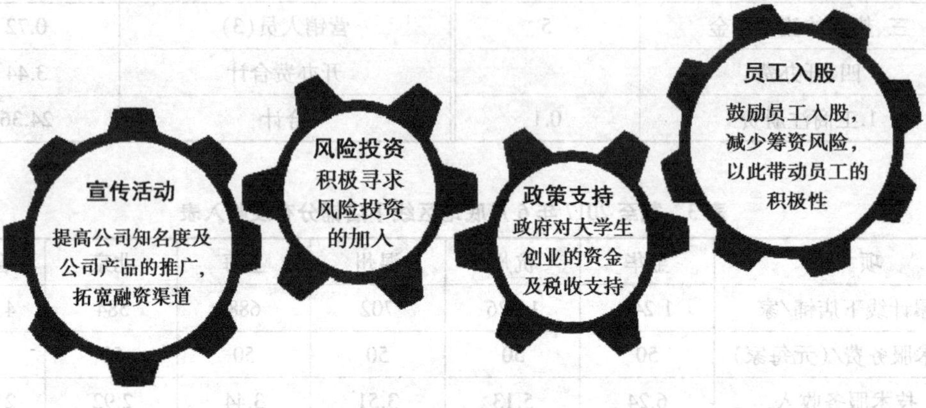

图 4　财务风险对策

2)资本运营风险

处于初创期的公司,资金较紧张,容易出现资金链断裂的情况。而且在公司运营中,如果应收账款无法及时到位,就会出现坏账影响公司资金的运转。除了公司内部的资本运营风险外,公司还会受到来自利率上升的外部风险。若利率上升,公司偿还债务的压力会增大,投资项目的预期收益率也会降低。对于这些问题,我们提出以下对策:①逐步建立完善的财务管理部门,统筹规划企业的资金,同时分别实施内部控制和外部控制相结合的控制制度;②逐步完善云 style 的资本结构,确立最佳资本结构,建立预算机制;③做好对每个合作商的资信记录与评估工作,把每个商业往来的细节做详细记录,并且每隔一个季度或者半年进行一次评估,动态调整其信用等级。同时,建立风险偿债基金,也就是在损失发生前,以预提等方式建立风险基金,以便发生损失时进行抵消。

3.5　与同类项目的差异化分析

竞争对手分析如表 4 所示。

表 4　竞争对手分析表

公司 logo	优　势	劣　势	公司网址
迈外迪	1.公司成立时间早，知名度高，影响力大 2.市场占有率高，在上海、北京、深圳都有一批稳定的用户	公司主营业务较单一，缺少长远发展的眼光	http://www.wiwide.com/
TreeBear 树熊WiFi	1.公司知名度高，且拥有良好的口碑 2.获得支付宝的融资，与电信、移动两大运营商紧密合作，拥有庞大的优质资源	1.注重技术的发展而忽略了发展过程中商业模式的重要性 2.商业模式较单一	http://www.treebear.cn/
潮WiFi	商业模式多样，可用于停车位的搜寻、商场店铺的导航等	1.公司起步晚，现有市场占有率较低 2.用户体验差，功能有待完善	http://www.chaowifi.com/
百米生活 100MSH.COM	1.打造多功能场景 Wi-Fi，满足众多用户的需求 2.品牌影响力大，拥有用户良好的口碑	1.商业模式多而不深，都涉及但没有自己的特色 2.公司规模较小，发展具有局限性	http://www.100msh.net/
平安WiFi	1.依托平安品牌的影响力，容易进行推广 2.与电信、移动、联通等运营商进行合作，资源庞大	平安 Wi-Fi 起步较晚，较难占领 Wi-Fi 市场	http://wifi.pingan.com/

4　项目建设（创业）

4.1　组织机构建设

公司采用直线职能制的组织形式，并根据实际情况重构，下设信息技术部、销售部、办公室、运营部、财务部，具体如图 5 所示。

4.2　技术支持建设

技术支持建设图如图 6 所示。

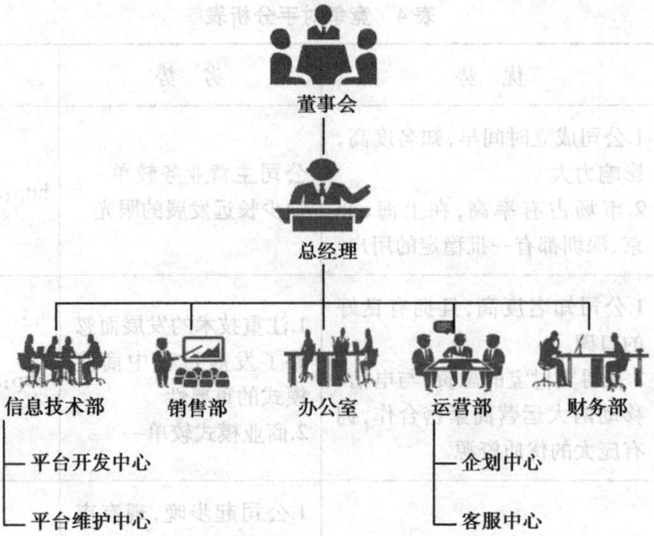

图5　公司组织结构图

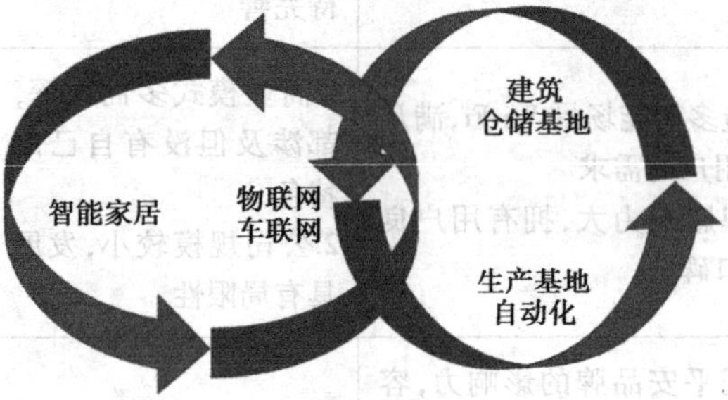

图6　技术支持建设图

4.3　商业运作建设

1) 精准化的广告服务

本项目平台可通过 LBS 技术实现广告的精准投放,提高广告投放的有效转化率,使随享 Wi-Fi 平台的广告具有竞争力,对客户更有吸引力。

2) 多样化的业务服务

本项目平台的 Wi-Fi 可以帮助商家及客户打造多样化服务,如开放 API 接口,吸引设计师、App 开发商、软件商等接入平台共同为商家及其客户提供基于微商城、客户营销、行业深度定制应用等。

3) 专业化的数据服务

为客户提供准确、科学的市场调查及数据支持:平台基于海量用户行为的大数据分析,进而挖掘商业价值;根据 Wi-Fi 登录人数、停留时间长短、来店频率、新老顾客对比、广告点击率等,对商家及客户的经营管理做出指导。

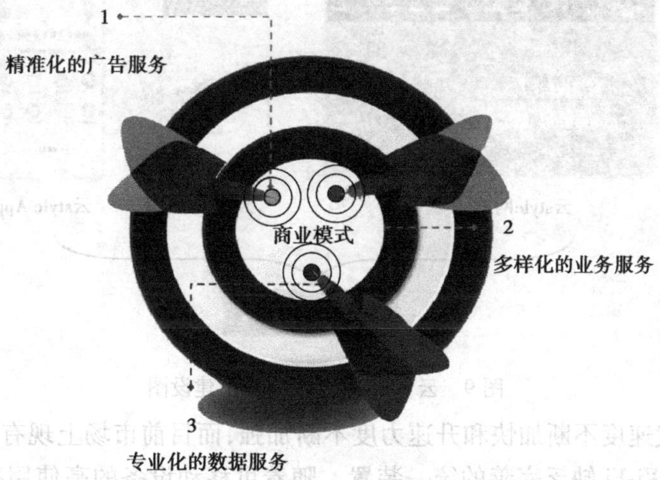

图 7　商业模式图

4) 盈利模式

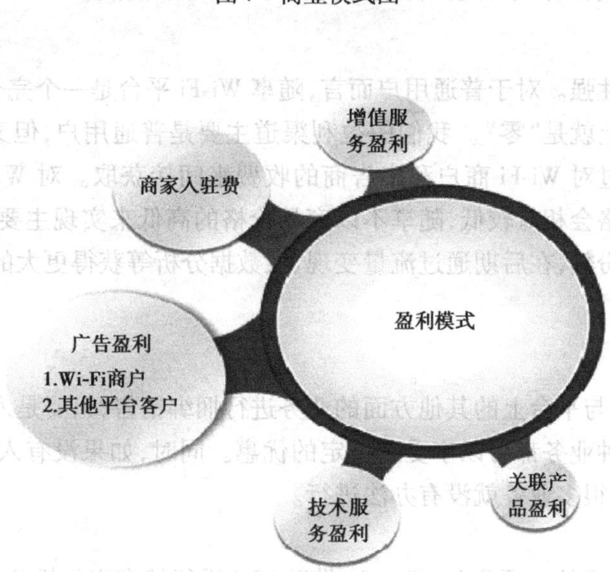

图 8　盈利模式图

4.4　网络营销建设

本项目平台的推广以线上推广为主，线下推广为辅。线上主要是通过项目的微信公众号平台、App 和网站平台进行多方有效的营销推广，线下主要采取各种活动进行营销。

1) 核心产品策略

本项目提供的 Wi-Fi 改造产品具有技术上的创新、使用上的便捷、体验上的极致、防护上的安全等特点，能够满足用户在以往 Wi-Fi 使用上的需求。随着电脑普及率的提高，

图9　云 style 平台网络营销建设图

宽带的更新换代速度不断加快和升速力度不断加强,而目前市场上现有的无线设备系统质量参差不齐,Wi-Fi 缺乏完善的统一装置。随着可移动设备的高使用率,公众免费 Wi-Fi 越来越成为消费者的需求,免费将成为我们的一大吸引亮点。

2)价格策略

价格低、实用性强。对于普通用户而言,随享 Wi-Fi 平台是一个完全免费且开放的平台,它的价格基本上就是"零"。我们的盈利渠道主要是普通用户,但又不会直接从用户手中获得,而是通过对 Wi-Fi 商户和广告商的收费来间接获取。对 Wi-Fi 商户和广告商的收费,我们的价格会相对较低,随享不以商品价格的高低来实现主要的盈利,而是先开拓市场,占领市场份额,在后期通过流量变现、大数据分析等获得更大的盈利。

3)促销策略

(1)捆绑销售

本平台的入驻与平台上的其他方面的业务进行捆绑销售,只要是入驻云 style 平台的客户,在平台上各种业务都可以享受到一定的优惠。同时,如果没有入驻本项目平台,客户在我们平台上的很多业务就没有办法进行。

(2)促销广告

广告是平台主推的一项业务,云 style 借助 LBS 进行精准广告投放。广告是我们主要的盈利产品,我们将不定时地对平台上的广告位进行促销,以此来吸引更多的商家到我们平台进行广告的投放。

5　项目运行与维护

5.1　运行与维护过程

由于项目运行与维护的特点,公司主要由核心团队+团队普通成员组成。核心成员有15人,每个高校基本都会有5名成员,所以成员随着公司的发展不断增加,推广团队成员队伍也在不断扩大。目前,成员总数有100余人。

我们在不同的高校都会创建自己的分支团队,由这些团队向自己所在高校区域的商家进行宣传、推广和日常的维护。

5.2 运行与维护效果

1) 市场影响

本项目平台的诞生是大势所趋,解决了市场的极大需求。云 style 的诞生正是符合"互联网+"的大背景,项目市场前景广阔。尤其是中国通信运营商对流量收费较高,使国人对 Wi-Fi 的依赖程度很高。云 style 平台的诞生,为人们的生活、工作与娱乐提供了较大的便利,同时,也可以在一定程度上打破现有网络运营商垄断所造成的流量费用居高不下的局面,从而稳定市场秩序,提高民众的幸福指数。

2) 运营业绩

自 2016 年正式运营以来,年营收实现 41.65 万元收入。随后,公司不断开拓市场,从学校周边市场到整个市区,再到杭州、上海等地,签约商家也呈高速增长的状态,市场占有率不断上升,截至目前已有 4 000 余家店铺。

目前,项目处于稳速增长期。从 2016 年正式运营以来到 2017 年,我们已有 4 000 多家合作商家,近 5 万的公众号粉丝。定位于高校市场,已占据浙中市场 65%的份额,逐步向杭州、温州、上海、北京等地发展,不断进行推广,扩大市场份额。从盈利情况看,运营首年项目就实现盈利,随着新技术的推出,预计将由 2016 年的 7.23 万元利润增长为 2021 年的 2 325.54 万元。

3) 社会和经济效益

随着信息时代的到来,人们对网络的需求越来越强烈,本项目的诞生在很大程度上可以满足用户免费使用快速、安全的 Wi-Fi 网络的需求,同时,为信息化时代的人们快速获取知识提供了便利。

6 分析与评价

6.1 指导老师点评

在"大众创业、万众创新"的号召下,浙江师范大学的几位大学生敢为人先,走出了创业的坚实一步。该项目着眼于智慧城市建设中的一部分,属于在线扫码、支付范畴,有很广阔的市场前景,项目团队成员精诚协作、不畏艰辛,在激烈的市场竞争中取得了一席之地,作为大学生创业团队,这样的成绩来之不易,希望各位创业团队成员能够继续努力,取得更大的市场份额,获得更大的成功!

6.2 专家评析

价值是一切商业发展的根本。通过免费 Wi-Fi 以及商业导航给消费者提供网络和商业方面的增值服务,从而形成流量入口,依托流量为商户提供客源和精准的广告对象,方案实现商家与消费者的双赢,符合商业服务理念。项目盈利已经证明方案可行,这一项目发展的重点在于给消费者提供更多、更好的增值服务,给商家带来更多的成交客户。不过该项目在今后发展中应该注意以下几点:①免费 Wi-Fi 对于消费者安全信息的充分考虑,特别是支付信息,路由器中留有的消费者的各种信息由谁来监管应重点考虑;②移动网络资费不断下调,低费用包月流量的趋势对本项目存在的冲击值得考虑;③项目今后最大的价值应该是商业大数据的分析,如何在引流消费者商业信息的分析与应用上做足文章,为消费者和商家提供更精准、更有价值的商业信息推送,这是需要进一步思考的主要问题。

评析专家:厦门大学　彭丽芳　教　授

福建师范大学　林　翊　副教授

十方元氣|小车百草

参赛团队:十方元氣|小车百草
参赛组长:彭文瑶
参赛队员:车　洲　叶　杰　张嘉芮　潘林萍
指导教师:李　锋　莫　赞　林逢春
关 键 词:中药食材　健康养生　无硫原生态　千年地道药材　互联网+

摘要:十方元氣|小车百草团队基于现代社会健康养生的发展理念,凭借千年药都十方元氣|小车百草自有合作社与时下互联网技术相结合,打造线上和线下两种不同的销售模式,实现"互联网+电子农商"的创新创业。公司主要目标客户为注重健康养生、追求高质量生活的中年女性以及都市亚健康白领,我们将为客户带去高品质、绿色、无添加的传统养生中药食材以及携带方便、口感丰富的养生零食包以及营养搭配均衡、品类丰富的养生汤包和养生茶包等新概念养生中药食材。我们相信——健康就是最好的未来!

1　项目简介

1.1　项目主要意义

近年来,人均可支配收入的逐年增长,人们的消费观念发生质的突破,从解决温饱到追求营养、养生价值,越来越多的人关注养生问题。2015 年"互联网+"上升为国家战略,为中国现代农业发展提供了千载难逢的历史性发展机遇。在此背景下,十方元氣|小车百草"互联网+电子农商"的成立与发展既符合国家政策导向,更满足社会发展的需求。

养生文化是广州小车扬睿生物科技有限公司向目标顾客传递的一种理念,公司采用标准化管理,对药材原产地的监控、仓储的精细化管理、产品包装等方面进行严格的规范,确保产品的质量。十方元氣|小车百草团队以"养生养身"为核心价值,以消费者为中心,希望通过自身的资源优势、专业能力以及团队的不懈努力,塑造品牌形象,为广大消费者提供绿色健康无硫的传统养生中药食材、滋养花茶以及新概念组合养生产品,宣传健康养生文化。

1.2 项目达成目标

十方元氣|小车百草为广大有品质追求的中青年女性提供绿色无硫无添加的传统养生中药食材和滋养的花茶以及新概念组合养生产品,致力于打造广东乃至全国的健康药材知名品牌,传扬中国养生文化阶段目标,为改善现代人的身体健康而不断努力。

1.3 项目主要内容

小车扬睿生物科技有限公司是一家集养生中药食材种植、生产、加工、销售于一体的公司。公司已在广州登记注册,成立了公司品牌——十方元氣,并在甘肃陇西注册了小车百草甘肃原生态食材有限公司。小车百草成立两年多以来,在传统的线下销售模式的基础上利用"互联网+电子农商"的优势,建立了微店、淘宝店和公众号。除了网店单纯的产品交易,还利用公众号定期科普养生知识、回访客户等手段,全面打开线上线下的销售渠道。产品则是由农村合作社的父老乡亲们,进行原生态无硫产品的种植、加工、检验、包装以及发货,直接送到所有追求生活品质、追求健康精品食材的客户手中,小车团队利用互联网实现了"质量源头监控、产品宣传销售、客户反馈回访"等工作。

1.4 项目技术路线

1)互联网技术的发展

①现在互联网的发展改变了分销渠道,提供了一种全新的与消费者进行沟通、互动的渠道,为消费者提供了更便捷的产品与服务。通过这一渠道大大增加了产品的销量及扩大了销售范围。

②十方元氣|小车百草将加快产品品牌建设,通过借鉴日本农产品质量安全管理体系的成功做法,增强科学生产意识,提高农业信息化水平。十方元氣|小车百草将采用目前国际先进的二维码技术,通过个人秘钥数字签名加密、与线下离线 SDK 数据验证相结合等方式,确保每件商品上的二维码独一无二。对农产品生产记录全程进行"电子化"管理,为农产品建立透明的"身份档案",消费者使用该系统生成的产品溯源二维码或数字编码通过互联网平台、手机终端可快速查询到相关生产信息,从而实现"知根溯源",满足消费者的知情权,做到放心采购和消费。

2)运用大数据管理客户关系

运用大数据管理客户关系,可以帮助企业实时处理数据、预测分析、指导下一步行动,让企业了解客户需求、识别和利用商机、提高产品质量和服务质量,更快、更准地赢得客户"芳心"。建立全面、准确的海量数据库,并对数据进行精细化管理和挖掘这几方面是更好地管理客户关系的关键。

3)现代物流、封装、冻干、冷藏等技术为养生中药食材的保存提供了保障

现代技术为企业在采购、运输、送货方面提供了解决方案和技术保障。由此,养生中药食材的保存和品质可以达到让消费者放心、信任的水平。

1.5 项目特色

1) 千年药都原产地,货源充足,产品绿色无硫无添加

十方元氣|小车百草的中药食材产于西部药都——甘肃陇西。甘肃省陇西县有“千年药乡”“天下药仓”和“西部药都”之美称,是全国“道地药材”的重要产区,被中国农学会命名为“中国黄芪之乡”,陇西黄芪和白条党参通过了国家质检总局原产地标识认定。十方元氣|小车百草在甘肃陇西建立了生产基地以及两个合作社,拥有近千亩药材生产基地,与 40 多家农户合作生产,提供了大量的货源,保证产品的供给,满足客户的需求。同时,当地气候干燥、气温凉爽,适合大宗药材的仓储保管,素有“天然药仓”之美称,可以实现绿色无硫无添加条件下长期存储保存的目标。

2)“互联网+”,为经济插上腾飞的翅膀

当代绝大多数农民不会使用互联网,农产品滞销严重。而“90 后”是互联网思维的一代,这是我们相对于传统药材的批发零售独有的优势。“90 后”的特点加上“互联网+电子农商”,大大拓展了产品的销售渠道,十方元氣|小车百草借助互联网的技术优势把“千年药都”农村合作社与养生食材需求大省、经济发达的广东直接联系起来,实现共赢。

3) 通过“互联网+”创业推动大学生就业和地方农户创收增收

当下社会,大学生面临严峻的就业形势,而十方元氣|小车百草团队通过“互联网+”创业的模式,在很大程度上带动了大学生就业。同时,为将地方农户的产品销往全国各地提供了便捷,进而帮助当地农户创收增收。

4) 原生态、安全高品质的传统养生食材产品开发与可溯源、可监控的品质管理

十方元氣|小车百草的产品是来源于“千年药乡”的传统养生食材,其种植、开发的过程具有原生态、安全、高品质的特点,相较于其他药商的产品来说让消费者更满意,具备较强的竞争力。另外,十方元氣|小车百草通过环境监测、视频监控、智能控制和农事管理等手段来达到可溯源、可监控的品质管理,从而保证了产品的高品质。

2 项目分析

2.1 市场需求分析

近年来,人均可支配收入的逐年增长,人们的消费观念发生质的突破,从解决温饱到追求营养、养生价值,越来越多的人关注养生问题。2015 年“互联网+”上升为国家战略,为中国现代农业发展提供了千载难逢的历史性发展机遇。在此背景下,十方元氣|小车百草“互联网+电子农商”的成立与发展既符合国家政策导向,又能满足社会发展需求。

创业之初,我们在广州进行了市场调查,发现广东的煲汤文化,使十方元氣|小车百草中药食材的需求量巨大。然而令我们痛心不已的是,广州清平药材批发市场、超市,甚至某些药房内,却充斥着各种边角料,甚至有熏过硫黄的毒药材。

党参、黄芪、当归和枸杞这些药材大部分来自西北地区。相比其他地区，华南地区尤其是崇尚煲汤文化的广东地区对药材的需求量非常大，但党参、黄芪等药材产区主要集中于大西北地区，而西北地区对药材的需求相对较少。因此，我们发现了市场前景以及目标市场，可以将西北地区的药材销售到广东地区。此外，华南地区的交通便利，物流畅通，十方元氣|小车百草可以通过快递等方式将药材送到顾客手中。

2.2 产品市场定位

通过深度访谈调研和数据统计分析得知，市面上的养生产品纷繁杂乱，多为熏硫、储放过久的中药食材，且价格参差不齐。价格合适的中药食材质量奇差，质量稍好的中药食材价格昂贵。

广东地区煲汤文化深厚，家庭养生中药食材需求量很大，而本公司推出的养生中药食材绝对“无硫”“新鲜”，抹去中间商的差价，价格更为合理。不仅如此，为了更加符合市场的使用需要，公司还会对中药食材进行前期加工处理，方便消费者使用。因此，我们将产品定位为“高质无硫，高性价比”。

高质无硫：十方元氣|小车百草养生药材的优势就在于完全无硫生产，可以让消费者放心使用。

高性价比：高质无硫的同时，性价比极高。我们抹去中间商的差价，让绿色无硫的药材直达消费者手中。

2.3 可行性分析

1) SWOT 分析

SWOT 分析如表 1 所示。

表 1　SWOT 分析

	竞争优势(S)	竞争劣势(W)
优势与劣势	1.拥有高质无硫的产品 2.产品性价比高 3.团队优势：拥有优秀的团队，拥有专业的管理人才，拥有积极奋进、勇于开拓的市场团队	1.创业初始经验不足 2.资金不足 3.品牌影响力不大 4.产品的全程监控体系未成熟
	潜在机会(O)	潜在威胁(T)
机会与威胁	1.陇西县商务局，建立创业孵化基地 2.“农村淘宝”在陇西设点 3.在陇西县科技局报备 4.行业现状，硫熏药材充斥市场 5.“健康”成了现代人的价值新追求	1.传统批零市场的威胁 2.潜在竞争对手的出现

2）目标人群

根据中科院在2015年12月发布的《社会蓝皮书：2016年中国社会形势分析与预测》：广州中间阶层规模比例大约为42.5%，年收入大约为170 037元，广州作为广东省的省会城市，市民收入水平相对于广东省其他城市较高，所以我们把目标客户定位为月收入5 000元以上的养生爱好者。

这个人群具有相对稳定的工作，能得到相对丰富的经济收入和物质条件，处于“中等消费阶层”，开始追求物质生活的享受，属于小资范畴。他们的收入有一部分用于改善生活，提高生活质量，那么必然会在养生方面有投入且较高。退休高龄人群是最需要养生的人群，因此他们普遍对养生的爱好程度高，虽然消费能力对比退休前有所下降，但在养生方面仍具有消费能力，且随着我国人口老龄化，退休高龄人群逐渐增多，养生药材更具前景。而学生这一角色比较特别，这个人群虽然基本没有收入，但他们的健康是父母最关注的。无论是处在成长期的中学生，还是经常熬夜的大学生，大多数父母通过煲汤、药膳等方式为他们养生。

3）PEST分析

项目PEST分析如表2所示。

表2　PEST分析

政治环境	1.国家政策大力扶持农村电子商务 2.李克强总理鼓励大众创业、万众创新 3.脱贫致富，共奔小康社会 4.政策鼓励大学生创业
经济环境	1.人均可支配收入增长，人们生活水平提高 2.城市人口多，需求大，市场广阔
文化环境	1.中医文化、广东煲汤文化、养生茶文化 2.居民的健康问题越来越多，居民的健康养生意识也越来越强 3.网购成为消费新风尚 4.消费者越来越关注产品品质
技术环境	1.互联网技术的发展 2.运用大数据管理客户关系 3.现代物流、封装、冻干、冷藏等技术为养生中药食材的保存提供了保障

4）波特五力模型分析

项目PEST分析如表3所示。通过波特五力分析，十方元氣|小车百草应着力于营销手段的升级，产品的开发和品牌建设。

表 3　波特五力模型分析

五　力	水　平
现有竞争者的威胁	中等
替代品的威胁	低
潜在竞争者的威胁	低
供应商议价能力	中等
购买者议价能力	中等

3　服务产品及其特色

3.1　产品设计

十方元氣|小车百草的产品绿色无硫、性价比高，目前共有两大类型：传统养生中药食材和新概念养生食材。传统养生中药食材包括养生中药食材系列和滋养花茶系列两个系列，新概念养生食材包括“懒人”保健零食系列、滋养茶包系列、养生汤包系列和高档礼品系列，如表 4 所示。

表 4　产品系列表

	系　列	类　别
传统养生中药食材	养生中药食材系列	党参、黄芪、当归、枸杞、虫草、甘草、云南三七花、山楂片、天麻和百合等
	滋养花茶系列	瘦身茉莉花茶、清热菊花茶、养颜玫瑰花茶和降压三七花等
新概念养生中药食材	“懒人”保健零食系列	枸杞、党参和红枣等
	滋养茶包系列	红枣泡茶、党参红枣茶、三七桑叶茶、黄芪菊花茶、双花降火茶、参芪茶、甘草荷叶饮、归芪养颜茶、甘草小麦大枣茶和金银花甘草茶等
	养生汤包系列	党参枸杞红枣乌鸡汤、参芪排骨汤、当归黄芪乌鸡汤、黄芪粥和黄芪炖排骨等
	高档礼品系列	冬虫夏草、野生党参、野生黄芪和野生红芪等

3.2　经营设计

十方元氣|小车百草成立三年以来，在传统的线下销售模式基础上，利用“互联网+电子农商”的优势，建立了自己的微店、淘宝店和公众号。除了网店单纯的产品交易，还利用公众号定期科普养生知识、回访客户等手段，全面打开线上线下的销售渠道。产品则是由农村合作社的父老乡亲，进行原生态无硫产品的种植、加工、检验、包装以及发货，直接送到所有追求生活品质和健康精品食材的客户手中，小车团队利用互联网实现了“质

量源头监控、产品宣传销售、客户反馈回访”等工作,并计划在下一阶段实现云端大数据对接,建立小车百草客户系统。

3.3 组织管理设计

十方元氣|小车百草目前团队共有60人,其中管理人员12人,全员进行营销。团队具有彼此互补的专业技能与知识,知识背景覆盖了企业管理、中药药理、计算机技术、市场营销、工业设计、艺术设计、财务管理、会计等领域。

3.4 财务设计

十方元氣|小车百草团队自2015年3月成立至今,已投入资金30.8万元,并成功实现盈利,自2015年3月至2017年3月,已实现销售额267.3万元,销售净利润83.66万元,销售收入及利润如图1、图2所示。

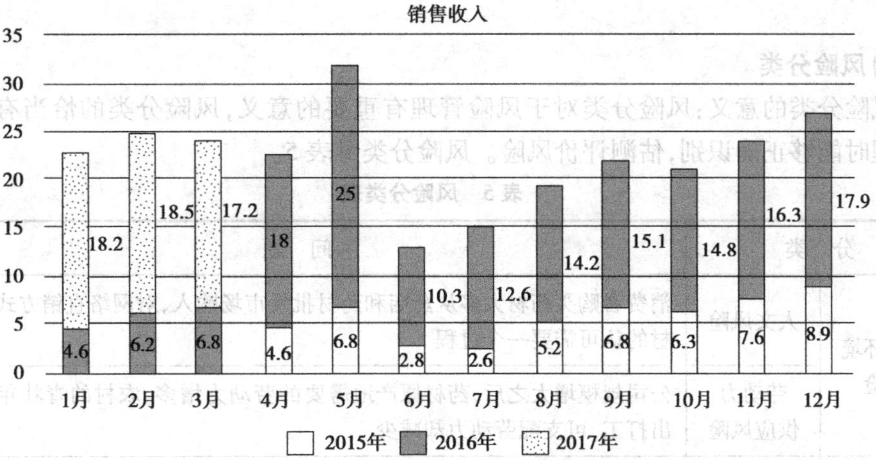

图1 2015—2017年销售收入图(单位:万元)

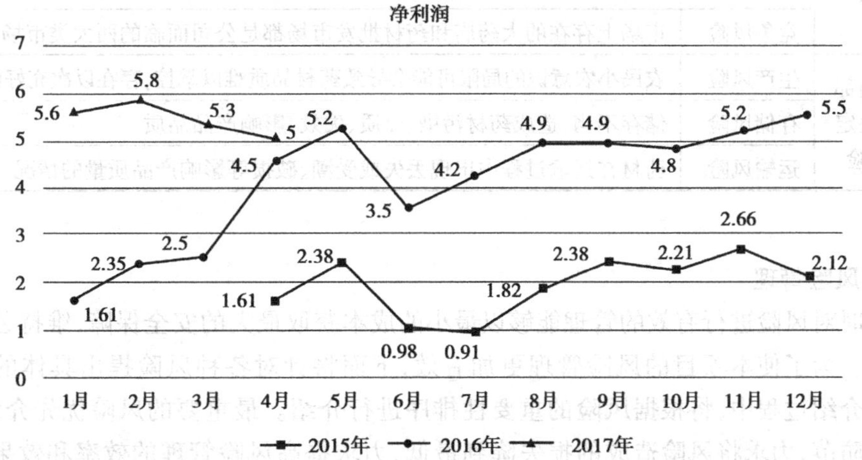

图2 2015—2017年净利润图(单位:万元)

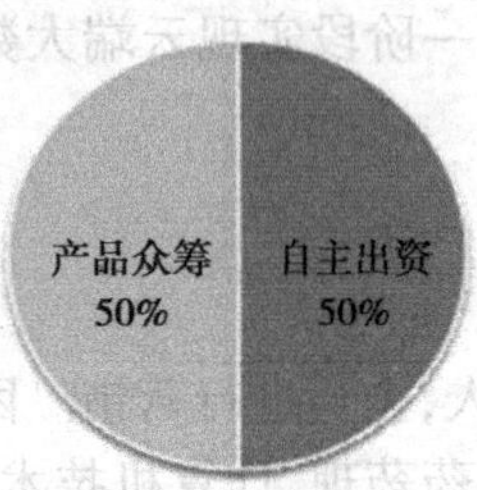

图 3　融资结构图

公司成立之后，十方元氣I小车百草团队计划融资 200 万元，其中创业团队自主出资 100 万元，以产品众筹的方式滚动获得流动资金 100 万元，具体融资方式如图 3 所示。

在筹建期，公司将进行办公室租赁及装修、固定资产投资、员工的招聘及培训、提前市场推广、提前网站开发等活动。

在发展期，我们将把大部分资金投放在现代化农业、新概念产品和农业合作社，以确保技术、产品与合作战略顺利实施。

通过财务预算，预计未来三年公司的收入将呈稳定上升的趋势，到 2019 年公司营业额将达到 832 万元，净利润达到近 200 万元。通过对财务数据的分析，可以看出公司盈利能力较强、资产利用率高、存货周转期短，营运能力显著。

3.5　风险控制设计

1) 风险分类

风险分类的意义：风险分类对于风险管理有重要的意义，风险分类的恰当有助于风险管理时能够正确识别，估测评价风险。风险分类见表 5。

表 5　风险分类表

分类		问题
宏观环境风险	人文风险	消费者购买药材大多从药店和药材批发市场购入，对网络直销方式购进药材的认可需要一个过程
	劳动力供应风险	公司规模增大之后，药材原产地需要的劳动力增多，农村的青壮年大多外出打工，可支配劳动力却减少
行业环境风险	供给风险	药材产量会受到天气状况影响，自然灾害的到来可能会大大降低收成，导致供给方出现供应困难、供不应求的情况，导致成本波动
	竞争风险	市场上存在的大药店和药材批发市场都是公司面临的两大类市场竞争
企业内部因素决定的风险	生产风险	农民小农意识的局限可能会导致药材品质难以掌控，存在以次充好的问题
	存储风险	储存不当，造成药材污染、变质、失效，影响产品品质
	运输风险	药材在运输过程中出现丢失或受潮、破损等影响产品质量的情况

2) 风险管理

及时对风险进行有效的管理能够以最小的成本获取最大的安全保障，维持公司的正常盈利。为了使本项目的风险管理更加有效，下面将针对各种风险提出具体的防范措施。在介绍过程中，将根据风险的重要性排序进行介绍。最重要的风险优先介绍，并重点进行防范，力求将风险造成的损失降到最低，力求提高风险管理的效率和效果。风险管理表见表 6。

表6 风险管理表

管理	措施
人文风险	口碑营销,在区域内先形成社群效应
劳动力供应风险	与政府合作,鼓励外出务工的青壮年返回家乡种植药材,并颁布奖励政策
供给风险	联合附近村民、村落,建立农业生产合作社,以确保在恶劣环境下仍能保证货源的品质及供应
竞争风险	保证自身药材品质的同时,利用自身互联网的优势加大网络宣传,形成良好的口碑
生产风险	1.扩大甘肃基地 2.利用互联网技术监控生产加工过程 3.建立厂房,规范生产加工过程
存储风险	1.药材应按存储条件分开储存、仓库合理储存做到“五分开” 2.仓库“五防”设施及时保养、更新,定期清洁
运输风险	1.针对药材的形状特性进行运输包装设计,降低包装破损的概率 2.与服务质量较高的物流公司签订合作协议,提高服务质量

4 项目建设

4.1 组织建设

根据公司的战略规划,依据组织结构职能规模和模式,通过梳理岗位信息进行工作分析,对公司业务和人才结构深入了解,对公司人员规划进行科学预测,随着市场需求不断扩大,公司实力不断壮大,公司组织结构的深化,公司人员呈现逐年增加的趋势,在快速发展阶段,公司的经理层和总监层随着职能部门的增加而相应吸收一批高层次管理人员。同时,随着推广的不断深入,负责各个区域的区域经理、业务代表人员数量将快速增长,到第五年达到平衡稳定。

4.2 技术建设

①十方元氣|小车百草将加快产品品牌建设,增强科学生产意识,提高农业信息化水平,通过借鉴日本农产品质量安全管理体系的成功做法,十方元氣|小车百草采用目前国际先进的二维码技术,通过个人秘钥数字签名加密、与线下离线SDK数据验证相结合等方式,确保每一件商品上的二维码独一无二。对农产品生产记录全程进行“电子化”管理,为农产品建立透明的“身份档案”,消费者使用该系统生成的产品溯源二维码或数字编码,通过互联网平台、手机终端可快速查询到相关生产信息,从而实现“知根溯源”,满

足消费者的知情权，做到放心采购和消费。若有不良商家复制个别二维码进行造假售假，十方元氣|小车百草通过大数据对二维码做出扫码次数判断，以及打假雷达自动追踪扫码地理位置后，也可迅速排查出假冒产品售假地址，从而截断线上线下的售假行为，为十方元氣|小车百草的顾客群建立一个安全有保障的购物体验。

②运用大数据管理客户关系，可以帮助企业实时处理数据、预测分析、指导下一步的行动，让企业了解客户需求、识别和利用商机、提高产品质量和服务质量，更快、更准地赢得客户“芳心”。做好建立全面、准确的海量数据、精细化管理和数据挖掘等方面是更好地管理客户关系的关键。

③运用现代物流、封装、冻干、冷藏等技术为养生中药食材的保存、采购、运输提供保障。

4.3 经营系统建设

十方元氣|小车百草团队以“养生养身”为核心价值，以消费者为中心，希望通过自身的资源优势、专业能力以及团队的不懈努力，塑造品牌形象，为广大消费者提供绿色健康无硫的传统养生中药食材、滋养花茶以及新概念组合养生产品，宣传健康养生文化。团队成立两年以来，已为数千名消费者提供了安全优质的中药食材。公司不仅提供好产品，还提供好服务。从购买前到购买后，我们都会尽可能去满足消费者提出的关于产品的问题，解决他们遇到的困难。公司凭借安全优质的产品和用心贴心的服务，赢得了众多消费者的好评和信赖，在广东省各地区逐渐树立起良好的品牌形象。

4.4 营销推广

1)根据影响分销渠道选择的因素选择策略

表7 分销渠道因素选择策略

项　目	参考因素	特　点	选择结果
目标市场特性	顾客规模与分布	顾客规模较大，数量多、分布较广	短宽渠道
	市场购买特点	购买批量小，频率较高、形式多样	长宽渠道
	竞争状况	竞争激烈	短宽渠道
产品特性	价值、体积与质量	价值中等、体积小、质量轻	长宽渠道
	易损与时尚	不易损、时尚性偏低	长宽渠道
	标准化与附加服务	标准化程度不高、附加服务少	短宽渠道
	寿命周期	导入期	短窄渠道
企业特性	规模声誉	规模小、声誉较好	短宽渠道
	销售人员经验能力	经验有所欠缺	长宽渠道
	品牌力与广告投放	品牌力一般、广告投放少	短窄渠道
环境特性	经济环境	经济环境较好	长宽渠道
	市场运作	市场运作不规范	短宽渠道

根据分析的初步结果:5长7短、10宽2窄,因此十方元氣|小车百草应该选择以短宽渠道为主。

2)分销渠道策略

本公司制定多种营销策略,将线上、线下多种营销策略进行组合运用,以期达到最优的营销效果。

(1)线上渠道模式(电商平台)

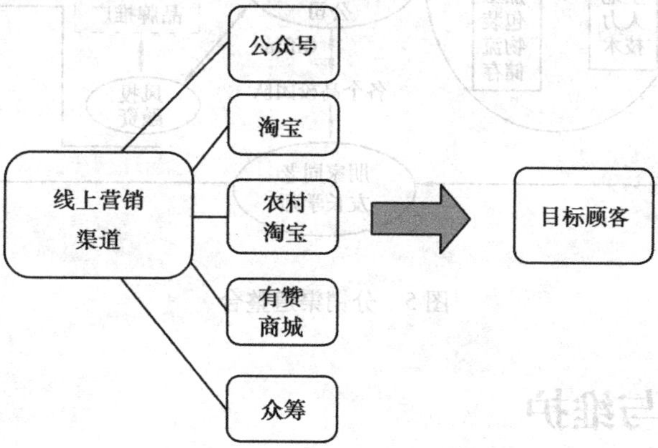

图4 线上渠道模式图

(2)线下渠道模式

①公司选择直达式的销售模式,抹掉中间商,实现农民的农产品从地头直接到达消费者的手上。同时,公司也在筹备实体店,但我们的实体店实质上是一个体验店,只要消费者成为我们公司的会员,就可以到实体店免费试吃,我们致力于打造一个"线上消费,线下品尝"的平台。

②本公司将在所在学校的三个校区以及多个高校成立公司的创业团队,团队里面设立学生代理,高校学生代理有一级、二级、三级代理。整个团队的理念是"全员销售"。通过高校学生代理对公司进行宣传来扩大知名度,打开销路。

③公司的养生中药食材有一部分是按批发价交给养生中药食材批发商的,养生中药食材批发商再卖给零售商,最终到达顾客的手中。

④公司的养生中药食材还有一部分是作为顾客口中美味佳肴的食材销售给酒店和饭店,和酒店、饭店有长期的合作关系,互利共赢。

3)分销渠道整合

十方元氣|小车百草在传统的线下营销模式的基础上,利用"互联网+电子农商"的优势,全面建立线上线下的营销渠道,实现了"质量源头监控、产品宣传销售、客户反馈回访"等工作,并计划在下一阶段实现云端大数据对接,建立客户系统。

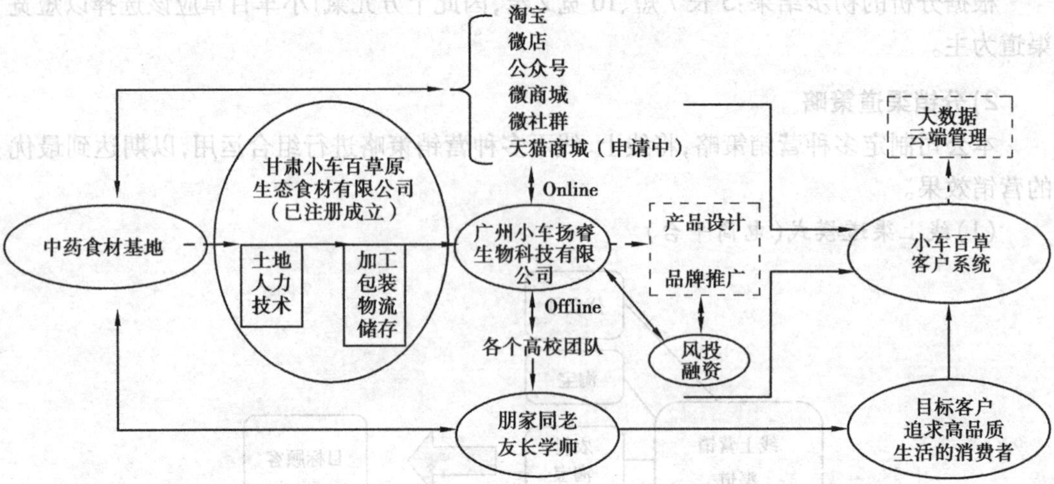

图5　分销渠道整合

5　项目运行与维护

5.1　运行与维护过程

广州小车扬睿生物科技有限公司制定了包括产品策略、定价策略、渠道策略和促销策略等一系列营销策略。产品采用单一产品策略和组合产品策略相结合的形式，价格定位于高质中价并采用定价调整策略拓展市场，促销手段上综合运用广告、人员推销、公共促销、营业推广等四种基本促销方式，渠道上主要利用“互联网+农业电商”的优势，结合线上和线下两种不同的分销模式，建立不同的营销渠道。线上通过淘宝店、公众号（微商）、众筹以及进驻天猫店、农村淘宝等进行销售，线下则通过学生代理、实体店、批发商、酒店、饭店等进行销售。本公司采用薪酬激励模式提高员工的工作积极性，另外积极对员工进行相关业务培训，提高员工综合能力。

1）薪酬激励

（1）年度业绩奖

业绩奖是对员工本年度工作业绩的回报，与本年度个人绩效考核结果挂钩。

年终业绩奖＝月平均工资×12×年终奖金系数×年终绩效考核系数

（2）特殊贡献奖

这是对本年度为公司做出突出贡献的员工的一种特殊奖项，凡符合以下条件的员工均可以申请：

①对公司产品开发的顺利进行解决重大问题。

②在个人职责之外，提出合理化建议并取得重大效益。

③在个人职责之外，提出合理化建议并避免重大损失。

(3)福利、津贴

公司为员工提供带薪休假、住房津贴、交通费、养老金、公积金,以及各类保险等福利措施,以实物或服务的形式支付给员工。

(4)股权

公司将会以股权的形式,在每年年终,对表现突出的管理者给予奖励,作为一种长期的激励手段,能够让员工为企业长期利润最大化而努力。

2)员工培训

依照战略规划、经营状况和个人发展需要,秉承以消费者为中心的理念,团队会不定期地进行成员培训,包括产品知识、业务技能、个人提升等多个方面。提高员工各方面的能力,让消费者能够得到更好的服务,获得更好的消费体验。

(1)产品知识培训

对产品充分了解,是对消费者负责的表现。因此,团队会对成员进行产品知识培训,内容包含了解药材的种类、辨别药材的优劣、掌握保存技巧、知晓药材的功效等,让团队成员增加对药材的了解,提高专业性。

(2)业务技能培训

业务技能培训包括市场开拓、销售技巧、售后服务等内容,便于成员开展销售工作,解决客户提出的关于产品的各种问题,为消费者提供优质贴心的服务。

(3)个人提升培训

在团队发展的同时,个人的发展也需要得到重视。我们会对成员的说话艺术、领导才能等个人素质进行专门的培训,增强他们的竞争力。

5.2 运行与维护效果

1)市场影响

公司成立两年以来,在传统的线下销售模式的基础上,利用“互联网+电子农商”的优势,建立了自己的微店、淘宝店和公众号,入驻有赞商城。除了网店单纯的产品交易,还利用公众号定期科普养生知识、回访客户等手段,全面打开线上线下的销售渠道。至今,小车百草的微信公众号已有28 352个粉丝,订阅粉丝遍布全国25个省份,最高阅读量达9 658人次。小车百草大学生创业团队现今已有60人,其中管理人员12人,全员营销。已建立7个高校的营销团队,运营状况良好。团队具有彼此互补的专业技能与知识,将充分利用电子商务创新优势,整合养生食材产业链信息资源,形成科学的管理体系,发挥承上启下的重要作用。

为了能跟上日益增加的销售量,小车百草在甘肃陇西建立了生产基地以及两个合作社,拥有近千亩药材生产基地,与40多户农户合作生产,提供了大量的货源,保证产品的供给,满足客户的需求。小车百草在保证产品质量的情况下,也在不断地优化产品的生产流程以及包装。

2）运营业绩

十方元氣|小车百草团队自2015年3月成立至今，已投入资金30.8万元，并成功实现盈利，自2015年3月至2017年3月，已实现销售额267.3万元，销售净利润83.66万元。

考虑到当前的市场经济运行情况和药材的基本状况，结合本公司的发展战略，公司成立初期计划筹集资金200万元。养生药材，在当今人群亚健康环境下很有市场潜力。根据市场的现状及公司的发展战略，计划在公司运营的第4~6年，我们将在此基础上增加筹资500万元，以此把我们公司的市场进一步扩大至整个珠三角甚至长三角地区，将十方元氣的品牌打造出来，将十方元氣的健康观念推广出去。国家政府一直积极提倡鼓励大学生自主创业，并在政策上给予一定的倾斜，所以公司未来的筹资渠道将会指向银行专项借款和国家专项扶持资金。

3）社会与经济效益

十方元氣|小车百草团队以“养生养身”为核心价值，具备良好的社会责任感，以消费者为中心，希望通过自身的资源优势、专业能力，以及团队的不懈努力，塑造品牌形象，为广大消费者提供绿色健康无硫的养生食材，宣传健康养生文化。团队成立两年以来，已为数万名消费者提供了安全优质的中药食材，为改善养生食材市场的安全现状，贡献了一己之力。

在两年的经营中，公司带给广大消费者绿色有机、天然无硫的好药材。不仅解决了小车家自己种植的药材滞销问题，而且与政府合作组织农户建立了农村合作社，通过小车百草帮助药农打开了销售渠道，提高了整个村的生活水平。此外，十方元氣|小车百草在广东高校扩展队伍，也为许多家庭条件不好的学生提供了帮助，让他们能够在家庭减轻负担的同时学习到难能可贵的创业经验。

十方元氣|小车百草一直秉承着健康养生的理念，为广大消费者提供优质安全、绿色无硫养生食材。十方元氣|小车百草勇于担当，带着药农乡亲父老共同创业，共同富裕，一起走上小康之路。带着大学生创业，缓解学生家庭压力，实现自己的创业理想。

6 分析与评价

6.1 指导老师点评

十方元氣|小车百草团队的创业初衷很现实，由于创始人车洲——西北药农家的孩子，家里药材滞销问题，于是在老师和同学的帮助下，建立起创业团队。虽然项目“很土”，但是团队一直脚踏实地，致力于解决实际问题。利用西北中药食材原产地的优势结合广州地区的煲汤文化，以“互联网+电子农商”为桥梁，不仅解决了西北药材滞销的问题，也给广东地区的消费者提供了原生态无硫的中药食材。

作为中国经济的新亮点，健康产业是具有巨大市场潜力的新兴产业。十方元氣|小

车百草项目符合现代消费者对健康的追求,项目可行性高,团队一直在成长,不断优化创业模式,强化项目优势。

6.2 专家评析

该项目挖掘了传统中医药食材的商业价值,致力于实现"互联网+农业"的创新创业。项目有利于我国中药食材的开发与利用,有利于农村地区利用中药食材发展经济。项目具有较好的基础,与互联网结合,有利于项目进一步扩大影响力。该项目总体上具有一定的商业价值,值得支持和关注。

评析专家:西安交通大学　乔志林　副教授

叭叭智行——互联网智慧停车

参赛团队:浙江师范大学行知学院 叭叭智行团队

参赛组长:郭鑫

参赛队员:沈静娴　顾沙沙　胡韵珂　杨丹

指导教师:王威　张闻羽

关 键 词:智慧停车　停车场　自动扣费　管理系统

摘要:本团队致力于对静态交通体系的深化研究,通过对城市交通的系统分析、评估和测算,强化静态和动态交通互联互通,提高停车用地使用率,优化城市停车布局,并以国际“绿色停车场”标准打造兼具人性和艺术、符合不同业态需求的停车环境。同时,集合优化设备供应商,通过智能识别、物联网、信息融合等核心技术的运用,为智慧停车领域提供先进的规划设计、解决方案和产品,在有限空间内高效利用停车位,缓解城市停车压力,优化停车体验,提升城市整体服务水平。为车主实时提供停车场信息;对停车场实行统一管理,减少成本、提高停车服务;政府通过平台数据分析、排查与监控违规车辆和分析停车密集区域来解决车位问题造成的拥堵,来考虑规划建设新停车场,共创智慧城市!

1　项目简介

1.1　项目社会经济意义

“叭叭智行”利用互联网的连接属性,打破固有的社会关系、经济关系、供需关系,使原有的生产关系、社会价值重组,也重塑了“人与人”之间的连接,这种结构无疑能够创造出新的商业模式,爆发出新的经济增量。通过“叭叭智行”这一 App 平台,连接供需双方的纽带,即商品或服务的需求方和供给方两者通过共享经济平台进行交易,满足双方需求,实现双赢。“叭叭智行”以“服务一辆车,解放一座城”为理念,依托现代化的移动互联网技术,以微信公众号、App 等作为载体,致力于为终端消费者提供高效便捷、智能省心的停车服务模式。车主只需下载 App 即可体验智能停车功能,享受同城便捷停车服务,在此基础上,提供养车、驾考、车险、车检、车品销售等一体化服务,努力打造同城汽车智慧生活的大平台,开启汽车服务全新时代。"叭叭智行"的推广运营,符合民生诉求,提高城市交通停车问题管理水平,后期逐步拓展的功能业务将致力于打造同城在线汽车生活服务的大平台,开启汽车服务全新时代,让城市生活变得更便捷、更和谐、更美好!

1.2 项目目标与近期效果

1)项目目标

"叭叭智行"进一步整合资源,努力引领产业转型升级,打造停车后市场综合在线大平台,开启汽车服务全新时代。叭叭智行在保证做好线上服务的同时也将参与汽车后市场的多个环节,包括停车场充电桩、停车地产等服务。将线上用户与线下用户进行整合。随着群众机动出行需求的不断提高,汽车市场逐渐爆发,汽车保有量快速增长,在用户对我们的信任基础上作后续服务,通过互联网化提供后市场服务,全程透明化、信息化、视频化,利用互联网改善不透明情况。引领产业转型升级,打造停车后市场平台,开启汽车服务全新时代。

2)近期效果

"叭叭智行"已经向金华周边城市进发,如义乌、永康、绍兴等。叭叭智行在汽车后市场板块,开通金融服务平台、车险平台,以及智慧旅游平台,真正做到便民利民,智慧出行,解放城市!

1.3 项目主要内容

"叭叭智行"拥抱云计算、大数据和移动终端,转变发展思路,利用4G/5G网络、互联网、物联网将集团管辖各车场相关信息汇聚,实现车场数据云存储、车辆信息云管理、财务数据云管理等信息处理,只需一处注册,便可多处使用。通过数据的双向传输、汇聚和BI分析,云停车管理系统可以实现进出车流数据变化实时监控、收费记录变化实时监控、设备状态实时监控。

1.4 项目技术路线

在投资人和老师的支持下,团队有专业的App、微信平台技术人员,能有效建立和维护平台。大学生团队具有相对较高的文化水平与技术水平,我们也将通过培训开发等方式来提升人员的技术水平,为App发展打下基础。我们将加强团队建设,提升团队的技术含量,打造一支具有高水平、高质量的团队。

"叭叭智停"App由公司自主研发设计,定位于以智慧停车为主的一款颠覆传统停车方式的服务型产品。实时搜索车位动态,目的地车位剩余数量实时精确提示、精准引流、路况预警,最简线路导航,减少车位搜寻时间。这款App界面简洁、操作简便快捷,用户通过下载App注册成为平台车主,打开App能快捷寻找到目的地周边的车位,通过精准的导航以及车位实拍显示,安全无忧地出游停车。智慧停车支持网上支付(如微信、支付宝),便捷安全。

“叭叭智行，行你先行”，尖端创新科技，智慧城市助手，采用4.5G NB-loT构建端到端智能停车解决方案，将停车难、收费难等问题彻底根除，一步到位。停车全程实时动态显示，自动识别车辆信息，电子在线一键结付，省时省力省费用。为车位户主节省人工成本，真正做到位有车停、停有所收、收有便利。

“叭叭智慧停车”的理念标志：低停车费用，实时车位动态显示，高精准车位诱导，便捷网络在线支付——“叭叭智慧行，爱车随心停”。

通过智能地感和联通NB-loT窄带互联网这两项新技术，已经顺利解决传统短距无线传输的易干扰、设备接口不一、维护复杂、短距网关成本居高不下等诸多问题，顺利地达到运营商级别的质量保障，施工无须技术人员，不再需要短距中继网关，企业投资小且不需介入通信维护(如图1所示)。

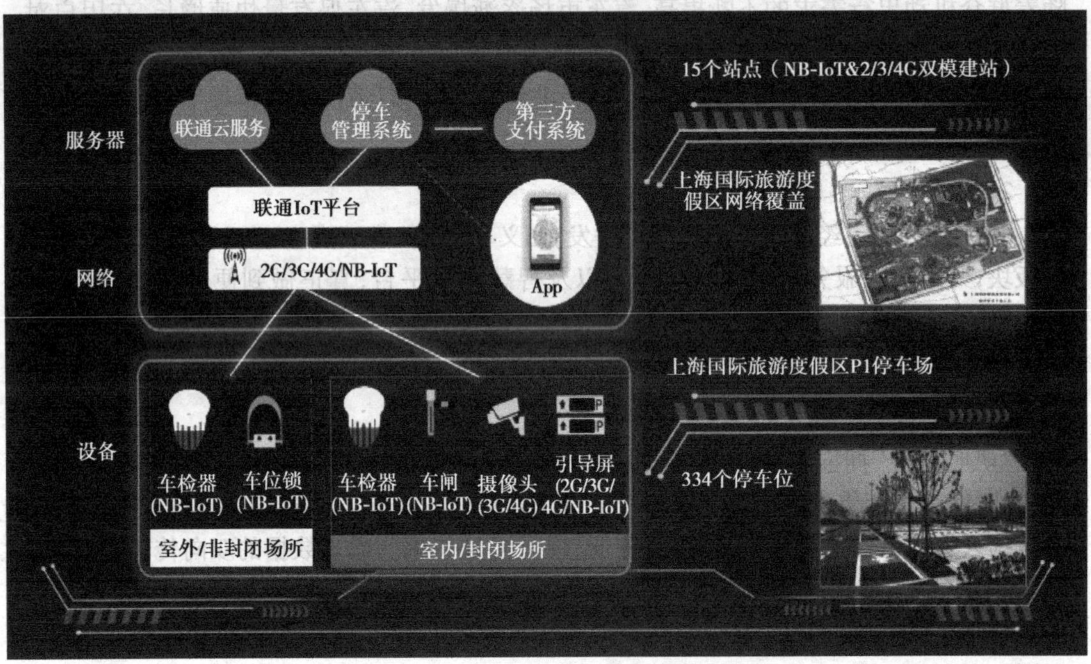

图1 4.5G NB-loT构建端到端智能停车解决方案

车主通过引导屏和手机终端可以直接找到停车位，实现无障碍停车，停车后智能地把信息经窄带物联网传输给业务终端，并分别在手机终端、引导牌等界面显示停车信息，车主取车时亦可通过手机终端无障碍找到自己的爱车，顺利取车并在线上支付，完成整个停车过程。

“叭叭智停”是互联网与物联网的有机融合、云识平台的管理系统，系统采用先进的车牌识别技术，实现对进出车辆的抓拍识别，进而实现车辆的计费和收费，取代了传统的取卡、还卡、交费等环节，提高效率。系统具有剩余车位信息发布、车牌识别、黑名单布控报警、多种缴费方式等功能，全面提升用户体验、停车收费效率、停车位的运营效率。使NB-lot智能停车技术的运用，叭叭智慧停车App的功能特点的全面性又提高一个台阶。统一平台管理，车辆数据的稳定与保护性，多车位检测分析，车位预约的保护措施，全方位无死角的覆盖，硬件设施的稳定性，多维度精细化诱导等，极大地弥补了传统停车的弊端,高效快捷是智慧停车的根本使命(图2为NB与传统方案的优势对比)。

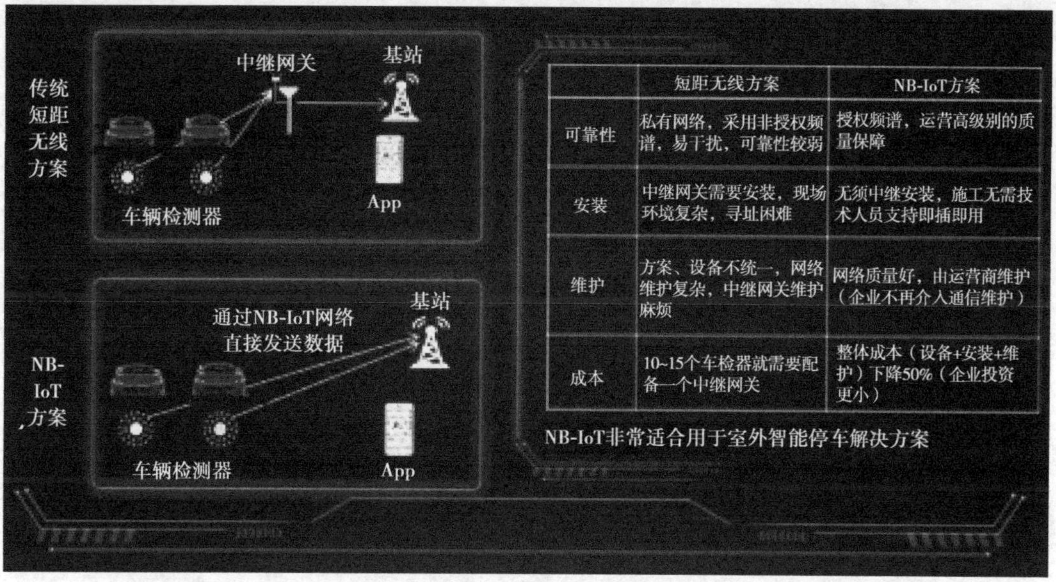

图2 NB-IoT智能停车方案的优势

1.5 项目特色

“叭叭智行”打造“手机客户端”+“叭叭智行官网”+“微信公众号”三大接入途径,具有“消费购物,停车免单”“随行随停,车位预约”“自动代扣,出入畅通”“车位引导,反向寻车”“数据共享,智慧城市”“地磁停车,道路监管”“车位出租,分享收益”等七大特色,为车主提供实时停车场信息;帮助停车场实行统一管理,减少管理成本、提高停车服务质量;通过平台数据分析帮政府做出违规车辆排查与监控,并分析停车密集区域、因找车位造成的拥堵区域,规划建设新停车场,共创智慧城市!

2 项目分析(创新)

2.1 市场需求分析

近年来,随着我国经济的快速发展,城市化进程不断加快,居民物质生活水平也随之提高,我国汽车消费快速增加,小汽车保有量也剧增。截至2016年6月底,全国机动车保有量达2.85亿辆,其中汽车1.84亿辆;机动车驾驶人达3.42亿人,其中汽车驾驶人2.96亿人。上半年汽车保有量净增1 135万辆,新注册登记汽车达1 328万辆,比2015年同期增加199万辆,同比增长17.62%,汽车保有量绝对体量已经成为全球第二。全国有46个城市的汽车保有量超过百万辆,其中北京、成都、深圳、重庆、上海、苏州、天津、郑州、西安、杭州、广州、武汉、石家庄、南京、青岛、东莞16个城市的汽车保有量超过200万辆。中小型城市的汽车发展规模也在迅速增长。汽车在给人们出行带来快捷、舒适与便利的同时,对我国大城市道路交通也提出了严峻挑战。由于我国的城市交通发展过快,基础设施缺乏和建设滞后,因此城市机动车的迅猛发展不仅严重加剧了道路负荷带来的交通阻塞等问题,同时也带来停车设施严重不足、车辆乱停乱放等问题。“停车难、停车乱”是目前交通拥堵的重要原因之一,除了限行、限牌,治理停车是有望解决交通拥堵的重要手段,我们看好停车行业未来的发展前景。按照国家畅通工程的考评要求,每百辆机动车应该拥有45个公共停车位,而根据国际通行标准城市的机动车保有量与停车泊位总数之比最低应为1:1.2;当前,国内停车位数量不论按何种标准都存在极大的缺口。

2.2 市场定位分析

“叭叭智行”以“叭叭智停”为主要功能,并将在后期拓宽服务功能和方式,在全面贯彻自身的汽车生活服务理念基础上,竭力实现叭叭养车、叭叭驾考、叭叭车险、叭叭年检、叭叭车品销售为一体的智慧服务模式。故主要目标人群是城市有车一族。

2.3 可行性分析

2014年,我国智能停车系统市场规模约为37亿元,相比整个停车行业年5 000亿元的收费规模,停车场智能设备配备率还处于低水平。此外,出入口控制系统为配备的主要类型,占到整个智能停车场管理系统市场规模的80%左右。同时,2015年,我国智能停车场系统市场规模超过50亿元,中国智能停车场系统保持相对稳定的发展。

在《2015年中国“互联网+”社区研究报告》中显示2015年国内O2O市场规模超过4 600亿元,而中国手机网民用户规模达到6.57亿人,中国智能手机用户达6.01亿人。而在2011—2017年中国O2O市场规模及预测中显示,预计2016年国内O2O市场规模将超过6 000亿元,这也将给智能停车行业带来发展机遇。

缓解城市“停车难”问题是服务民生、改善人居环境的必然要求。政府也就此类问题相继推出各类政策,如2015年国家发改委发布的《关于加强城市停车设施建设的指导意见》指出各地要加快推动停车智能化、信息化,支持移动终端互联网停车应用的开发与推广,提高停车资源利用效率。2016年1月,国家发改委发布的《加快城市停车场建设近期工作要点与任务分工》中明确提出加快高新技术在停车领域应用,推动停车与互联网融合发展等,即政府也大力支持“互联网+”与解决城市停车问题相结合。

与此同时,“互联网+”、电子商务等新生事物正日益成为中国经济发展的蓬勃动力,政府也大力支持电子商务的发展,2015年5月7日,国务院印发《国务院关于大力发展电子商务加快培育经济新动力的意见》(以下简称《意见》),对电子商务的发展提出了7项政策措施,旨在鼓励电子商务领域的就业创业,营造宽松的发展环境,创新服务民生方式,《意见》提出到2020年,基本建成统一开放、竞争有序、诚信守法、安全可靠的电子商务大市场。在支持政策上,《意见》要求为电商企业合理降税减负,逐步将旅游电商、生活服务类电商等相关行业纳入“营改增”范围。降税减负等政策为O2O等新商业模式的成长增添了动力。

3 服务产品及其特色

3.1 产品设计

“叭叭智行”拥抱云计算、大数据和移动终端,转变发展思路,利用4G/5G网络、互联网、物联网将集团管辖各车场相关信息汇聚,实现车场数据云存储、车辆信息云管理、财务数据云管理等信息处理,只需一处注册,便可多处使用。通过数据的双向传输、汇聚和BI分析,云停车管理系统可实现进出车流数据变化实时监控、收费记录变化实时监控、设备状态实时监控。叭叭智行打造“手机客户端”+“叭叭智行官网”+“微信公众号”三大接入途径,具有“消费购物,停车免单”“随行随停,车位预约”“自动代扣,出入畅通”“车位引导,反向寻车”“数据共享,智慧城市”“地磁停车,道路监管”“车位出租,分享收益”等七大特色,为车主提供实时停车场信息;帮助停车场实行统一管理,减少管理成本、提高停车服务质量;通过平台数据分析帮政府做出违规车辆排查与监控,并分析停车密集区域、因找车位造成的拥堵区域,来考虑规划建设新停车场,共创智慧城市!

3.2 经营设计

“叭叭智行”全国首创的ICP商业模式为公司实现在目标城市快速扩张和全国复制提供了强有力的保证,ICP模式就是在目标城市首先圈10~30家停车场,通过在这些停车场做公司CIS形象设计和打折促销,迅速吸引目标受众的注意力和提高公众认知度。接下来,借助厂家资源实现和合作停车场的快速对接。简单地说就是,如果竞争对手的商业模式是“天猫平台”模式,我们的模式就是“京东自营和第三方经营相结合”模式。

3.3 技术设计

“叭叭智行”App功能主要有定位、导航、车位预约、自动代扣、年月卡购买等功能。后期还将推出线上车险、叭叭驾考、叭叭车检、叭叭洗车服务等。

3.4 组织管理设计

创立初期,公司将本着精简机构的原则,采用以董事会为核心、以监事会为督导、总经理统筹、各部门经理和总经理助理积极协作的组织管理模式,保证了权力的集中,指示命令关系清晰、统一,决策快速,责任明确,反应灵活,纪律和秩序的维护较容易,管理费用低。

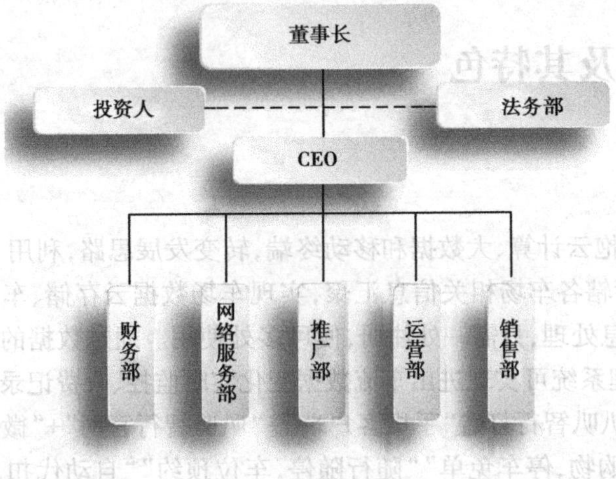

图 3　组织管理结构图

3.5　财务设计

1) 投资计划

公司注册资本 480 万元,资金主要来自公司创始人的投资,以及向投资机构等获取的创业型投资,股东及其出资信息如表 1 所示。

表 1　股东及其出资信息表

股东结构	认缴出资额/万元	认缴出资时间	认缴出资方式
核心成员	240	2017/3	货币
投资机构等	200	2017/3	货币
其　他	40	2017/3	货币

2) 成本来源

平台构建成本指在网络平台建设和运行过程中发生的资金耗费。由于平台提供的信息产品具有多样性、时效性、共享性、价值的差异性、使用点击次数不一致等特征,决定了计算平台成本时不能像其他行业那样简单地计算单位产品成本,而应从平台的实际投入着手关注平台成本的构成。一般情况下,平台成本依平台从建设至运行,再到推广,按照平台运营的各阶段将其划分为平台建设成本、平台运营维护成本。

3) 项目收入概述

根据公司的发展战略,我们按五年一个计划段把网站发展分为五个阶段。表 2、表 3 为预计利润表。

表 2　预计利润表 1　　单位:万元

项　目	第一年	第二年	第三年	第四年	第五年
一、营业收入	212.60	522.40	1 600.00	2 800.00	5 000.00
减:营业成本	192.52	254.48	400.00	700.00	1 250.00
营业税金及附加	3.60	12.20	36.33	46.90	41.48
二、主营业务利润	16.48	255.72	1 163.67	2 053.10	3 708.53
减:其他业务支出	0.00	1.00	2.00	3.00	4.00
管理费用	59.46	77.06	147.17	351.17	671.80
销售费用	58.20	187.86	800.00	1 000.00	1 500.00
财务费用	0.50	1.50	2.50	3.50	4.50
三、营业利润	−101.68	−10.70	214.00	698.43	1 532.22
加:营业外收支净额	0.00	1.00	2.00	3.00	4.00
四、利润总额	−101.68	−10.70	214.00	698.43	1 532.22
减:所得税费用	0.00	0.00	0.00	87.30	191.53
五:净利润	−101.68	−10.70	214.00	611.13	1 340.70

表 3　预计利润表 2　　单位:万元

项　目	运营期				
	2016 年	2017 年	2018 年	2019 年	2020 年
营业收入	212.60	522.40	1 600.00	2 800.00	5 000.00
息税前利润	−101.18	−9.20	216.50	701.93	1 536.72
利润总额	−101.68	−10.70	214.00	698.43	1 532.22
净利润	−101.68	−10.70	214.00	611.13	1 340.70
总资产	98.70	191.64	588.05	1 198.37	2 539.27
净资产(股东权益)	98.32	187.62	581.63	1 192.75	2 533.45

3.6　风险控制设计

1)技术风险

“叭叭智行”的 App 平台、微信公众号平台,由于对技术要求不高,故很容易被模仿。另外,平台的维护和更新也亟待考虑,还要加强对已有客户信息数据的安全管理。控制策略包括招聘优秀的专业人员，加强技术部的技能水平，降低安全风险；推动平台技术创新进步，建立竞争优势；从客户角度出发，保障客户信息安全。

2）市场风险

尽管智能停车行业市场前景广阔，但市面上不乏发展已较为成熟的同类应用 App，同时也受当前 O2O 模式热潮下服务产品的同质化，因此“叭叭智行”打入市场仍有一定的风险和威胁存在。首先公司要建立良好的信誉，立足 App 服务理念，加强服务质量，突出“叭叭智行”的个性化和智能化服务；加强对“叭叭智行”平台的宣传推广，以不同的方式向受众展示“叭叭智行”的智能便捷实用性服务，力求提高平台的知名度和信任度；面对市场同类产品的竞争，“叭叭智行”要全面分析内部环境，综合分析市场情况，了解同行业及潜在行业的状况，做好市场调查，收集数据，采用科学的计量和分析方法有效决策，及时采取相关措施调整企业战略；“叭叭智行”要不断发展创新，优化特色板块，不断提高自身实力，增强平台的特色化、个性化、专业化。增加客户黏度，把已经有的服务做好、做深；“叭叭智行”要建设评价体系制度。开设客户评价页面，了解用户反馈，从而使 App 不断得到优化改进。

3）财务风险

创业初始阶段，企业必然会面对财务结构不合理、资金使用不当等问题，易影响公司运营能力，引发预期收益下降的风险。此外，“叭叭智行”的前期运营需要投入大量的宣传推广资金，而仅仅依靠创业团队有限的资金是远远不够的，难免会考虑采用银行贷款等方式缓解该问题，故如何合理运用现有资金实现平台最大效益将成为公司面临的最大财务风险。控制策略包括充分利用国家支持大学生创业的政策，减少融资风险；鼓励公司员工入股以减少资金筹集风险，提高员工的工作积极性和凝聚力；努力拓宽投资渠道，扩大融资对象，优化投资策略。

4）人事管理风险

人才缺失与外流。平台在初建时期出现工作人员不足的情况，在各项事务的运行方面也存在着经验不足的状况。互联网停车是一个新型的商业模式，存在着大量人才的缺口。平台发展不完善、人员选拔机制不完善、收入较低、个人发展上升空间小、团队合作不善等多种原因都会导致人员的流失。优秀的人才流失必然是平台的一大损失，不利于平台的发展。

控制策略包括招聘优秀人才，加强员工素质建设，平台会对新的员工进行培训与考核，来提高员工的素质和能力。定期对员工进行相关岗位的培训、业绩评定等，使团队更加具有竞争性与专业性；合理分配人力资源，根据人员的不同专业、特长、性格等进行岗位分配，让职员发挥所长，合理安排人员岗位分工，让整个团队更具有活力，有利于工作效率提高，有利于各项工作的实施。

5）经营风险

智慧停车在二、三、四线城市，相对来说也是一片巨大的“蓝海”，率先进入二、三线城市市场必然存在经营风险。控制策略包括关注行业动态和政府政策，与时俱进；借鉴成功的一线城市智慧停车的经营模式；建立严格的产品质量把关系统；坚持共享，使车位利用率和车主找车位效率更高，保证客户的利益；提高创新能力，推动可持续发展。

4 项目建设

4.1 组织建设

创立初期，公司将本着精简机构的原则，采用以董事会为核心、监事会为督导、总经理统筹、各部门经理和总经理助理积极协作的组织管理模式，保证了权力的集中，指示命令关系清晰、统一，决策速度，责任明确，反应灵活，纪律和秩序的维护较为容易，管理费用低。

公司的战略重点是市场推广，扩大市场份额，实行扩张性战略，同时前期线上线下的完善也相当重要。因此在内部实行职能型划分，设置推广部、销售部、运营部等重点部门。具体如图 4 所示。

中后期公司发展壮大后，服务将更加专业化，服务范围也将得到延伸，市场也更加细化，实行高效化的战略，员工人数增加，我们将针对初期的"直线式"组织结构进行完善。

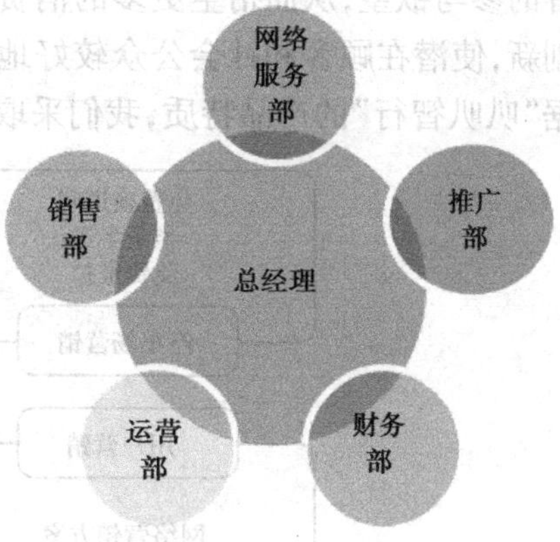

图 4 公司的部门管理

4.2 技术建设

在投资人和老师的支持下，团队有专业的 App、微信平台技术人员，能有效建立和维护平台。大学生团队具有相对较高的文化水平与技术水平，我们也将通过培训开发等方式来提升人员的技术水平，为 App 发展打下基础。我们将加强团队建设，提升团队的技术含量，打造一支具有高水平、高质量的团队。

4.3 经营系统建设

我们的经营发展战略分为三个部分：

①将"叭叭智行"智慧停车服务覆盖到整个浙江省，使停车场实现联网共享数据，打破信息孤岛，建设智慧停车物联网平台，实现停车诱导、车位预订、电子自助付费、快速出入等功能。

②"叭叭智行"成为最有影响力的停车平台。"叭叭智行"以微信公众号、App、叭叭智行官网等平台作为载体，致力于为终端消费者提供高效便捷、智能省心的停车服务模式。在中后期，"叭叭智行"将拓宽服务功能和方式，在全面贯彻自身的汽车生活服务理念基础上，开始推出叭叭养车、叭叭驾考、叭叭车险、叭叭年检、叭叭车品销售为一体的智

慧服务模式，满足车主的所有需求，使车主依赖于“叭叭智行”平台，使之成为最有影响力的停车平台。

③进一步整合资源，努力引领产业转型升级，打造停车后市场综合在线的大平台，开启汽车服务全新时代。“叭叭智行”在保证做好线上服务的同时，也将参与汽车后市场的多个环节，将线上用户与线下用户更好地进行资源整合。随着群众机动出行需求的不断提高，汽车市场逐渐爆发，汽车保有量快速增长，在用户对我们的信任基础上再进行后续服务，通过互联网提供后市场服务，全程透明化、信息化、视频化，利用互联网改善不透明情况。引领产业转型升级，打造停车后市场平台，开启汽车服务全新时代。

4.4　营销推广

良好的营销策略能够及时将信息传达给消费者，引起他们的注意，增加需求，唤起消费者的参与欲望，从而衍生更多的消费者需求，同时也能够展现“叭叭智行”的自身特色和创新，使潜在顾客和社会公众较好地了解“叭叭智行”给消费者带来的便捷智能之处。根据“叭叭智行”的产品特质，我们采取停车场营销方案与用户营销方案。

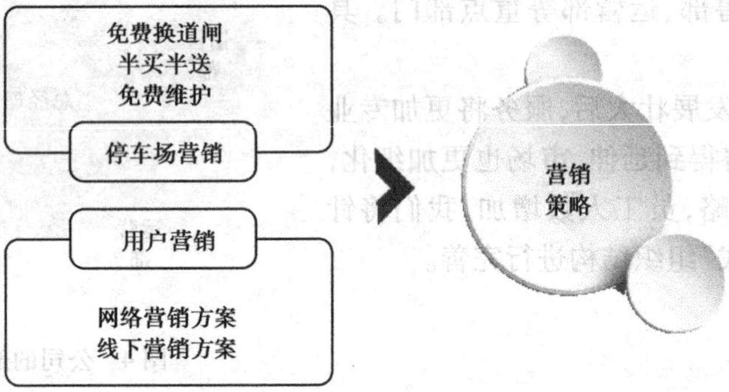

图 5　组织营销策略

5　项目运行与维护

5.1　运行与维护过程

“叭叭智行”独创的 ICP 商业模式是全国范围内特有的。首先，我们在每个城市都会投资 10~30 个自主承包经营的停车场，为用户提供停车打折、月卡打折等一系列优惠，进而吸引目标受众的注意力，推广 App，使之成为粉丝孵化基地。此后，我们再通过借助合作厂家，获得大量停车场资源，接入旗下的各个停车场，实现 App 在全国范围的快速复制。

“叭叭智行”开发了 Android 与 iSO 端口的“叭叭智行 App”，并且提供同微信号、QQ 号绑定的账号，与此同时也为新用户提供了手机登录的便捷方式，让用户可以随时随地使用“叭叭智行”。在后期，通过微信平台、App 以及网站的方式，更好地帮助“叭叭智行”

走进大众,以系统、高效、便捷的特点促进各端口的营销与使用。

"叭叭智行"后台实时监控停车场数据、联网情况等,一旦出现状况立即派人前去维护,保证停车场运营的稳定性,同时针对软硬件不同等问题,及时更新解决。不同发展阶段,也会推出不同的服务。

5.2 运行与维护效果

1) 市场影响

我们秉持"service one car,release a city"(服务一辆车,解放一座城)的理念,依托现代化的移动互联网技术,以微信公众号、App、"叭叭智行"官网等平台作为载体,致力于为终端消费者提供高效便捷、智能省心的停车服务模式。其主要影响在于:

(1)用户

"叭叭智行"的精准定位功能可以为车主提供实时了解停车场位置、价格、实时剩余车位等停车信息;其次为车主驾驶中的导航停车找车位、反向寻车服务、车位预订等功能,致力于为用户提供高效便捷、智能省心的停车服务。

(2)停车场

通过智能系统化管理,避免收费员违规操作;App 车主信息绑定实现不停车自动收费;基于车场周边的会员系统打通购物满减抵扣停车费;同时,通过互联网和大数据手段大幅提升车位利用率,逐步实现停车少人化、无人化管理。"叭叭智行"线下对停车场进行改造,致力于提供一个安全、智能、便捷的停车环境。

(3)社会

"叭叭智行"通过动态停车信息的实时发布和引导,缓解停车难和交通拥堵,促进大交通的微循环;通过动态交通与静态交通的结合、智慧路网等大数据统一平台接入,实现智慧城市停车基础数据服务;通过智慧停车大数据综合服务平台缓解停车难、停车乱问题,政府通过平台数据分析出违规车辆排查与监控并且分析停车密集区域、因找车位造成的拥堵区域,来考虑规划建设新停车场,建设智慧城市!

2) 运营业绩

"叭叭智行"开发了 Android 与 iSO 端口的"叭叭智行 App",并且提供同微信号、QQ号绑定的账号,与此同时也为新用户提供了手机登录的便捷方式,让用户可以随时随地使用"叭叭智行"。在后期,通过微信平台、App 以及网站的方式,更好地帮助"叭叭智行"走进大众,以系统、高效、便捷的特点促进各端口的营销与使用。根据"叭叭智行"的发展战略规划,设计了符合"叭叭智行"实际的 App 应用。"叭叭智行"App 的功能内容充实而不浮夸,并且操作简单,界面简洁。目前,"叭叭智行"在各类安卓和苹果应用市场的下载量已经超过 5 万人次,在金华地区已经是一家独大。

3) 社会与经济效益

(1)经济效益

广告模式:"叭叭智行"中叭叭商城就是一个可盈利点,平台用户数对于商家来说有着可观的市场,帮助汽车相关服务商家进行宣传推广。车险服务,对各个保险公司相关产品的服务与价格进行推广,吸引用户。

佣金模式:"叭叭商城"为汽车用品商家充当信息发布者和信息推广平台角色,然后按照一定的比例获取交易佣金,不仅能够促进商家的业务量和收益量增长,同时也能增加自身的盈利,使盈利的类型更加多样化。在线商城的购买量使平台效果可见性透明化,因此广告模式成为主要盈利模式之一。

网络营销商收益:网络运营收益主要体现在车险服务和车品商城上。

①保险公司收益。为保险公司提供保险即将到期的车辆数据,为保险公司续约或增加销售机会提供支持;可以根据车辆现状所需要的保险类型推荐相关保险公司产品信息;为保险公司提供车辆出险视频数据,为保险处理提供视频依据。

②汽车产业链相关服务费用。形成制造+服务的商业模式,从单一的车辆生产商转变为服务提供商,形成产品和服务的差异化,以合作的形式为车辆生产厂家带来更大的利润空间;根据轮胎数据分析,向轮胎厂家提供相关数据,为轮胎厂家产品定位、制定销售策略提供依据,可以为车主推荐适用的轮胎产品;为汽车美容行业提供相关数据,为车主推荐附近的汽车美容服务提供商及优惠信息,并可以提供预约服务;远程救援服务,为在途需要维修车辆提供远程救援服务,推荐最近的救援服务;为4S店或者维修中心提供推荐服务,系统可以实时对车辆进行检测,如发现问题及时推荐最近或者最适合的维修单位,支持远程预约功能;在线跟踪,避免配件耗材销售机会的流失。通过对车辆运行数据的采集,同时也形成配件、耗材的使用情况报告,在需要更换以前,及时锁定配件、耗材及维修。

(2)社会效益

①便捷高效的停车服务。"叭叭智行"以智能停车为核心功能,定位于同城便捷停车服务,依托现代化的移动互联网技术,以微信公众号、App等平台作为载体,致力于为终端消费者提供高效便捷、智能省心的停车服务模式,车主通过App可及时搜索了解周边停车场、路边停车位、小区停车位等空闲车位信息,提供精准的空闲车位位置信息,帮助车主高效找到停车位,规避堵车路线,同时,停车费可通过手机智能支付,自动缴纳停车费,出入快速通行。

②多元化综合服务。"叭叭智行"以"service one car,release a city"(服务一辆车,解放一座城)为理念,中后期,将拓宽服务功能和方式,在全面贯彻自身的汽车生活服务理念的基础上,竭力实现叭叭养车、叭叭驾考、叭叭车险、叭叭年检、叭叭车品销售为一体的智慧服务模式。

③共赢模式,惠利各方。"叭叭智行"的创新模式是一种互利共赢模式,其主要体现在以下几个方面:

车主:车主只需提前下载App,绑定银行卡或支付宝,即可在寻找停车空位时,及时搜索了解周边停车场、路边停车位、小区停车位等空闲车位信息,根据精准的空闲车位位置信息,高效找到停车位,规避堵车路线。

社会:符合民生诉求,提高城市交通停车问题管理水平,后期逐步拓展的功能业务将致力于打造同城汽车生活服务在线大平台，开启汽车服务全新时代，努力让城市生活变得更便捷、更和谐、更美好。

④生态效益。"叭叭智行"为用户提高信息化水平，建立城市停车泊位信息数据库和停车服务、管理信息系统，鼓励错时共享停车，鼓励有条件的居住区与周边商业办公类建筑共享停车泊位，鼓励并引导政府机关、公共机构和企事业单位的内部停车场对外开放，允许个人利用互联网信息技术，将个人所有停车设施错时、短时出租、出借，并取得相应收益。

6 分析与评价

6.1 指导老师点评

对于创业项目的选择，"叭叭智行"小组的成员在近两年前就选择了新创意、有市场、高效益、低风险的智慧停车服务，可以说做出了正确的选择，因为这样的项目创业市场非常大，且成功的机会比较大。在本次创业报告书的书写过程中，我们发现了学生的优点与问题。优点在于学生能够准确地把握市场热点，提出有效可行的推广策略，而问题在于对市场潜力认识不足，预算方面也太过乐观。该创业计划书最大的亮点，在于集合了全体成员的力量，首创了 ICP 的商业模式。学生能提出这样的创意，是超出老师预计的，它是一种全新的电子商务运营模式。

通过这次比赛，学生不仅学习到了怎样写好一份创业计划书，也对创业有了更加清晰的认识。此外，在整个项目的实践过程中，他们的团队合作意识、竞争意识都有了很大的提升，而我们也从他们身上感受到了年轻学子创业的激情与多彩的创业想法，可以说是教学相长了吧。

6.2 专家评析

"叭叭智行"以"服务一辆车，解放一座城"为理念，依托现代化的移动互联网技术，以"手机客户端"+"叭叭智行官网"+"微信公众号"为接入门户，近期可以为消费者提供"消费购物停车免单""车位预约""自动代扣停车费""车位引导""反向寻车""数据共享""地磁停车""车位出租分享收益"等服务。在此基础上打造同城汽车智慧生活的大平台，应用前景想象空间很大。

项目总体定位准确，需求分析到位，应用场景描述符合现实，解决方案较先进，发展规划可行。项目符合民生诉求，为城市交通停车难题提供了一个很好的解决方案。

评析专家：西安邮电大学　张　利　教授

阿甘生活校园洗护平台

参赛团队:长春大学　阿甘生活

参赛组长:何威

参赛队员:周　祥　李志鹏　李　拓　王楚琦

指导教师:王冬屏　徐　越

关 键 词:校园 O2O 洗护　自建物流团队

摘要:“阿甘生活”是由长春阿甘科技网络有限公司推出的互联网校园洗护产品。阿甘生活洗护平台提供线上预约、上门取送、线上支付、物流跟踪等服务,以解决客户衣物洗护时间成本高、对中高档衣物洗护不专业等痛点。公司以提供标准化、透明化的洗护服务为客户接触点,围绕客户需求,逐渐搭建包括奢侈品护理、家政服务、服装租赁等增值业务的综合性生活服务平台,以及阿甘公益平台。公司的宗旨就是全心全意为学生的健康生活谋福利。

1　项目简介

1.1　项目主要意义

“阿甘生活”是全国首家线上校园洗护平台。“阿甘生活”是由长春阿甘家政服务有限公司推出的互联网校园洗护产品。阿甘生活洗护平台提供线上预约、上门取送、线上支付、物流跟踪等服务,以解决客户衣物洗护时间成本高、对中高档衣物洗护不专业等痛点。据相关数据统计,目前全国范围内高校在校学生高达 2 400 万人,其中需要在校洗衣的学生占比达 80%,背后隐藏着近千亿元的市场商业价值。面对这样一个空间巨大的市场我们坚信,阿甘生活一定会在未来发展中日臻完善,为洗护行业的发展献出全部力量!

1.2　项目达成目标

1) 战略初期

①目标客户:长春市各高校学生群体。

②业务:阿甘生活在长春开展上门取送衣、鞋洗护保养及翻新业务,奢侈品皮具翻新保养护理业务。

③市场:目前,我们已初步覆盖长春大学、长春理工大学的市场,也正积极开拓长春金融高等专科学院、吉林大学南岭校区以及净月大学城市场。平台关注量已达 4 000+。

④目标:占据长春高校学生生活服务市场份额的 70%。

2)战略中期

①目标客户:全国各省主要城市高校学生群体及校园周边市民市场。

②业务:阿甘生活走向全国,业务将覆盖哈尔滨、沈阳、大连等东北各主要城市。在原有业务保持不变的基础上增加家政服务、二手奢侈品皮具评估与推送、二手品牌衣、鞋评估与推送等业务。用户可在阿甘生活洗护平台体验全面的生活服务。

③市场:以现有市场用户量为基础扩大品牌影响力和知名度,逐渐占领哈尔滨、沈阳、大连等东北各主要城市市场。

④目标:业务量将达到所有城市洗护保养等生活服务市场份额的 80%。

3)战略后期

①目标客户:全国大学生。

②业务:阿甘生活将涉及各种关于洗护、旅游、鲜花配送、娱乐等生活服务一体化业务,在全国范围内建立一个生活综合服务类平台。

③市场:在全国各大城市高校附近建立阿甘生活办公室,牢牢占领大学生生活服务市场,保证市场的稳定性和长期性。

④目标:业务量将达到全国高校生活服务市场份额的 50%。

1.3 项目主要内容

面对洗护难点与痛点,阿甘生活确立了以下优势:第一,阿甘生活自建物流配送团队,自主搭建物流系统,客户一键下单,物流快速上门取送,最快可一日达,通过条形码对衣鞋进行编号与相关信息记录,确保高标准、高效率与可查性,客户可通过洗护平台实时跟踪;第二,阿甘生活自主研发洗护平台客户端、员工端和云端数据系统,自建客户信息数据库,了解客户的实际需求,并且持续改善互联网服务;第三,去门店化,实现更灵活的 O2O 服务,让利于客户;第四,与长春市二道区洁盟洗护工厂合作,该工厂拥有国内外先进的洗护设备,采用国际领先的封闭清洗线,执行国际环保标准,具备快速洗护和大批量洗护的能力;第五,校园智能共享洗衣机的线下服务向线上交易的导流是公司积累客户的关键,也是形成线上线下业务联动的关键。

1.4 项目技术路线

阿甘生活自主研发洗护平台客户端、员工端和云端数据系统,自建客户信息数据库,了解客户实际需求,并且持续改善互联网服务;去门店化,实现更灵活的 O2O 服务,让利于客户。

1.5 项目特色

①线上预约、上门取送服务:便捷、透明、标准、实惠、安全;

②运营方案:信息化、高效、精准、去中心化、数据运营;

③线下对接洗护工厂的轻模式:专业化、标准化;

④校园智能共享洗衣机:业务联动、完美结合。

2 项目分析

2.1 市场需求分析

1)全国衣物洗护市场概况

中国国内现代洗护业自20世纪90年代正式起步,虽然近年来发展迅速,但与其他发达国家和地区相比,依然存在较大的差距。当然差距也带来了发展空间。另外,通过观察欧洲洗护消费内容、消费习惯,我们发现经济发展到了一定的阶段带来的是家庭劳动社会化,这种消费趋势应看作中国未来洗护市场的发展趋势。目前,中国正在进行的第三次消费升级也给洗护业带来了巨大的机会。据不完全统计,2010年国内洗护服务业的营业额约300亿元。业内人士预计中国洗护市场今后一段时间还会以20%的速度持续增长。中国洗护消费市场发展空间十分巨大。

2)洗护平台目标市场体量巨大

据相关数据统计,2015年中国洗护市场已突破千亿元。

①保有量逐年增加;

②保有市场中高校学生群体的洗护需求逐步上升;

③高校大学生的洗护意识提升。

2.2 目标客户分析

1)客户定位:长春市大学生作为首要目标

(1)客户分类

对于阿甘生活,洗护市场的客户主要分为两类:高校群体消费市场及周边市民消费市场。

(2)目标客户及客户定位依据

阿甘生活首先将长春市大学生作为目标客户群。其原因是,长春市大学生市场消费潜力巨大,总人数已达到37万人,占长春市总人数比例较大。后期,随着阿甘生活的发展,周边市民也将成为阿甘生活服务的目标。

2）客户痛点：时间成本高，价格不合理，洗护过程不透明

• 现有服务体系痛点分析

市场调研报告显示，现有干洗店行业存在以下痛点：

①取送缺陷：现有干洗店一般为客户自行取送，取送时间成本过高。

②价格过高：干洗店的现有价格更加贴近于白领市民消费水平，大学生消费群体更倾向于相对较低的洗护消费层次。

③洗护过程不透明：干洗店洗护过程不透明，洗护保障率较低。

• 客户需求分析

随着时代的发展和生活节奏的加快，干洗店已经不能完全满足客户的需求。在洗护领域，客户的一般需求分为以下几点：

①降低时间成本：阿甘生活洗护平台线上预约上门取送，快捷高效，方便省时。

②价格合理化：阿甘生活价格实行合理化以及标准化，洗护价格相对较低且提供定期的优惠活动，如首件一元、节假日优惠等。

③洗护过程透明化：阿甘生活实行洗护过程全程实时追踪，中央工厂洗护过程透明化。

3）客户基础：集中化，市场广，消费潜力大

①客户集中化：阿甘生活主要针对大学生市场，客户分布相对集中，在此情况下，阿甘生活校园内部的推广成本大大降低且推广效果明显。

②客户市场广：现长春市大学生总数约 37 万人，消费市场巨大，除阿甘生活现有已建立的多所高校消费市场外，待开发消费市场覆盖面较广，发展空间巨大。

③消费潜力大：对于大学生消费群体，其消费频率普遍高于普通民众，且一旦抓住大学生消费痛点如时间成本高，价格不合理，消费过程不透明等，便更加迎合大学生的消费心理，开发市场潜力巨大。

2.3 可行性分析

SWOT 分析：市场持续膨胀，依托数据，直击用户痛点。

表 1 校园洗护平台 SWOT 分析

优　势	劣　势
①长春市唯一全面、综合、初步成形的洗护服务平台 ②与线下专业的洗护工厂合作，洗护成本较低且有保障 ③价格设置合理，注重服务品质 ④实时的洗护信息追踪为顾客提供透明化的服务 ⑤校园共享洗衣机，业务联动、完美结合 ⑥高效率，最快可一日达	①品牌知名度有待提升 ②商业模式顾客不了解 ③新创企业，资金不足 ④主营业务不够全面 ⑤缺少长期稳定的顾客，有待开发核心客户

续表

机　会	威　胁
①长春市是吉林省大学生数量最多的城市,是大学洗护服务的一块大蛋糕,这有利于阿甘生活洗护平台将消费市场定位于市内大学生 ②长春本地没有强大的同类型竞争对手 ③洗护服务市场是一个正在膨胀的市场,但存在痛点	①洗护服务市场竞争残酷 ②传统模式对新业态虎视眈眈 ③其他相关洗护服务平台在发展过程中,与洗护行业龙头差距甚远

3　服务产品及其特色

3.1　业务内容

阿甘生活上门服务是一项基于 O2O 兼顾用户个性化的洗护保养服务业务,该服务重点包含三个部分。其一是在线预约洗护保养服务。通过线上预约咨询,阿甘生活管家上门取送,解决了顾客时间成本高等问题,大大提升了客户的体验感。其二是通过数据分析,向每个细分客户群推送洗护周边服务和商品信息。其三是阿甘生活推出校园智能共享洗衣机,解决顾客一般衣物的洗涤需求,通过线下客户的体验,向线上服务内容导流。

1)基本业务

①鞋靴清洗护理及翻新;

②成衣清洗护理;

③奢侈品、皮具护理;

④精准商品信息推送;

⑤床品洗护套餐。

2)增值业务

①服装租赁;

②二手奢侈品皮具评估与推送;

③套餐服务;

④会员制。

3)公益业务

衣物公益捐助。

3.2　服务说明

上门取送是由阿甘生活自建物流团队,公寓负责人上门取送,再由专人专车与公寓负责人对接,进行洗护保养的方式。其主要形式为:

①预约方式:微信公众平台、App 平台;

②标准服务:设备标准化、服务标准化、技术标准化、卫生环保标准化;

③洗护时间:一般衣、鞋洗护 72 小时送回,最快可一日达;

④费用透明:平台有相关服务内容及其对应费用,实现费用的透明化、标准化;

⑤服务保障:强化完善售后解决措施,提供强有力的保险来提高服务满意度。

3.3 核心竞争力

1)核心优势

(1)客户群数据库

阿甘生活通过记录客户的各项信息内容,包括衣物信息、消费频次和水平、生活和生活习惯,形成一个完整的信息数据库,并对客户信息进行精细的客户群分类,掌握客户的真实需求信息,精准地向客户推送个性化服务和商品信息。

(2)服务透明化

阿甘生活互联网与线下运作相结合,全程追踪每一位客户服务流程,实现洗护全程透明化,与客户建立稳定信任的关系。

(3)服务个性化

阿甘生活通过客户自身线上定制选择,对每位客户的洗护要求如衣物香味要求等实现个性化,从而培养长期稳定的消费市场。

(4)服务标准化、高效率

阿甘生活对于自己的洗护与保养服务提出了四个标准化,即设备标准化、技术标准化、服务流程标准化以及卫生环保标准化。在标准化的基础上,阿甘生活注重高效率,从送洗到返回客户手中,最快可一日达。

(5)校园智能共享洗衣机

从线下服务向线上交易的导流是公司客户积累的关键,也是充分利用客户信息,并形成业务联动的关键。

2)上门取送和上门保养与传统连锁店相比的三大基础优势

(1)节约客户时间

我们通过各种流程控制保障衣物的快速取送和洗涤,为客户节省了送洗与取物的时间成本,实现了高效与方便。

(2)价格低

去门店化运作帮助阿甘生活为顾客提供最贴心的衣物洗护价格,所以顾客可以在阿甘生活享受到低于传统干洗店 50%的洗护价格、不定期的线上优惠活动以及专属的免费上门取送、上门保养服务。

(3)服务与绿色公益相结合

阿甘生活在洗护过程中严格遵循环保与绿色理念并将服务流程与公益相结合,在服务流程中定期添加公益活动,与学校支教团体合作,将客户无用的衣物捐向贫困地区,实现与社会结合的独特公益理念。

3.4 微信公众平台与业务流程简介

1)微信公众平台简介

(1)客户端

主要分为洗护预约页面、订单页面、个人主页三大模块:

①在洗护预约页,客户可拨打客服电话,查看洗护价格表以及设置个人取送地址等。

②在订单页,客户可管理查看已完成与未完成的订单。

③在个人主页,客户可管理自己的个人账户余额以及优惠券,设置地址、洗护喜好等个性化定制信息。

(2)配送端 App

主要分为线上接单、业务支持两大模块:

①线上接单:公寓负责人在此接单,订单会显示客户的相关服务要求,同时后台会显示客户的基本信息。

②业务支持:公寓负责人在此能够得到后台详细的推送业务介绍以及服务方式、服务中的注意事项等。

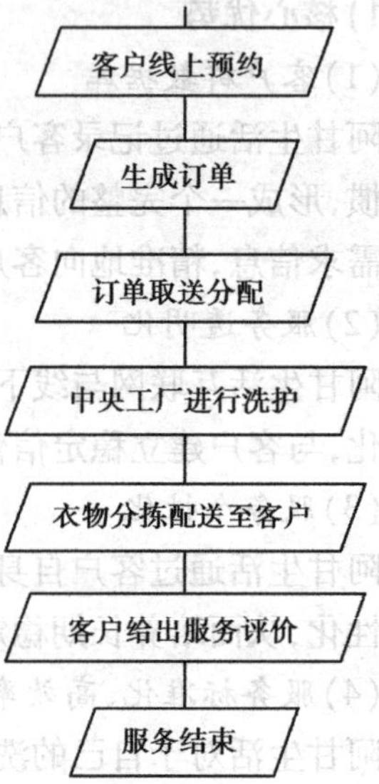
客户线上预约
生成订单
订单取送分配
中央工厂进行洗护
衣物分拣配送至客户
客户给出服务评价
服务结束
图1 阿甘生活微信公众平台业务流程图

2)业务流程简介

(1)主要服务流程

如图1所示,客户在微信公众平台上预约,后台随即生成订单,分配员工取送的物流,中央工厂对衣物进行洗护,洗好的衣物由员工分拣并送达客户,客户给出服务评价。

(2)客户反馈及处理流程

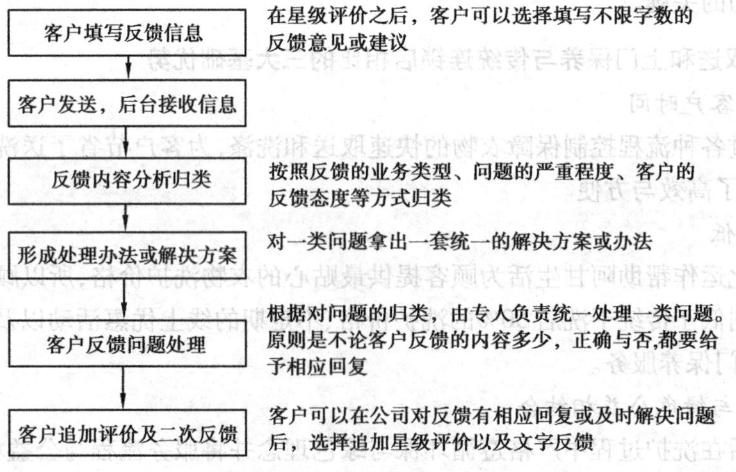
客户填写反馈信息
在星级评价之后，客户可以选择填写不限字数的反馈意见或建议
客户发送，后台接收信息
反馈内容分析归类
按照反馈的业务类型、问题的严重程度、客户的反馈态度等方式归类
形成处理办法或解决方案
对一类问题拿出一套统一的解决方案或办法
客户反馈问题处理
根据对问题的归类，由专人负责统一处理一类问题。原则是不论客户反馈的内容多少，正确与否,都要给予相应回复
客户追加评价及二次反馈
客户可以在公司对反馈有相应回复或及时解决问题后，选择追加星级评价以及文字反馈
图2 阿甘生活微信公众平台客户反馈处理流程图

(3)中央工厂处理流程

图3 阿甘生活中央工厂处理流程图

3)数据驱动的产业模式

公司的服务体系是建立在微信公众平台与公司后台云服务两端互相联系、相互支持的基础上的。客户订单的信息录入都要通过平台上传，而之后紧随的订单分配处理等过程，后台的数据处理是其运作的核心，数据处理的结果保存在云平台中，并将部分数据反馈在客户和员工端的页面上。每一个流程都伴随着两端之间的数据流通，每一次数据流通，都会对整个流程的客户体验产生关键性的影响。所以数据驱动始终是公司的运营核心所在。

3.5 组织管理设计

1)财务管理部

设现金出纳及稽核，负责管理现金及定期稽核钱数，资产管理负责确定公司固定资产、流动资产、成本及费用的保存，会计负责管理财务走账，直接与总经理对话，不受总监辖制。

①财务总监：总管公司会计、报表、预算工作，制订公司利润计划、资本投资、财务规划、销售前景和开支预算，组织编制公司财务计划、成本计划，努力降低成本增加收益，提高效益。

②现金稽核主管：负责审查会计资料的合法真实和完整，审核会计账簿，审核会计

凭证。

③会计主管:负责公司成本核算,经营成果分析、评价,利润及投资收益管理,编辑月度资金支出计划,开支、经费管理等。

2)市场营销部

制定公司发展目标及战略、分析市场、准确投资并负责整个营销体系的管理,下设校园经理,负责校园负责人的管理与调配,整合资源。

①市场营销总监:市场营销总监负责把控公司整体的营销问题,要对公司的营销制定战略性的策划,提高市场营销工作的规范化和专业化水平。

②市场调研主管:市场调研主管负责调研市场详情,分析大学生洗护与保养行业市场走向,组织对行业状况、竞争对手、消费者等主体市场的调研。向市场营销总监汇报市场动向,组织策划市场调研项目,监控调研流程及数据与信息质量。

③校园经理:带领、影响、协调团队,督促公寓负责人、工作人员工作的执行和落实,落实考勤制度。

3)运营管理部

实时技术指导人员负责对所有洗护与保养过程进行严密监控,随时掌握用户衣物的物流信息,并且指导人员都是专业洗护保养技术人员,当遇到解决不了的问题时直接请示技术监督,确保问题能够立即正确诊断与处理,使客户满意与放心。

①运营管理总监:负责建设和发展运营团队,考核评价工作,整体负责运营管理、形象管理工作。

②服务监督总监:负责制定贯彻落实客户服务,对员工服务质量进行监督,处理客户反馈,制订完善的服务方案。

③技术监督总监:负责洗护与保养技术监督,开展技术人员培训,定期进行技术分析,制定并实施洗护保养技术系统规章制度和实施细则。

④校园负责人:对整个负责区域的工作人员进行礼仪及服务态度、技术的培训。

4)人力资源部

根据公司实际情况制定人力资源战略规划,负责人事任免及管理、工资计划统筹,负责管理全公司人员福利待遇及工资安排、人员流动。

①招聘及培训主管:负责包括员工技术培训、服务态度培训等在内的培训工作开展以及面试的相关事项。

②绩效考核主管:组织实施公司全员绩效评价制度及年度评价工作,保证评价工作的及时性和质量,建立职位流动和晋升体系,改进并监督执行公司的考核体系和规范。

5)客户服务部

负责经营客户黏性,要提高首批客户的信任度,及时对后期客户的反馈做出回应并且妥善解决,保证客户在服务和待遇上的满意,使整个运营有一定的客户基础。

①客户服务总监:负责经营客户黏性,对争端有最大底线的民事调解权限,使整个运营有一定的客户基础。

②客户关系主管:主要负责对客户的反馈做出处理,要使客户满意。

③数据库分析师:根据数据库的数据,建立分析模型,分析客户需求,达到在见到客户前,就能分析出他的需求的精准营销要求。

6) IT 技术管理部

专设 IT 技术总管,直接与总经理对话,不受各级总监限制,负责总管软件开发和程序编写,满足维修后台的技术需要。对公司进行实时技术指导,制定技术标准,实施技术监督和协调。

3.6 财务设计

1) 主要财务假设

我公司为轻重资产型相结合项目。由于主要以上门取送模式与共享洗衣机单元运行,我公司需配备大量的物流移动车辆与洗衣机,且需要在校园建立服务中心站点,满足客户在生活服务方面的各种需求,协调物流调配,从而达到高效运作。

公司在运营前期资金周转速度可能较慢,故流动资金需求量较大。线下投入大量的销售费用,服务的多渠道推广将占压很大一部分资金。工人工资可以当即提现,也存在一定的财务负担。根据以上基础,拟订财务计划假设如下:

①移动物流服务车与洗衣机估计使用寿命为 10 年,预估无残值,按照年限平均法计提折旧;

②洗护保养及相关业务单数按照日平均指标计算,不分算各个季节对每日订单的影响;

③一个会计期间为 360 天;

④公司实行企业会计制度。

依据以上假设,本着谨慎性原则,在遵循会计准则的前提下,编制了公司前五年的财务预算报表。

2) 主要财务指标分析

结合公司的战略目标,根据市场部门的分析,预测了公司五个年度的销售收入和利润。项目收入主要来自衣鞋清洗转运与共享洗衣机单元,据保守估计,公司预计第一年盈利 460 万元,第二年盈利 762 万元,收回前期投入资本。

(1) 利润增长趋势分析

2017 年,预计每月衣物清洗转运为 3 000 单,每单我公司收入为 12.5 元。共享洗衣机在 2017 年平均每个学校每一天盈利 1 000 元。增值业务预计每天生成交易量 6 单,平均每单收入 50 元,第一年收入为 460 万元。

2018 年,平台关注量上升,品牌知名度有所上升,关注量大大提高,预计每月营业量为 30 000 单,增值业务方面预计每天生产交易量 56 单,总营业额 762 万元。在未来,伴随着每日单量的提升,我们的收入会大幅度增长,预计在 2021 年营业收入预计突破一亿元。

(2)客单分析

衣鞋清洗是阿甘生活的主营业务，拿单独一单分析，客户平均每单消费 25 元，在这 25 元收入中，我们与厂家的收入五五分，我公司能每单得到 12.5 元的收入，在这 12.5 元的收入中，人工成本与油耗共 5.5 元，每单毛利率 56%左右。

针对共享洗衣机一单平均收入 3 元，材料成本 1.5 元，每单毛利率 50%左右。

(3)毛利率与净利率水平分析

2017 年，我公司每单毛利率大约为 56%，净利率为 50%左右，在未来，伴随着每日单量的提升，而相对固定成本增加较少，我们的毛利率也会提升，预计每年提升 1 个百分点。2019 年综合毛利率预计将达到 58%，净利率也在不断上涨。由此可见，公司营运发展能力较好，而且有很大的利润增长空间。

综上所述，公司共需要 200 万元作为启动资金。

4 项目建设

4.1 组织建设

管理部门的员工来自社会招聘，旨在聘请有工作经验、有能力、适应市场新工作模式、认同企业文化的人才，要求有执行力，为人坦诚、正直、善良。一线服务人员的招聘渠道有两种：一是利用大学生的可信度和客户的集中程度聘请在校勤工俭学的大学生，利用大学生的优势身份快速与大学生形成良好的沟通，同时也为在校大学生提供一个良好的兼职工作平台；二是聘请全职的有经验的社会人员，可以为新员工提供技术上的培训和指导。

4.2 技术建设

阿甘生活自主研发洗护平台客户端、员工端和云端数据系统，自建客户信息数据库，了解客户实际需求，并且持续改善互联网服务。

1)客户群数据库

阿甘生活通过记录客户的各项信息内容，包括衣物信息、消费频次和水平、生活和生活习惯，形成一个完整的信息数据库，并对客户信息进行精细的客户群分类，掌握客户的真实需求信息，精准地向客户推送个性化服务和商品信息。

2)服务透明化

阿甘生活互联网与线下运作相结合，全程追踪每一位客户服务流程，实现洗护全程透明化，与客户建立稳定信任的关系。

3)服务个性化

阿甘生活通过客户自身线上定制选择，对每一位客户的洗护要求如衣物香味要求等实现个性化，从而培养长期稳定的消费市场。

4)服务标准化、高效率

阿甘生活对于自己的洗护与保养服务提出了四个标准化，即设备标准化、技术标准化、服务流程标准化以及卫生环保标准化。在标准化的基础上，阿甘生活注重高效率，从送洗到回到客户手中，最快可一日达。

4.3 经营系统建设

阿甘生活与洗护工厂合作，自建物流配送团队，以高效精准、信息化、去中心化的模式覆盖全市大学生群体以及距高校 3 公里内的居民群体。在城市的每个高校的每个公寓设立公寓负责人。公寓负责人采取就近原则，是每个细分的物流配送中心。优化各个物流配送环节，做到高效、精准配送，节省各项成本，让利于顾客。阿甘生活工作人员会在取送的第一时间面对面与客户进行沟通，了解衣物需要处理的信息，并将专业的解决方案反馈给客户以及阿甘生活云端数据处理系统。阿甘生活云端数据处理系统将对城市每个地理位置的订单进行分类，在短时间内为上门取送所需的业务单元协调好相应的物流配送路线及服务时间。

阿甘生活云端数据平台也会通过条形码对每一双鞋、每一件衣服进行编号与相关信息记录，云端数据平台通过数据分析直接对客户端进行取送信息、取送时间和日常生活衣物洗护保养的方法推送以及精准的洗护周边服务推送，达到高效的线上线下互动模式。

我们还将就客户群的需求进行分析，做到精准式线上营销。云端数据平台通过后台的数据处理，根据客户群特点进行客户类型细分。之后，数据库将对某客户可能发生的消费行为进行预测，并向客户群推送相应商品。例如，线上的精准营销通常选取非刚需的弹性商品，以较低的定价，让客户进行抢单。公司将通过此类业务进一步加强市场的客户黏性。

4.4 营销推广

1)产品(服务)

①个性化定制服务；

②上门服务；

③透明化以及可查性服务；

④精准商品信息推送服务。

2)价格

• 新客户推广

①新客户成为会员时使用老会员推荐码，老会员可获得 20 元优惠券；

②新客户成为会员时使用员工推荐码，员工直接获得 30 元奖金。

• 客户黏性

会员制：成为会员，洗护享受更多优惠。

3)渠道(以广告媒体信息化为驱动,多渠道共同发展)

• 信息化驱动

①推广形式:通过短信和微信平台的方式推送阿甘生活优惠服务,同时采用异业联盟以及高校社团联盟的形式,通过与其他企业合作或对校园社团的活动赞助等进行服务的推广。

②推广内容:阿甘生活将与各运动品牌专卖店进行合作,互相交换客户数据,了解客户需求,为顾客提供福利。凡购买商品的顾客通过平台可享受免费洗护或洗鞋一次,并获得平台体验优惠券。

③后续推广:阿甘生活公寓负责人在上门取送时将微信公众号和会员制度推荐给客户,第一次使用还可以再次优惠体验洗护,成为阿甘生活会员可以获得成本价洗护、洗鞋服务,可低至3元起。

4)促销

①在长春市内各高校公寓楼中发放免费的洗护优惠券,扫码关注阿甘生活微信公众号或下载 App 即可使用;

②不定期推送优惠服务信息与方案;

③发放礼品与安排相关优惠券。

5 项目运行与维护

5.1 运行与维护过程

依靠技术平台、市场去中心化模式,活跃市场,发掘每一位潜在市场开拓者,让市场更具灵活性。发展新的洗护市场模式就是让更多的人参与进来,成为阿甘生活的一员。

1)业务单元

业务单元包括标准的物流服务团队,与工厂洗护保养对接的经理,旨在全心全意服务于洗护用户,满足大学生在洗护方面的所有需求,在各个技术方面满足客户的要求,让客户满意。

2)团队跨界

为了实现团队跨界,我们聘请了专业的 IT 技术人员。IT 技术部职工直接受总经理的指挥,负责维护微信平台及 App 的运营,满足运营过程中对软件功能的需求。与我们合作的中央洗护工厂,聘请了行业领域内的专家,招聘了拥有专业技术的一线工人,经过专业化的流程培训和服务培训,打造了一支专业的洗护团队。

5.2 运行与维护效果

1)市场影响

互联网带来的信息丰富化和透明性让消费者在决策的时候有了更多的选择,目前这些市面上已有的新业态洗护平台的优势及劣势各不相同,而他们共同遇到的最大问题在于市场开拓和吸引优质的客户资源。这些企业往往需要通过大量烧钱的方式来获取数据、开拓市场。目前,我们已开拓了长春大学、长春理工大学等高校市场,平台关注量已达4 000+,并积极开拓吉林大学南岭校区以及净月大学城等高校市场,预计4年之内我们可以做到低成本的地毯式营销。

2)运营业绩

在2018年年初,平台关注量已有10 000+,品牌知名度有所上升,关注量大大提高,预计每月营业量为1 000单,增值业务方面预计每天生产交易量56单,总营业额300万元。在未来,伴随着每日单量的提升,我们的收入会大幅度增长。

3)社会与经济效益

上门取送洗护业务目前在长春依旧属于新型业态。该行业的服务不仅能够给消费者节省洗护时间,而且可以提高服务的透明化和可查性,而这一领域的新兴企业大多还停留在大量宣传以获取微弱的用户数据资源,所以阿甘生活必须坚持以方便消费者、满足个性化需求为核心理念,使用精准营销,为消费者提供服务。同时通过共享洗衣机线下服务向线上交易的导流,快速完成客户积累。

阿甘生活的洗护成本比较低,可以采用合理价格策略,解决洗护保养贵这一痛点。洗护市场是一个正在膨胀的市场,而长春本地几乎没有成形的衣物洗护保养平台,所以,阿甘生活必须把握住这一机会,利用自身的核心竞争力将精准营销和优惠策略同时铺开,快速抢占市场。在国内其他洗护平台发展成熟之前,占领长春市场,并向全国铺开。在阿甘生活没有发展到一定的规模之前,我们必须坚持积极开拓高校大学生市场,增加业务量,增强服务质量,在新兴的洗护市场行业拥有更强劲的竞争力。

6 分析与评价

6.1 指导老师点评

从创业团队来看,这是一支非常有战斗力的团队,执行力非常强,团队成员来自管理学院、音乐学院、外国语学院,有利于各种思维的碰撞。每个人的工作态度都非常积极,遇到问题第一反应就是自己能为解决问题做什么,这样的工作态度难能可贵。

从创业项目来看,从学生需求出发,抓住学生痛点,对症下药,填补了长春市高校校园洗护市场的空白。校园洗护虽然没有太多创新点,但学生能够从客户的现实需求出发,积极开拓新的业务增长点。同时,通过创业实践,学生把理论知识和实践结合,产生更多的思维碰撞,提高了学生解决问题的能力,学生在思考问题时也能从更多角度进行思考。

所学所得,是学生人生当中的一大宝贵财富。

6.2 专家评析

从“三创”(创意、创新、创业)的角度去评价分析,可以发现该方案具有以下特点:

①创意:基于O2O兼顾用户个性化的洗护保养服务业务,重点包含三个部分:在线预约洗护保养服务;通过数据分析,向每个细分客户群推送洗护周边服务和商品信息;推出校园智能共享洗衣机,解决顾客一般衣物的洗涤需求。

②创新:自主研发洗护平台客户端、员工端和云端数据系统,自建客户信息数据库,了解客户的实际需求,并且持续改善互联网服务;去门店化,实现更灵活的O2O服务,让利于客户。

③创业:公司的服务体系是建立在微信公众平台与公司后台云服务两端互相联系、相互支持的基础上的。上门取送是由阿甘生活自建物流团队,公寓负责人上门取送,再由专人专车与公寓负责人进行交接,进行洗护保养的方式。

该设计方案中还存在一些问题,主要是:目前业务范围仅局限于校园服务,还有向社会化发展的空间;该项目市场门槛较低,容易在商业竞争中存在各种风险;商业盈利模式还有待于进一步完善等。相信同学们会在市场运作实践中不断探索与成长,取得辉煌的成绩。

评析专家:东华大学　汤兵勇　教授

邻里——基于LBS的智慧社区社交平台

参赛团队名称:左邻右里团队
参赛组长:贺嘉俊
参赛队员:秦　蕊　梁雨菲　江河晓　张剑雄
指导教师:盛晓娟
关 键 词:厨艺分享　社交　社区　共享经济

摘要:邻里——基于LBS的智慧社区社交平台(下用"邻里"代称)是基于厨房共享经济发展潮流孕育而生的项目,其以"食"为媒介,通过厨艺共享、厨房共享等方式为基础开展社区文化活动,打造智慧社区的半熟人社交平台,致力于在趋于冷漠与疏离的邻里中恢复或重建社区感,营造"居民—社区—文化"的人群结合形式与生活方式,为"远亲不如近邻"这句古老的格言再次焕发出勃勃生机贡献一份绵薄之力。

1　项目简介

本项目以"厨艺分享"为主题,基于LBS定位系统划分用户社交区域,开启以小区为单位的半熟人社交模式,并根据不同人群的需求因地制宜地搭建兴趣交流圈,提倡面对面的情感沟通交流。

1.1　项目社会经济意义

2017年,中国共享经济市场规模达到57 220亿元,共享经济满足市场优化资源配置需求,深入衣食住行各领域,根据2010年第六次全国人口普查的数据,中国有4亿个家庭,平均家庭规模是3.1人。而2017年全国餐饮收入高达3.9万亿元,若将产能闲置的家庭厨房为他人所用,其潜在的价值创造空间巨大。

"邻里"平台以"厨艺共享"创造的经济价值和社会价值作为出发点,让本来互不认识、大门紧闭的"近距人"因为厨房共享开始认识彼此,打开紧闭的心门,构建半熟人兴趣链,具有较大的商业潜力价值。

1.2 项目目标与近期效果

项目目标:以厨艺分享为出发点,打造以小区为单位的以饭交友平台,构建邻里之间情感沟通的桥梁,以此来呼唤和弘扬中华民族的传统文化——邻里文化和邻里精神的回归。

近期效果:邻里 together 1.0(手机应用软件)已在各大手机应用市场上线,总计下载量已突破 800 人次,日活跃量稳定在 150+,该版本主要涵盖约饭、网厨课堂、基于兴趣链的社交圈、网上商城等功能,同时,在线下,开展了如亲子 DIY、浓情蜜意粽、邻里照片墙等活动,反响良好,颇受社区居委会的肯定和支持。

1.3 项目主要内容

该平台主要功能包括定位系统、发布需求、饭局、蹭饭、小饭桌、邻里家厨、信用体系,吃货评价、监督举报、烘焙教学、社区农场。另外,为配合 App 使用"邻里"平台同时对微信公众号进行开发设立订阅号,其主要功能是发布美食教学视频和线下活动照片集锦,并创建专栏"我与邻居的那点事儿"供广大用户投稿。

1.4 项目技术路线

本项目开发了基于 IOS 与 Android 两大移动平台的手机应用软件,并设置了开发环境,在智能手机上测试、运行。

1.5 项目特色

通过邻居间进行约饭,增加邻居间的接触与互动,为邻里间提供一个沟通交流的平台,在互相"蹭饭"与美食分享的过程中,逐渐建立一个友爱、温馨的邻里关系,缓解大城市的快节奏所引发的"社交恐惧症"等现代城市疾病。在培养邻里关系的同时,也让年轻妈妈、工作忙碌的城市白领、独自一人在京拼搏的异乡人等多个群体,在互相帮助中,有"喘口气"歇息的时间。

2 项目分析

2.1 市场需求分析

共享经济平台作为移动互联网的产物,通过移动 LBS 应用、动态算法与定价以及双方互评体系等一系列机制的建立,使供给与需求方通过共享经济平台进行交易。共享经济的出现,降低了供给和需求两方的成本,大大提升了资源对接和配置的效率。这不仅体现在金钱成本上,还体现在时间成本上。近年来,社会上有关邻里矛盾的新闻越来越多,俗话说远亲不如近邻,这句话形象地描述了邻里关系在人们心中的分量,而随着城市建设的快速发展,高楼耸立带走了原本的温情,也将邻里之间的关系如同防盗门一般拦阻在了门外。基于此,我们团队深刻意识到了当下厨艺分享为社区居民带来的便捷,以及共享经济这一形态的发展前景,并响应国家政策和邻里之间因时因地的需求,搭建了本平台。

2.2　市场定位分析

1) 选择困难症人群

选择困难症人群对晚上吃什么,或者做什么往往很纠结。其实这类人更多地倾向于有什么吃什么,对饮食不挑剔。所以,当他们可以参考邻居家的菜谱或者去邻居家蹭饭吃的时候,不失为一个很好的选择。

2) 年轻父母

对于刚刚有宝宝的年轻父母,已习惯二人世界的生活方式,在吃饭方面比较随便。但是有了宝宝以后,为了宝宝的身体健康考虑需要学习健康营养搭配,但他们做饭的经验不足,对营养搭配也不了解,通过这个平台,他们可以向有经验的邻居讨教,交流经验。

3) 空巢老人

没有儿女或者儿女上班忙的老人,他们的一日三餐常常草草了事,炖一次肉能吃一个星期,这样长此以往,对身体也不好。像这种老人,邻居可以给予多一些关照,同时老人也可以将自己下厨的经验与邻里交流。

4) 不会做饭的白领

白领上班忙,工作累,到家没有时间和精力做饭,经常点外卖。有些外卖对身体不好,也不卫生。如果有人在附近发出邀请到家里吃饭,那么白领工作人群就可以吃到热乎乎、营养健康的饭菜。

2.3　可行性分析(SWOT 分析)

表 1　SWOT 分析

S	W	O	T
闲置资源高效配置,提高效率	监管难题凸显,规则执行低效	信息时代助力共享,资源优化引领"双创"	"共享厨房"加速发展,市场竞争日益激烈
技能的分享,情感的交流	惯性思维影响较大,实践经验缺乏	政府政策扶持,带动就业发展	网络经济跨界发展,法律法规急需修订

3 项目设计

3.1 产品形态设计

邻里——基于 LBS 的厨艺分享平台(手机应用软件,App)是用户之间交互的主体,该款 App 软件初始页面包括觅食、课堂、食话、我的主页这四大基础功能,在此基础上又包括三味书屋、运动健身、育儿交流、直播教学等板块供用户沟通交流。

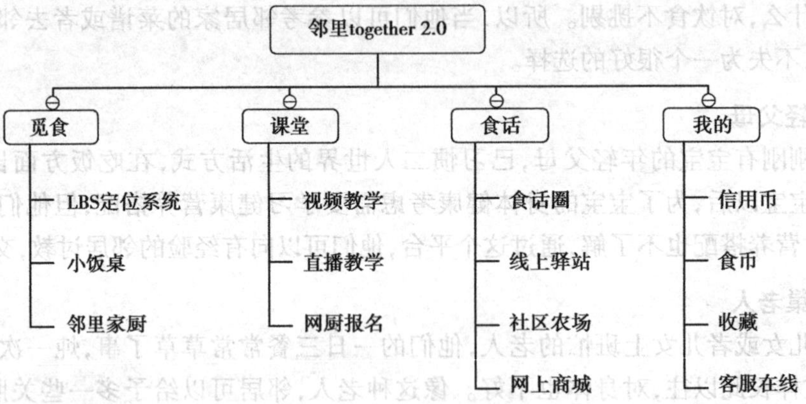

图 1 产品功能架构图

3.2 经营模式设计

从用户需求出发,多角度、全方位地为不同客户人群提供享受共享厨房的乐趣,同时为美食达人提供技能变现的机会,为线下商家拓宽了分销渠道。此外,我们还会与社区建立合作关系,扩大平台影响力,以技能的切磋或交换为媒介,开启邻里之间的半熟人社交,带动安全食品的产业链发展。

3.3 技术方案设计

综合运用 LBS 位置服务、云计算和大数据分析等新一代信息技术,并践行新型发展理念,构建 LBS 云服务平台,以促进邻里、小区、社会融合为愿景,以打造和谐邻里社区为目的,打造一个集公共服务平台、数据平台、开发平台及运营管理平台等多种系统和服务于一体的基础云平台,其系统架构由服务器云中心、手机应用软件以及微信第三方平台三个部分构成。

3.4 组织机制设计

本公司在创业初期拟采用矩阵型的组织结构,人员结构分为管理层、平台运作、技术骨干、普通会员四大类。企业采用董事会下 CEO 负责制,下设人事部、技术部、市场部、信息部、财务部五大部门。

3.5 财务管理设计

1) 投资计划

目前该项目处于起步阶段,产品正在内测,未正式推向市场,并且未接触大型企业或者天使投资等投资机构。启动资金主要依靠学校、学院对创业项目的资金扶持以及项目发起人的自身资金支持。

2) 成本来源

本平台运营成本构成除了平台建设,固定资产投入及其维护等部分以外,随着平台的发展,主要的成本包括技术人员的引进和薪酬、合作商的公关费用和网站的宣传费用。

3.6 风险控制设计

1) 市场风险

平台是否能做大最强,取决于能否在短时间内吸引人气、抢占市场。市场风险主要有:平台构建处于初期,知名度低,无法快速收回投资成本;共享领域如一片红海,涌入的创业者数不胜数,慎重做出决策,控制策略选择,落实推广策略,重视公关宣传,虚心接受用户的意见并加以改进。

2) 财务风险

财务风险在公司运作中无法避免,建立财务预警分析指标体系,及时防范财务风险产生财务危机,与此同时,树立风险意识,健全内控程序,降低或有负债的潜在风险。

3) 人事管理风险

关键人员的流动会给公司带来较大的负面影响,建立人才管理机制和薪酬机制;给予鼓励与引导,提高员工的忠诚度;创造良好而独特的企业文化。

4) 经营风险

共享领域已经进入白热化阶段,以现阶段情况而言,不能靠流量思维盲目地扩展,也不能以建立资金池为目的,最重要的是注重运营过程中的透明性,规避运营风险,才能有效保障用户权益。借鉴成功的网络平台的经营模式,提高创新能力,坚持共赢理念,使产品价格透明化,才能推动平台的可持续发展。

4 项目建设

4.1 组织机构建设

在组织建设过程中,始终保持着"求真务实,权责分明,分工明确"的理念,项目负责人对全局掌控安排,注重分工合作,并结合项目本身的实际情况,提出可行性建议,其他成员迅速补充、创造并集中结果。在工作推进过程中,小组工作高效率的保证就是信息的及时传递,在对项目的各方面有着不同的理解时,团队内部第一时间进行沟通,达成意见统一,保证在规定时间内完成任务。

4.2 技术支持建设

在"邻里"开发和上线期间,采用云储存服务,实现动态程序和静态数据的分离存储托管,节省了前期在硬件和宽带上的一次性投入,节省部署时间,帮助用户做好静态数据(如图片、音频等)的存储、处理和 CDN 加速。并且开发出软件设计系统,对用户的注册、激活、使用时间等进行统计,为"邻里"的运营提供必要的数据。同时对邻里 App 做手机适配性测试,采用了众多型号的手机(三星、华为、小米等)进行测试和改善。改善完毕后上线,并和众多渠道商合作推广。目前,内测种子用户使用反馈较好,系统比较稳定。

4.3 商业运作建设

本项目商业运作建设主要体现在如下几点:

1) 高效率团队,双导师把关

邻里团队在前期有良好合作的基础,曾以不同的项目参加过多项创新创业大赛,并取得了不错的成绩。同时,项目从策划到落地实践,由专业老师、企业导师把关,确保项目的可行性及进展顺利。

2) 学院科研课题,项目落地执行

我校与麦子店街道办事处共建的"麦子店社区治理研究基地",将作为本项目的长期重要合作方,呈现及推广"麦子店社区"的社区治理经验,不断改进和完善社区治理体系,已经举办了多场"文化进社区""社区迎春"等活动,反响良好,获得了社区居民的一致肯定。

4.4 网络营销建设

平台推广以线上推广为主,线下推广为辅。分为四种分销渠道:

1) 内容分销

内容分销主要为微信公众号和 App 两种方式,微信公众号主要通过邻里间最新的资讯,再经过创作、编辑、审核后,以软文推广方式吸引粉丝量,App 主要是通过后台数据及用户反馈,对功能进行更新。

2) 用户分销

用户分销主要是针对平台用户不同阶段的行为指标,建立成长模型,以此开展用户流失分析,留存边缘用户,引导稳定用户转化。

3)数据分销

数据分销是基于后台数据反馈,针对需求人群开展精准营销的重要依据之一。邻里后台能够收集到用户的网络行为数据、服务内行为数据、用户内容偏好数据、用户交易数据等,并能够以此建立用户留存、转化、成长模型,延长用户生命周期,稳定平台运营。

4)活动分销

活动分销主要是邻里项目组通过策划、实施、总结建立流程化的活动体系,并与社区居委会达成合作,定期开展线下活动,并邀请擅长厨艺的居民入住邻里家厨、网厨板块。

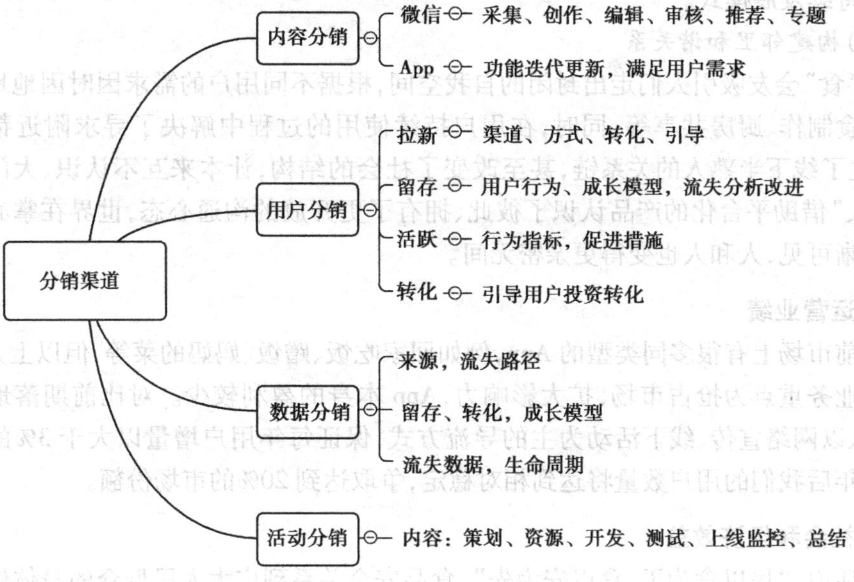

图 2 网络推广分销渠道

5 项目运行与维护

5.1 运行与维护过程

本项目的运行模式区别于市场以盈利为目的的共享家厨,而是强调过剩产能的有效化,推荐同小区或者邻近小区的饭友,以个人或者家庭为单位进行约饭,同时增进邻里感情的过程。

在平台运营过程之中,将重点关注用户需求、目标和动机,使用 UCD(User Center Design)设计方法将功能点与用户体验结合起来,提升有效用户向核心用户转化的转化率,例如用户激励体系,可分为精神上的奖励,如生日特权、会员勋章;物质上的奖励,如签到奖励、注册后送红包等,改善产品的服务和体验等以求重新进入快速增长期。

5.2　运行与维护效果

1) 市场影响

(1) 促进经济转型发展

共享模式恰恰符合我国经济转型阶段"新常态"的要求,其实现了消费模式从"扔掉型"转变为"再利用型",通过社会存量资产的调整,实现了商品价值最大限度的利用,以接近免费的方式分享绿色能源和一系列基本商品和服务,将生态效益最大化,是切实可行的可持续发展模式。

(2) 构建邻里和谐关系

以"食"会友吸引人们走出封闭的自我空间,根据不同用户的需求因时因地地推送临近的美食制作、厨房共享等,同时,在用户持续使用的过程中解决了寻求附近帮助的需求、建立了线下半熟人的关系链,甚至改变了社会的结构,让本来互不认识、大门紧闭的"近距人"借助平台化的产品认识了彼此、拥有了更开放的沟通心态,世界在掌心里变得小而清晰可见,人和人也变得更亲密无间。

2) 运营业绩

目前市场上有很多同类型的 App,例如回家吃饭、蹭饭、妈妈的菜等,但以上几种 App 目前的业务重点为抢占市场,扩大影响力,App 本身的盈利较少。对比前期落地实践的情况,从以网络宣传、线下活动为主的导流方式,保证每年用户增量以大于 3%的速度增长。三年后我们的用户数量将达到相对稳定,争取达到 20%的市场份额。

3) 社会和经济效益

俗话说,"民以食为天,食以安为先",食品安全关系到广大人民群众的身体健康和生命安全。而亲眼见证食品制作的过程是保证安全的有效方法之一。而厨房共享经济作为互联网下的"新经济""新商业"形态,越来越多的人开始接受共享经济这种模式。

邻里平台正是以家餐为载体,搭建同小区或邻近小区居民沟通的特色平台,通过厨艺交换带动安全食品的产业链,邻居之间充当监管员,鼓励人们走出封闭的自我空间,让社区居民在较少功利色彩的社区文化活动中交流感情、缔结友谊、互相鼓励、感悟人生,让人们感到社区大家庭的快乐和温暖,从而使人际关系融洽和谐,实现打造社区文化圈的愿景。

6　分析与评价

6.1　指导老师点评

该项目,在共享经济迅速发展的背景下,以社区居民为参与主体,以厨艺共享为纽带,带动半熟人社交活动的开展,所搭建平台涵盖小饭桌、蹭饭、约饭等功能,以食为媒撬动邻里间日益冷漠的关系,开展广泛的线上线下社交活动。从选题上来说,非常好地契合了中国共产党第十九次全国代表大会以来关于智慧社区、和谐社会构建的社会主题，同时结合了共享经济蓬勃发展的时代背景，抓住社区居民特别是在外拼搏的年轻人关于“吃”的需求痒点，设计了安全、卫生、有趣的拼饭模式，并在此基础上拓展延伸了社区居民的兴趣链具有较强的社交属性。

从项目意义来说，突破了现有的智慧社区建设过程中，重功能、轻交互的设计理念，社区居民有效社交的开展，可以更好地增强居民相互了解，产生情感依赖和归属，这必将为和谐家园的构建奠定基础。最后，在项目执行过程中，该项目团队体现了当代大学生创业者对社会问题深度的思考力、敏锐的判断力和极强的行动力，团队成员配合默契，实现技能优势互补，为项目的进一步推进打下了扎实的基础。

6.2 专家评析

从“三创”（创意、创新、创业）的角度去评价分析，可以发现该方案具有以下特点：

①创意：以“厨艺分享”为主题，基于LBS定位系统划分用户社交区域，开启以小区为单位的半熟人社交模式，并根据不同人群的需求因地制宜地搭建兴趣交流圈，提倡面对面的情感沟通交流。

②创新：开发了基于iOS与Android两大移动平台的手机应用软件，并设置了开发环境，创建在智能手机上测试、运行；在平台运营过程之中，重点关注用户需求、目标和动机，使用UCD设计方法将功能点与用户体验结合起来，提升有效用户向核心用户的转化率。

③创业：从用户需求出发，多角度全方位为不同客户人群提供了享受共享厨房的乐趣，为美食达人提供了技能变现的机会，为线下商家拓宽了分销渠道；还与社区建立合作关系，扩大平台影响力，开启邻里之间的半熟人社交，带动安全食品的产业链发展。

该设计方案中还存在着一些问题，主要是：与社区合作的商业盈利模式还不够完善，对进入市场后的商业竞争风险认识不足，还缺乏必要的防范机制与应对措施等。相信同学们会在今后的社会实践和市场运作中锻炼成长，在电子商务创业道路上不断进步。

评析专家：东华大学　汤兵勇　教授

地源数据云:闲散土地资源综合应用互联网共享平台

参赛团队:贵州师范大学　小太阳
参赛组长:李福建
参赛队员:何承洪　王明明　谭汝郡　孟洪林
指导教师:周　怡　易　静　易永祥(企业)　付义荣(企业)
关 键 词:土地流转　资源整合　云计算　大数据　大农业　大扶贫

摘要:本项目以互联网为依托,有效地把农村土地、农业生产公司等资源通过移动终端、计算机等工具和虚拟网络世界进行连接,有效整合相关资源,信息共享、构建资源产业链,高效地发挥相关资源价值元素,搭建一个土地行业全产业链覆盖的大数据土地市场平台,通过土地与大数据融合,依托互联网实现土地、农业、扶贫在全省甚至全国范围内的优化配置,提升土地利用价值,创造更多的社会财富,为全面建成小康社会提供持续不断的强大动力。

1　项目简介

1.1　项目主要意义

我国城镇化建设加快、经济社会发展不平衡,要如期完成全面建成小康社会目标就必须找好坚持精准扶贫的途径和办法,而农村闲散土地现象对于扶贫开发和精准扶贫有不同的制约,在精准扶贫的视域下,科学地进行闲散土地的流转有着重大的经济价值和现实意义,本项目对推动社会经济建设有着重要意义。

1.2　项目达成目标

平台未来的目标是打造物联网时代的“云计算+大数据+大农业+大扶贫+大生态”的闲散土地资源综合应用互联网共享平台。

1.3 项目主要内容

该项目是以整合闲散土地为出发点的数据收集处理分析的电子商务中间平台,建立数据库分析模型、专家答疑、实时直播等全方位的服务体制,通过整合闲散资源,运用数据,合理规划土地,来改造农业产业链、改善区域生态、提高农民素质。总结概括为八个字:收集土地,增值土地。

1.4 项目技术路线

本闲散土地资源综合应用互联网共享平台,是以前端收集闲散土地资源数据,对土地进行归类、分析处理、推断适合农业类型的综合应用平台。通过"互联网+土地流转"的创新思路,线下资源整合以及线上传播与互动,让大量农村土地不再闲置,让土地变金地,同时也帮助了农民增加收益,实现了土地经济的双赢。利用3S技术对土地数据进行采集,将采集的数据分析归类、组合,准确地检测出土壤的性质、温度、湿度、光照等相关数据,将土壤空间各种数据采集后进行准确的分析推断出适合的农业类型。

1.5 项目特色

本平台秉承"科技改变生活,数据创造未来"的理念,采用"互联网+土地流转"深度融合、线上平台和线下渠道同步建设的发展模式,以闲散土地数据为基础,同时采用云计算、大数据、GIS、物联网等技术,对土地数据进行有效梳理、挖掘、研判、匹配,在产业引入和政策配给上给予倾斜,建立线上农村闲散土地的数据库,通过整合流转土地的类型、年限、流转方式等数据模型,实现闲散土地数据共享;线下通过服务中心标准化、专业化、菜单化的服务直接切入交易与金融,实现需求端资本与项目的有效落地;让更多沉睡的土地变资本,闲散资金变股金、农民变股东;盘活农村资产,激发金融活力,提升农村经济。

2 项目分析

2.1 市场需求分析

一是农村土地高效利用的需求。目前,中国农村存在的问题是土地利用率低。资料采集分析得出,当前农村土地高效利用的最好方式是土地流转,由相关机构或组织统一规划开发利用,但该模式也面临着很多问题。

①大型土地的流转难度大,难以满足土地利用者的个性化需求,土地流转机构承担的风险大,致使大型土地流转门槛较高,限制了中小企业(个人)的投资开发。

②大量未被大型企业开发利用的较大面积土地,由于农民自身因素的影响,不能合理地利用闲置土地资源,收益较少。

③小面积闲散土地的流转，目前在市场上处于空白状态，大量农村闲散土地处于闲置荒废状态，农民无法从中获取收益，同时，闲散土地需求用户无法了解实时的闲散土地信息。

a.中高收入人群的需求。以贵阳市为例，近几年旅游业发展较快，来本地旅游的人数正逐年增加，加上绿色环保生活理念的深入人心，越来越多的人开始体验绿色农村生活。通过调查，走向乡村旅游、感受乡村特色生活的游客人数占比达33.2%，基于此，地源数据云闲散土地平台共享具有很好的市场前景。

b.安全农产品市场的需求。随着科学技术的发展，农产品生产者为了在较短时间内获取丰厚的收入，在种植农产品过程中大量使用尿素或者农药，加快农产品生长速度、提高产量，这样违背自然规律而生产的农产品，悄然走进了消费者的餐桌上，给我们的生活带来许多隐患，影响身体健康。本平台和农产品公司、农资企业进行有效对接，在一定程度上对农产品生产进行监督，保证农产品质量，通过云计算分析处理，为消费者提供精准的需求服务方案，打造个性化的产品服务，让消费者买到绿色有机的农产品。

c.土地多样化利用的需要。以闲散土地数据共享为契机，将分散的闲置土地集合于本平台，提供多样化的土地使用方式，满足用户的个性化需求，不论闲散土地的大小均可选择性地利用，有效缓解农村闲散土地低利用率的问题。

d.资源链共享的需要。通过平台提供资金流入、农资企业（个人）、零售商入驻闲散土地共享平台，金融、技术、信息、设备等更多的服务更容易发挥到极致，有效地减少了需求者市场的成本、降低风险，同时也更好地维护了农民的土地权益，提高闲散土地利用率。

2.2 产品市场定位

地源数据云平台将闲散的土地进行资源整合，本平台通过大数据、云技术对土地进行分类，前期进行数据售卖及土地租用的交易提成。中期开展板块试点，推荐每一块土地适合种植的农作物类型，让消费者自由选择，例如亲子农业、精品农业、休闲体验农业等精细化土地板块，提供精细化服务、精准服务，满足消费者的个性化需求，实现产品差异化。后期延伸产业链，引入农资企业及农产品售卖商在平台上进行相关产品售卖收取提成。土地的价格采取动态定价方法，依据土地的不同地理位置及环境因素，定价有所不同。根据市场调查，本平台结合不同发展时期将产品市场定位如下：

公司发展前期，主要从事闲置土地数据的收集整理，为需要土地闲置数据的个人、政府、土地研究机构、土地相关行业提供数据参考，并据此收取一部分服务费，有利于客户节约时间、人力、物力等。

公司发展中期，随着公司掌握的闲置土地数据增多，吸引农业公司和农资企业入驻本平台或通过本平台对闲置土地进行投资开发，同时为增强本公司的市场竞争力，吸引更多顾客（中高收入人群），我们会对部分闲置土地进行试点开发，如亲子农业、精品农业等增加务农体验游的乐趣。

公司发展后期，一方面继续试点开发精品农业，吸引更多客户；另一方面公司会与入驻本平台的农业公司或农资企业加大合作力度,在本平台销售其投资开发生产的农产品,并对销售额进行提成。

2.3 可行性分析

1)市场竞争对手分析

本平台的主要市场竞争对手分析,如图1所示。

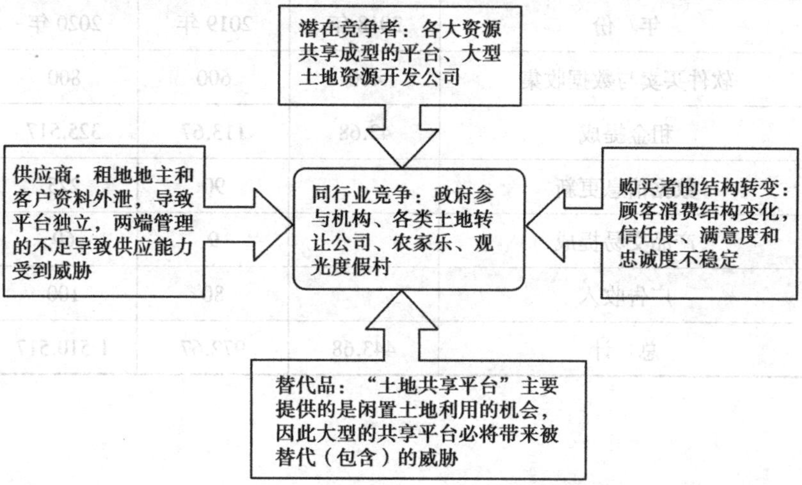

图1 平台的主要市场竞争对手分析

(1)同行业竞争

目前,各地区均有政府参与的土地流转机构,市场上有着多家土地流转的公司和租地进行农家乐和田园风光建设的小型组织,政府参与的流转机构,略有强制性,针对消费者的需求均有重叠需求客户,会存在着一定的威胁。

(2)潜在竞争者

现有成型的资源共享平台较多,难免会发生闲散土地资源、原材料与市场份额的竞争,借助平台规模的不断扩大以及客户链的优势进行闲散土地资源及衍生品的经营,对我公司产品服务进行模仿,减弱公司的竞争力。

(3)替代品

"闲散土地共享"作为现阶段9大经济共享领域之外,而"闲散土地数据共享平台"的出现为广大类似的商家企业带来了无限商机,因此更有经济实力的新型共享平台必将会威胁我们的相关业务。

(4)供应商

前期,我们的平台让闲散土地供应者和需求者产生互利关系,甚至后期的土地衍生品产生,长期下来势必会让其两端脱离"闲散土地大数据共享平台"直接进行合作。

(5)购买者的结构转变

随着互联网的发展,更多的交流沟通是在网络平台上进行的,用户难免会产生疑虑:

一是由于消费模式的转变,容易导致一些消费者对于土地信息真实性表示怀疑,进而影响交易的正常进行;二是消费者通过平台进行交易,土地信息的获取难免会因为某一部门的差错,间接地影响了消费者对平台的满意度和忠诚度。

2)市场潜力

该平台2018—2020年的收入预测明细如下(见表1)。

表1 未来三年收入预测 单位:万元

年 份	2018年	2019年	2020年
软件买卖与数据收集	400	600	800
租金提成	43.68	113.67	325.517
数据信息更新		90	225
产品交易提成		9	60
广告收入		80	100
总 计	443.68	972.67	1 510.517

3 服务产品及其特色

3.1 产品设计

该平台服务产品分为三级产品:

初级产品:核心产品是通过配套的智能云数据系统实时了解掌握相关土地信息,并对数据进行分析归类计算,准确无误地将信息发布于平台上展现给用户,当用户需要租赁土地时,可通过地源数据云App查看土地相关信息,选中需要类型的土地后进行租赁。当用户有土地需要租出去时,可将土地拍照,进行相关的描述后上传平台,平台总控对信息进行核实确认后,对土地进行相关的分析和预估,最后发布土地信息,等待需求者租赁;在App设置地源数据云平台生鲜交易页面,用户可在App平台上交易农作物等相关产品,促进消费模式,解决农产品滞销问题。

中级产品:平台具备一定的规模后,继续提供土地资源数据的有偿共享,在此基础上发展家庭农业、精品农业等相关农业;为学校、培训机构等单位提供课外实践基地,同时也为相关企业提供规范性实训基地。

高级产品:平台发展进入成熟期后,在前期的基础上与各大酒店、餐饮等行业洽谈,拓展相关延伸业务,以及自主建设实体店等;与农业公司加大合作力度,扩大农产品的销售对象,使平台成为集土地信息服务、农产品交易服务为一体的新型农业服务平台。

3.2 经营设计

本平台本着“以方便快捷为导向,以打造土地流转行业的‘亚马逊’为目标”的宗旨,将“地源数据云”做成中西部地区甚至中国最大的土地流转信息服务平台,使其能为广大土地需求者提供最好的土地流转信息服务,在为客户带来方便快捷、节约寻找土地的成本的同时,为公司带来商业价值。平台针对不同的用户,提供相应的信息服务,根据客户类型,实时为客户提供相应需求的土地类型的相关数据。团队本着以“服务只有起点,满意没有终点”的理念,争取满足每一位顾客的要求。

3.3 技术设计

本平台是依托手机App和Web云平台实现健康生活的互联网大数据项目,只要拥有一部智能手机,就可以尽情地享受个性化、多功能的土地行业生态链的服务,该平台的主要功能如下:

1)土地供应

在地源数据云平台上,土地的拥有者可以通过平台点击上传土地照片、土地相关证件照片,填入基本信息,确认上传这样简单的操作流程发布自己的土地信息。我们通过平台的管理和优化,为土地资源拥有者(农民)提供分享闲散土地的信息平台,依托互联网展开推广,增强土地的曝光度和关注度。

2)土地需求

土地需求者可以通过发布自己的需求信息或者浏览已有土地信息两种方式,快速找到适合自己的闲散土地,我们通过平台的管理和对土地提供者的信息进行核实,为土地需求者提供可信赖的土地租赁平台,同时我们也可以根据消费者的需求为消费者精准推荐产品服务。

3)地源数据

通过土地的交易和土地市场的分析整合,我们会实时地对土地资源数据和不同消费者、不同时期的消费情况进行整理分析。

一是形成土地行业分析报告,为土地机构或农资企业提供地源数据信息服务,让闲散土地数据信息基于大数据的分析和互联网传播,吸引更多用户,提高土地利用率。

二是对个性化的个体消费建档归案,依照此档案通过相关技术建立现实生活中的虚拟画像,实地地为需求者解决和提供动态的需求服务,确保满足不同消费者、不同时期的消费需要。

4)地源商城

通过土地的运用和开发,过程会产生对应的需求和有效产品,土地需求者可以通过我们的平台购买到自己想要的产品和服务。

例如,农资企业可以通过我们的平台对农家工具进行出租和销售,农业公司可以在平台上发布自己所生产的有机蔬菜、土特产、水果等商品,与此同时,消费者还可以通过商城预约或者在线感受农家乐的务农体验等。通过平台的衔接和管理,我们着力为土地行业产业链上下游提供交易服务平台,包括信息服务、农业相关产品销售服务、土地信息咨询服务。

3.4 组织管理设计

本团队公司的组织结构是直线型职能组织结构,主要分为总经理、技术部、财务部、市场部和人事部,各部门的主要职能如下:

总经理:公司里职务最高的管理者和负责人。对内掌管公司事务,对外代表公司经营决策。主持公司的日常各项经营管理工作。

技术部:对我公司的产品与服务进行研发,一方面不断创新项目、完善技术,丰富我公司的产品与服务;另一方面,不断规划、完善我们的网站建设,维护“两端一平台”之间的关系等工作。

财务部:负责公司的全部财务、会计管理工作。确定公司的财务计划和预算,执行国家政策和法规,制定和执行公司会计政策、纳税政策及管理政策,编写公司经营管理状况的财务分析报告,综合统计并分析公司各项业务的债务和现金流量等情况。

市场部:负责市场调研,分析、整理、归档所有数据,把握市场规律。负责营销策划,制订产品策略、销售策略、广告策略,策划公关活动、媒介发布与制作等。

人事部:根据公司发展,拟订人力资源需求、开发、配置计划及各部门人员的编制计划,审核各部门人员配置情况。参与公司绩效管理、考勤管理等工作。

3.5 财务设计

1)投资计划

根据公司所属行业特点和发展战略,公司预注册资本 100 万元;公司股东预集资 315 万元,分阶段投入。公司前期资金主要用于技术的开发、App 创建更新与维护、实体公司的运营、企业的推广等。

2)成本来源

本平台开始的技术开发、App 创建主要费用源于团队成员投资,后期的项目产品更新与维护、运营、推广等费用来源于公司引进的资本和项目运营盈利费用。

3)项目收入概述

本平台 2018—2020 年的预测利润表,明细如表 2 所示:

表2 利润表 单位:万元

年　份	2018年	2019年	2020年
营业收入	443.68	972.67	1 510.517
减:营业成本	122.38	180.57	266.76
研发费用	48	67.2	80.64
调研费	64.128	96.192	163.526 4
销售费用	55.339 2	83.008 8	107.911 4
管理费用	121.23	187.599	234.875 7
财务费用	12.8	12.8	12.8
三、利润总额	19.802 8	345.3	644.004
减:所得税后费用			96.600 6
四、净利润	19.802 8	345.3	547.403 4

3.6 风险控制设计

1) 技术风险

(1) App 开发风险

公司需要依托 App,以 App 为载体发布和宣传信息等,应用大数据云计算平台的开发难免存在一定的风险,由于资金、技术不足等原因,无法构建一支专业的 App 和云计算服务器开发团队,易导致开发中断及质量不足等问题。

(2) 数据的安全问题

互联网、手机上的病毒传播无处不在,给用户安全造成极大的威胁,无论是来自内部还是外部的威胁均有。

外部:网络黑客、入侵者、计算机病毒。

内部:工作人员的疏忽导致信息泄露、工作人员安装非法软件等。

2) 市场风险

①对闲散土地市场需求及市场扩展速度方面估计得不准确,存在初期客流不稳定等问题,阻碍公司打开市场,导致公司的效益大幅度降低。

②由于当前针对闲散土地流转服务的 App 不多见,在推广初期可能出现不被用户所接受的风险。

③对潜在竞争对手的错误分析、估计,导致高估本公司市场竞争力,引发期望值风险。

④闲散土地流转服务不够完善,不能多方面满足客户需求。

⑤宣传力度不够以至于网站和软件知名度不高。

⑥其他个人或公司采用非正当竞争手段模仿和超越我公司。

⑦市场尚不成熟,进入市场前期,必然会出现经营困难的风险。

⑧现阶段,为有闲散土地的农民提供闲散土地流转服务的机构越来越多,但随着互联网大数据的日趋发展,市场竞争会愈发激烈。

3)财务风险

①现金流、应收账款占销售收入的比重较低和资金周转不灵。

②公司负债较高或偿还债务能力较低。

③成本需求、管理费用、运营费用、设计费用、财务费用高。

④成本核算、资金结算和现金管理业务流程或各个环节曾发生或容易发生错误。

⑤财务报告失真风险,没有按照相应的会计准则和会计制度的规定进行核算或结算。

⑥没有按规定披露相关信息,导致财务报告和信息披露不完整、不及时、不正确。

⑦大学生创业初期,不能保证在短期内给投资者带来回报,导致资金来源不稳定。

⑧公司的前期投入较大,而这时公司未上市,融资较为困难,能否取得后续风险资金的进入、政府的支持以及银行的贷款对公司的发展至关重要。

4)人事管理风险

①在人员招聘上,公司依据岗位配置进行人员招聘录用工作,建立的人员招聘流程不一定符合现实岗位人员需求和能力。

②由于人员入职前需要培训,且正式入职前有三个月的考核期,员工在此期间容易思想不稳定。

③由于团队成员大部分是初次创业,经验不足,遇到特殊情况不确定能否合理应对处理。

5)经营风险

该平台的经营风险主要是:

(1)农业风险

农业劳动者在从事农业生产和经营过程中经常遭受导致损失的不确定性,但是这种不确定性一般是难以预测的,即便人们可以预测但是人力也无法抗拒。再加上我国幅员辽阔,境内有多种地形地貌,所以,我国也是世界上受到自然灾害比较严重的国家之一。

(2)自然风险

由于自然力的不规则变化,农业的种植往往会受到暴雨、洪水、干旱、冰冻、台风、病害、虫害等自然灾害的影响。并且当这一类的自然灾害发生时将会给农业生产带来重大的影响。

(3)社会风险

社会风险又称为行为风险，它一般是由个人或团体的社会行为造成的风险，一般有如下几个方面：一是伪劣种子、化肥、农药等农业生产资料造成的农业损失；二是工业污染给农业生产造成的农业损失；三是农业政策的经济因素对农业生产造成的损失。对于农业生产，社会因素有着很大的影响。

4 项目建设

4.1 组织建设

该团队提出的“地源数据云”是以提供农村闲散土地流转服务为核心，依托互联网线上服务订购、线下服务对接模式，建立遍布各县的闲散土地的合作机构，解决农业公司(个人)等闲散土地经纪人做闲散土地生意和零售商销售的现实困难，为土地相关行业提供产业链需求帮助，有效地提高土地衍生产品的价值。建立闲散土地流转和土地相关行业交易服务的行业规范及标准，真正让买家交易放心、卖家交易开心、交易服务机构(平台)盈利，满足客户在项目启动到最后产品销售全过程的服务需求，最大限度地实现互利共赢。

4.2 技术建设

公司前期主要为需要流转土地的消费者提供数据分析，通过云计算准确分析出土地的相关数据以及发展农业种植的类型。实现前端收集闲散土地资源数据，对土地进行归类、分析处理、推断适合农业类型的综合应用平台。对于市场中的竞争者或者模仿者，我们更多的时候是合作共赢的关系，相信产品赢得市场，价值获取客户。

4.3 经营系统建设

公司始终坚持以点带面，立足农民群体，逐步推进的方针。以服务消费者为准则，不断树立企业形象，以高质量、高标准、高效率为要求，通过网络、手机 App 等推广形式，立足大数据云计算，建立起覆盖西南城乡体系，打造西南地区最专业、最实用、最大的闲散土地流转服务平台，成为国内一流的地源数据服务资源库，实现公司战略、创造社会价值。

4.4 营销推广

平台推广以线上和线下推广共同推进，主要分为三个阶段(见表3)：

表3 公司营销计划

时　期	营销目标	实施计划
前期 (2017—2018年)	(1)收集土地资源信息 (2)对土地资源进行整理和分析	(1)通过土地经纪人这种模式建立农村闲散土地地源数据云平台,运用CIS对土地进行定位 (2)通过大数据建模对闲散土地信息进行统一规划改造 (3)农业经纪人对客户已经租用的土地进行管理。让客户租用土地租得放心
中期 (2019—2020年)	(1)占领省内市场,向西南片区辐射 (2)推出精品农业、亲子农业等多种农业模式 (3)与相关农业平台合作,提升知名度	(1)整合土地资源,与农业劳动工具零售商进行合作,方便用户通过我们平台来租用或购买农业劳动工具,我公司收取入驻平台费用,对土地租金进行抽成 (2)与"中国农业网""土流网"等平台进行合作,借助其影响力迅速提升本平台知名度 (3)与银行、大型4S店、保险等公司进行合作和推广,针对他们的VIP客户免费提供务农体验游
后期 (2021—2022年)	(1)打造完整产业链 (2)打造"社区+农业"模式 (3)向中西部地区延伸,逐步覆盖全国	(1)后期我公司将以收入的3%~5%的资金投入广告宣传中,以增加我公司的知名度,树立品牌形象 (2)初步与贵阳的花果园和金阳等社区签订协议,按周为他们打包瓜果蔬菜、家禽等食材 (3)与大型酒店、超市、餐饮连锁店等衍生产品需求商进行合作。销售相关衍生产品,完善产业链构建

5　项目运行与维护

5.1　运行与维护过程

本项目团队的运行管理和维护机制主要由三个方面构成。

一是人力资源管理。在人员招聘上公司将会依据岗位配置进行人员招聘录用工作,建立一套完整的人员招聘流程选择更合适的岗位人员。并且对人员进行入职前培训,并且以入职前三个月为考核期,如果在考核期内不能通过公司的考核将会辞退,如果该员工通过考核将会正式入职。对在职员工将会定期培训,加强对员工能力的培养。注重员工的个人修为,提升公司形象。对优秀员工进行相应的奖励和晋升,制定员工晋升考核制度。薪酬方面根据不同的职位制定不同的报酬构架,明确工资组成,实现同岗同薪酬,对员工进行绩效考核实行年度加季度考核制。

二是绩效管理,管理目的是有效地改善我公司管理流程,增进竞争力。开发公司员工潜力,提高工作效率,塑造公司绩效文化。帮助经理提高绩效管理技能和执行力。

三是考核指标。领导能力考核,即员工是否具有这方面的能力,这种能力到了何种程度;工作态度考核,即员工在创造工作绩效的过程中所表现出来的积极性等;工作任务及效率,即员工在创造绩效的过程中,通过努力获得的具体成效;责任感,即员工在企业中是否有使命感,是否建立爱家、护家的观念。沟通协调,即员工与顾客、领导、同事、下属之间的协调执行合作沟通的能力。

5.2 运行与维护效果

1) 市场影响

该平台主要以收集土地资源,进行资源整合,形成土地数据库。根据市场需求,本产品可以直接影响农业公司、农资企业、政府机构、中高端收入人群、餐饮行业、农产品零售商以及社区居民等七大类消费者的市场消费。

(1) 农业公司

现在中国土地流转蕴藏着200万亿元的市场估值,越来越多的公司看准了这一块肥肉,开始进行初步土地资源试点开发。例如规模农业、创意农业与休闲农业、农业地产等关于土地资源的商机正在被大量农业公司挖掘。中国地大物博,要找到一块合适的闲散土地相当困难,地源数据云平台刚好为农业公司提供了很多土地资源,节约了寻找成本,并且为农业公司、农业专业户建立农产品的网络交易平台,提供一套式服务,为其增加销量的同时,公司收取一定的提成。

(2) 农资企业

公司进入发展盈利阶段,地源数据云平台将引入农资企业,在地源数据云平台销售农具、有机肥等产品。此类农资企业规模较小,急需拓宽市场,增加销量。

(3) 政府机构

地源数据云平台前期进行闲散土地资源数据的整理分析,政府对闲散土地的信息掌握不全,且国土资源局数据更新较慢,而我们的土地数据信息具有实时更新的优势,可以有偿提供闲散土地数据分析报告。

(4) 中高端收入人群

开发精品体验农业,例如亲子农业、创意农业、精品农业、休闲农业等。

①有孩子的城区中高收入家庭。

这一类群体更加注重对孩子的教育问题,对于城市中的孩子,没有见过农村的青山绿水,没有接近过大自然,没有见过蔬菜生长的样子,很多城市中的家庭都会在周末节假日带着孩子去体验农村生活。"亲子农业"概念应运而生。这有助于与孩子培养感情,也有助于深化城二代、城三代孩子对农业、农村的认识。

②小资白领群体。

旅游资源的集中管理,使得节假日放松休闲的旅游景点常常人满为患。这一部分群体工作压力大,追求生活品质,注重生活质量,向往绿色、健康的生活方式让他们更能接受在休息时间到城市周边的农村或农家乐开展休闲娱乐。地源数据云平台提供的试点开发精品农业精准化服务能够满足他们的这一需求,在感受乡村自然风光的同时体验务农的乐趣。

③旅游爱好者。

这一类群体乐于接受新事物,愿意尝试、体验务农乐趣,贴近乡村生活,享受乡村自然风光。

(5)餐饮行业

公司在发展成型后,逐年完善产业链的建设,提供衍生产品售卖服务,与餐饮行业进行洽谈,保证地源数据云平台所提供的农产品天然原生态,且价格合理,为餐饮行业相关连锁、酒店等客户提供优质的服务。

(6)农产品零售商

在我国,农产品滞销问题时常凸显,且较为严重,而许多农产品零售商却未能更好地收集到质量较好的农产品。需求方则是供不应求,经常断货等;而农民的农产品滞销问题严重,经常因为滞销而遗弃优质的农产品,使资源浪费。我公司的地源数据云衍生品销售窗口为零售商提供了便利,使之更好更快地购买到优质的农产品。

(7)社区居民

地源数据云平台承诺,衍生农产品方面,只售卖应季产品,保证农产品的天然性。与社区生鲜超市合作,提供应季优质农产品。有效对接农产品到餐桌,形成土地-农产品-餐桌的一条闭合产业链。

2)运营业绩

据中国知网2016年统计数据,我国互联网用户达7.31亿人(2017年人大代表马云工作报告),手机网民达6.95亿人。互联网普及率占53.2%,网络用户已是世界最大的目标用户群。而在网民中,我国农村网民占比为27.4%,农村网民所在的家庭闲散土地资源丰富。而我国年龄在30~50岁的网民占39.9%,收入在5 000元以上的网民占全国网民的20%,诸多数据表明,我国各阶层网民数量在持续上升,这为公司的发展提供了网络市场。

《中国经济论坛》数据显示我国家庭月收入处于中高收入人群约4.5亿人口,其中贵州省中高收入人口占全省人口的20%左右。据调查显示,中高收入人群双休日娱乐活动项目单一。这也为该平台的休闲农业发展提供良好前景,针对的客户群体较大。综合政治、经济、技术等因素,均表明该平台在大数据、大生态、大农业发展迅猛的市场中将“有利可图”。

3)社会与经济效益

近十来年,农村年轻劳动力大多选择进城务工以获取更多收入,留在农村的老人劳动力较弱,直接导致了大量的农村土地资源闲置荒废。市场上对农村土地的流转使用也因信息不对称而利用率低。这也是近两年国家和政府高度关注的点,近两年,智能手机、移动互联网爆发式增长。该平台将土地的服务由线上延伸到线下,从土地的初步选取到信息核实,实地勘察、价值评估、融资担保、合同签署、法律咨询、招商投资、项目开发,提供与土地相关的全方位配套服务,发展土地服务产业链及拓宽各地服务网点,形成一个全国性的土地综合服务平台和产品销售渠道,从而解决"交易信息闭环"到"资金闭环"的难点。

6 分析与评价

6.1 指导老师点评

该创业项目准备时间充足,小组成员在前期对项目的选择进行了较为严密的调查;该创业项目立足于土地闲置问题,融合贵州近几年发展较好的大数据产业,最终形成有别于大型土地使用领域的闲散土地利用平台。在整个创业项目的形成过程中,小组成员面对非常多的问题都没有退缩,而是一一进行处理与改进,最终让每一次的困难都变成机遇,通过一次次的磨炼成为更出色与默契的团队,通过不断的打磨形成一次比一次更优秀的创业计划书。面对平均年龄21岁的年轻团队,虽然其在某些专业知识上有所欠缺,但是愿意尝试、愿意学习、愿意分析处理的态度是该团队最终能够走向决赛的基础。

通过这次比赛,学生不单单是获得了奖项,与此同时,也得到了一次全面锻炼自己能力的机会,相对于学校学习的知识,这次比赛所带给学生的经历让学生在整个过程中不断地挖掘自己的潜力,从最初略显稚嫩的样子,到最后在领导能力、协作能力、沟通能力上都有了质的飞跃。

6.2 专家评析

地源数据云平台项目"以方便快捷为导向,以打造土地流转行业的'亚马逊'为目标",立志将"地源数据云"做成中西部地区乃至中国最大的土地流转信息服务平台,使其能为广大土地需求者提供最好的土地流转信息服务,在为客户节约寻找土地的成本的同时,为公司带来了商业价值。

项目总体定位明确,需求分析到位,对长期发展做了规划,有一定的成长空间。土地问题是一个政策性极强的领域,涉及利益方多且关系复杂,很多事情需要利益相关方通力合作才能做得好。因此,如何打造和体现平台的核心竞争力至关重要。

评析专家:西安邮电大学 张 利 教授

邻家优儿——社区素质教育平台

参赛团队:武汉科技大学　邻家优儿
参赛组长:刘超杰
参赛队员:赵洪玉　钱峥嵘　邓楚君　董琨琪
指导教师:刘　勇　陈祥兵
关 键 词:素质教育平台　社区　早教　O2O

摘要:邻家优儿平台是主要融合传统线下教育机构、教师和学员家长三者的互联网素质教育平台,目前平台已经运作并初显成效。应用互联网教育共享创新模式,解决传统机构招生吃力,师资和场地空置造成极大资源浪费的痛点。平台作为一个服务型平台,主要通过平台教学返佣、广告费、培训服务费、系统服务费、增值服务费、教育金融收益来实现盈利。本平台的价值在于教育模式的创新,最大化地利用教育资源,做到行业内的典范。

1　项目简介

1.1　项目主要意义

2016年7月,教育部等九部委联合发布《关于进一步推进社区教育发展的意见》文件,明确提出大力发展社区教育,实现教育资源融通共享优化教育资源分配,实现教育公平成为新时期我国教育改革的重点。“互联网+教育”的新模式,成为实现教育改革的破局关键。教育部门积极推进“互联网+教育”行动实施纲领,“互联网+教育”成为教育行业共识和新的突破口。而目前素质教育行业存在教育资源分配不均衡、教育信息不对称、教育需求无法满足、利润无法实现等问题;且学员上课难、个体教师/机构招生难的问题突出,严重制约了行业的发展。基于对素质教育行业现状的分析,对行业痛点的深入理解,邻家优儿创造性地开发出了服务于素质教育行业的资源共享模式。该模式以线上线下资源的紧密结合为主,着眼于线下,发力于线上,让教育资源通过平台自由流通,实现资源的最优分配,实现学员、教师、教育机构、平台,以及行业的多方共赢。

1.2 项目达成目标

邻家优儿的教育服务和教育标准成为行业标准,邻家优儿素质教育平台成为教育服务行业的领导者。目前网站正向以下方面发展:

①构建教育网络,形成销售闭环;

②打造城市模板,进行快速复制;

③创建行业标准,实现行业领跑。

1.3 项目主要内容

本平台是主要针对传统线下教育机构、教师和学员家长三者结合的互联网素质教育平台,使得社区儿童在家门口就能享受国际化品牌课程和优秀教师授课,给传统教育机构提供完善的课程培训认证,给机构提供种类多样的课程,从而解决家长、教师和机构之间线下和线上的需求矛盾。

1.4 项目技术路线

本平台以技术型、专业型为导向,创建销售与运营管理为一体的平台,从机构课程销售、机构管理到学员课程管理都能在网站上实现,使三者得以互相促进、互相辅助。

1.5 项目特色

本平台的互联网教育共享创新模式,解决了传统机构招生吃力,师资和场地空置造成极大资源浪费的痛点,通过深度整合区域优质教育资源,将经过平台严格把关的优秀课程和教师向社区中小教育机构进行输送,完成社区机构自有生源的二次转化。同时,平台将利用互联网大数据,充分匹配师生资源和需求,为机构进行精准引流。家长可以让孩子在家门口享受到和原来到市中心大型教育机构才能享受到的高品质课程和优质教育服务。平台致力于建立一个可持续发展的素质教育生态圈,从而实现机构、教师、家长、学员以及平台的多方共赢。

2 项目分析

2.1 市场需求分析

2016年7月,教育部等九部委联合发布《关于进一步推进社区教育发展的意见》文件,明确提出大力发展社区教育,实现教育资源融通共享。社区素质教育正式被提升到国家发展战略层面,社区素质教育行业发展驶入快车道。在这样的政治环境下,邻家优儿这种能促进素质教育的服务平台将有很大的发展空间。随着我国经济的持续增长,教育市场规模不断扩大,教育投入的增速也越来越快。据2016年百度的发布《中国互联网教育行业趋势报告》显示,2015 年中国在线教育市场规模达 1 610 亿元。预计到 2017 年,互联网教育市场规模将突破 2 800 亿元。更重要的是,人们的早教意愿强烈,对家庭教育投入增加。中国目前家庭教育消费的年均增速为 20%,育儿支出已占中国家庭平均收入的 23%,成为仅次于食物的第二大日常支出。35%的城市家庭每月在孩子身上的早期教育费用支出在 500~1 000 元,10%的家庭每月用于孩子的早期教育费用支出高于 1 000 元/月。由此可见,互联网教育行业的巨大市场容量和乐观的发展前景为邻家优儿素质教育服务平台提供了良好的经济环境。

在我国适龄儿童规模庞大。中国目前 0~6 岁幼儿约有 1.8 亿名;仅城市 0~6 岁儿童就有近 5 000 万名。每年新出生人口约 2 000 万名,其中城市人口就有 600 多万名。其次,随着生育潮的到来,婴幼儿数量将达峰值。随着国家放宽生育政策,一对夫妻可以生育两个孩子,预计到 2020 年,中国婴幼儿数量将达到峰值,约有 2.61 亿名新生儿。这样的社会环境给邻家优儿素质教育服务平台的发展带来了巨大的机遇。

2.2 产品市场定位

基于早教和素质教育的强劲发展能力,邻家优儿立足 0~6 岁儿童早教行业,深耕早教市场,同时纵向开拓 6~18 岁素质教育大市场,在未来,将充分利用早教和素质教育会员资源,为 K12 提供广阔的生源衔接。本公司将以素质教育为核心向 K12 扩展,构建一个全面覆盖教育市场的互联网大教育平台。

年龄:中国 1.8 亿的 0~6 岁幼儿,包括近 5 000 万名的 0~6 岁城市儿童。并且我国每年新出生的幼儿将近 2 000 万名。

教育:早教行业。日本的早教渗透率达到 90%,韩国的超过 80%,中国台湾地区的也超过 67%,而中国大陆的早教渗透率约为 5%,尚有 95%的空白市场等待挖掘。

区域:前期定位为武汉市,之后根据市场需求和公司发展进行扩张。

2.3 可行性分析

1)SWOT 分析

本平台的 SWOT 分析如图 1 所示。

利用公司的先行优势和技术优势,迅速拓展市场,做好推广工作,明确定位公司选择的细分市场并形成品牌。

2)预期收益

(1)平台教学返佣

平台上所有成交并消耗的课程抽取 10%的课程佣金,以平台上全部教学机构每月共成交 500 万堂课程计算,每个月可以返佣金 50 万元。

(2)广告费

按每天 50 个机构投放广告,每个机构的广告费为 200 元/天,每个月以 30 天计,每个月可以获得 30 万元(200×50×30)的固定收入。

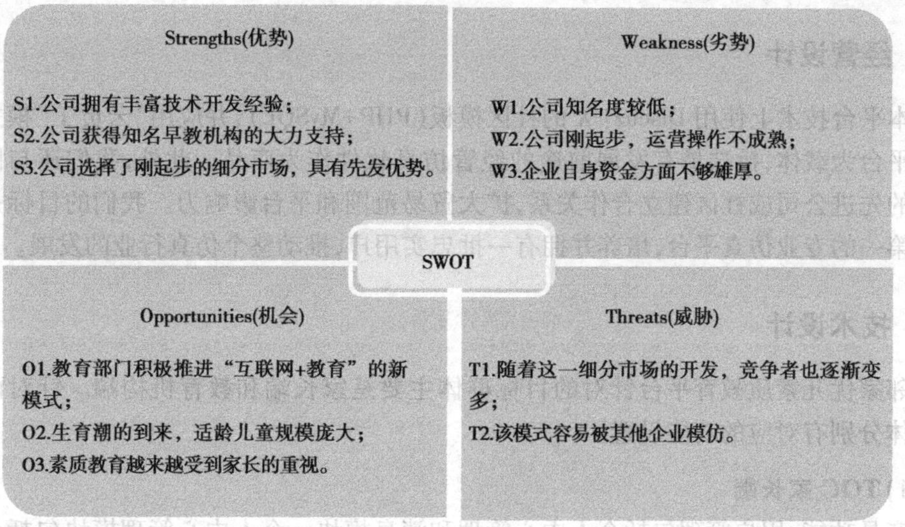

图 1　SWOT 分析

(3)培训服务费

为教学机构定向培养师资力量，标准化输出早教师资和课程，每家教学机构收培训费 1 万元，则按每年服务 15 家机构计算，可收费 15 万元。

(4)系统服务费

为机构定制化集成学员管理 CRM 系统、学校管理 ERP 系统以及线上营销优儿教育商学院，有望获利 20 万元/月。

(5)增值服务费

为机构量身打造平台外的线上线下深度营销推广方案，提供宣传片拍摄、线上营销传播工具定制、组织会销协助机构招生签单等系列增值服务，有望获利 5~10 万元/月。

(6)教育金融收益

针对资本市场的教育金融收益，设立教育双创基金，获得投资收益；初步估算，每月收益过百万元。

3　服务产品及其特色

3.1　产品设计

邻家优儿平台是主要针对传统线下教育机构、教师和学生家长三者结合的互联网素质教育平台，使得社区儿童在家门口就能享受国际化品牌课程和优秀教师授课，给传统教师机构提供完善的课程培训认证，给机构提供种类多样的课程，从而解决家长、教师和机构之间线下和线上的需求矛盾。

3.2 经营设计

本平台技术上使用 Discuz! X 的社区模板(PHP+MySQL),并应用"云员工"模式。我们以平台为载体,挑选最有发展前途的经管仿真软件作为商品。此外,我们还与国外该领域的先进公司或社区建立合作关系,扩大贸易范围和平台影响力。我们的目标是成为国内第一的专业仿真平台,培养并拥有一批忠实用户,推动整个仿真行业的发展。

3.3 技术设计

邻家优儿素质教育平台针对的目标群体主要是家长端和教育机构端。针对两大目标群体分别有对应的功能设置。

1) TOC 家长端

产品功能:用户管理包括个人中心管理和消息模块。个人中心管理模块包括订单信息、收藏夹、会员积分、优惠券、佣金管理。消息模块包括评价系统推送消息、订单处理、评论管理和点赞提示。

2) TOB 教育机构端

产品功能:机构管理包括机构信息,代理人级别,众包类服务商品的上架、下架操作,以及线下扫码买单。订单管理分为在线订单支付和线下扫码订单买单。财务管理平台包括销售数据表,预约支付数据表,佣金提款数据表,佣金支付账号。用户行为图表分析包括商户机构浏览量、收藏量、教师机构量、订单数据量、佣金支付数据、会员增长量、订单数据。

3.4 组织管理设计

邻家优儿是有限公司制,由于创业初期公司规模较小、人员较少、按照专业化管理要求分解管理职能,并根据管理职能划分部门,拟采用简单的直线职能式组织结构,如图2所示:

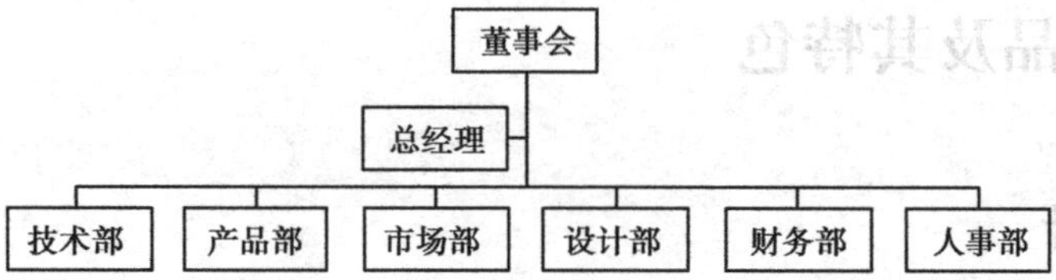

图 2 公司初期组织框架结构图

3.5 财务设计

1) 投资计划

公司目前自筹资金 208 万元,预期风险投资 300 万元。包括:公司团队筹集的货币资金208万元，占比41%；风险投资300万元，占比59%。筹集金额主要用于软件迭代、硬件设施、办公场所的构建、市场推广及人事团队的培育。

2）成本来源

支出部分除项目启动资金外，前期运营成本主要为每个月的员工工资、硬件设备费用、软件迭代升级费用及平台营销推广费用。

3）项目收入概述

根据公司的发展战略，现预计未来5年利润如表1所示。

表1 预计未来五年利润表

单位：元

项目	第一年	第二年	第三年	第四年	第五年
一、营业收入	1 415 094.34	5 716 981.13	18 707 547.17	49 811 320.75	95 377 358.49
减：营业成本	512 820.51	512 820.51	1 025 641.03	2 051 282.05	2 564 102.56
营业税金及附加		24 307.87	113 771.26	316 795.36	634 409.29
销售费用	960 000.00	1 091 000.00	2 275 000.00	3 768 000.00	4 340 000.00
管理费用	640 000.00	1 267 000.00	2 616 000.00	3 996 000.00	9 746 000.00
财务费用	17 390.00	12 027.00	108 443.09	24 757.70	100 784.00
资产减值损失	7 500.00	8 000.00	23 500.00	59 500.00	900.50
加：公允价值变动收益（损失以“-”号填列）		5 000.00	30 000.00	15 000.00	
投资收益（损失以“-”号填列）		3 000.00	30 850.00	39 281.25	120 000.00
二、营业利润（亏损以“-”号填列）	-722 616.17	2 809 825.75	12 606 041.79	39 649 266.89	78 111 162.14
加：营业外收入					
减：营业外支出					
三、利润总额（亏损总额以“-”号填列）	-722 616.17	2 809 825.75	12 606 041.79	39 649 266.89	78 111 162.14
减：所得税费用		521 802.40	3 151 510.44	9 912 316.73	19 527 790.53
四、净利润（净亏损以“-”号填列）	-722 616.17	2 288 023.35	9 454 531.35	29 736 950.16	58 583 371.61

3.6 风险控制设计

1)政策风险

通常而言,教育行业面临最大的风险是政策风险,相关政策的不确定性可能会导致细分市场出现萎缩情况。邻家优儿涉及的少儿培训领域属于非学历范畴,与学历教育相比,基本不存在受到强大的公立教育市场挤压以及合理回报取之不易的问题,政策风险相对较小。

2)市场风险

目前,互联网教育市场竞争相对激烈,部分平台已形成了一定的规模,具备了一定的影响力,并获得了数额不菲的风险投资。但从长远来看,除了拓展创新的市场模式外,在素质教育共享领域,只有拥有核心的特色课程产品和优质的教育服务才能在最终角逐中胜出。

3)财务风险

投资的风险主要来自因机构生源不足而要支付的较高运营成本。如能保持足够的生源,并辅之以严格的财务制度,财务风险是可控的。

4)行业风险

每个产业都要经历一个由成长到衰退的发展演变过程,这个过程便称为产业的生命周期。一般情况下,行业的生命周期可分为四个阶段,即初创期、成长期、成熟期和衰退期。教育共享经济是近年来方兴未艾的产业,属于真正意义上的朝阳产业,且具备区域半垄断、回报稳定、风险小等特质,因而是适合长期投资的行业。

4 项目建设

4.1 组织建设

公司建设有一支专业性强、朝气蓬勃的团队,在各自工作岗位和擅长专业上竭尽所能,兢兢业业,与邻家优儿同成长,共发展。同时,公司实行直线职能式的组织形式,推行扁平式的组织结构模式,以授权型、扁平化、动态性为主要特征,淡化部门界限,改变传统组织结构的刚性,增强快速反应能力,以实现企业整体最优而不是单个部门或环节最优。

4.2 技术建设

邻家优儿的互联网教育共享创新模式,解决了传统机构招生吃力,师资和场地空置造成极大资源浪费的痛点,通过深度整合区域优质教育资源,将经过平台严格把关的优秀课程和教师向社区中小教育机构进行输送,完成社区机构自有生源的二次转化。同时,平台将利用互联网大数据,充分匹配师生资源和需求,为机构进行精准引流。家长可以让孩子在家门口享受到原来到市中心大型教育机构才能享受到的高品质课程和优质教育服务。平台致力于建立一个可持续发展的素质教育生态圈,从而实现机构、教师、家长、学员以及平台的多方共赢。

4.3 经营系统建设

我们的经营系统建设在于以下三点:

①专业的工作团队。通过有效的激励、培训和晋升机制来实现团队和公司的快速成长,打造一支专业的工作团队。

②高体验的服务产品。产品针对目标群体,不断地优化体验度,在功能实现的同时来提高客户体验度。

③高密集度的线下合作社区。通过前期的推广和平台使用频次的提升,来不断地提高线下合作社区的数量,最终实现全国总覆盖。

4.4 营销推广

平台推广以线上推广为主,线下推广为辅。可分为三个阶段:

①初期(1~2年):公司将打造武汉城市模型样板,以大型教育综合体为核心,构建1 000个社区教育网点广泛覆盖的模式。同时,公司还要形成成熟的标准化推广运营体系,在后期向全国各个城市推广时,可以实现教育模式的快速复制,加速扩张。

②中期(3~4年):公司以全国一线城市和省会城市为据点,将平台推广至全国,做到中心城市有效占领,一线城市铺排得当,初步建成覆盖全国的教学网点及线上平台。

③远期(5年):邻家优儿成为社区教育代名词,平台上的机构广泛覆盖全国各个社区。邻家优儿打造的社区教学中心成为每个社区的标配,真正地实现家门口的教学,缓解教育资源分布不均的状况。

经过五年左右的发展,邻家优儿平台提供的服务,包括场地服务标准和教学服务标准认证,推动整体素质教育行业质量的提升,为社会提供更加优质的教育服务。同时,构建高标准的教育认证体系,形成良好的教师培训平台,整体提高教师的教学水平。由此,邻家优儿的教育服务和教育标准成为行业标准,邻家优儿素质教育平台成为教育服务行业的领导者。

5 项目运行与维护

5.1 运行与维护过程

通过对软件、硬件及信息的管理来实现对整个平台的运营维护。

①硬件管理:公司硬件采用服务器租赁方式,硬件管理由出租商负责维护。

②业务软件管理:电子商务员把应用系统使用情况和用户反馈意见报给电子商务

师,电子商务师根据系统的运行情况定期提出整改或升级方案。

③信息管理:电子商务员每天整理当天的停车场使用情况,进行分类和统计,对网站的留言本、公告板等交互信息进行处理。助理电子商务师负责定期更新网站后台的数据,如商品信息、新闻信息等。

5.2 运行与维护效果

(1)第一阶段:打造素质教育共享平台

此阶段,可通过:机构入驻收费、机构教学返佣(平台对课程报酬抽取10%的佣金)、学员预付学费收益、平台广告收益(机构在平台上投放广告)、机构增值服务费用(集成学员管理CRM系统,学校管理ERP系统,以及线上营销优儿教育商学院)等方式盈利。

(2)第二阶段:完善教育产业链

可以通过和教育相关行业及机构合作,针对幼儿的益智学习内容、游戏及衍生品等,展开与相关内容提供方的合作及分成;围绕教具、玩具等相关产品,提供儿童品牌专卖店、集成店等电商服务;与本地生活相结合,如儿童摄影、游泳、餐厅、主题乐园、亲子游等合作,提供教育一站式服务体验,让入驻的众多机构成为产品分销商。

(3)第三阶段:建立多维生态圈

未来,邻家优儿将全力打造教育行业和其他行业协作共赢的生态圈。在平台发展到一定体量,拥有海量学员和机构的基础上,衍生出的每个行业都将可能成为一个巨大的市场。如教育行业和金融行业相结合,开发教育金融项目,通过PPP金融(教育普惠金融)、教育项目众筹、子女教育保险、教育双创基金,获得巨额投资收益。整个平台将形成一个广阔的利润池,实现盈利的持续增长,在盈利模式上形成一个完整的闭环。

6 分析与评价

6.1 指导老师点评

首先在项目选择上面,邻家优儿团队选择了市场前景非常巨大的“素质教育市场”,且非常契合地找到了市场上的痛点,发展前景非常好。

在创业计划书编制的过程中,我们发现学生成长进步了很多,也发现了他们的优点和不足。优点是对于市场痛点把控比较好,同时能够精准地找到自己产品的定位,找到自己的目标人群;而缺点则是对于风险预估不够完善,预期的收益估算也过于乐观。该创业计划书最大的亮点就是,在于产品运营模式的创新,把线下难以解决的教育资源的问题转移到线上来,很符合电子商务运营的模式。

通过这次比赛,学生们最大的收获就是对创业有了一个总体认识。除此之外,在整个比赛的准备过程中,他们的团队合作意识还有学习总结能力都在不断地提升,而我们也从他们身上看到了属于年轻人的蓬勃和朝气,他们思维的活跃也超出了我们的预期。

6.2 专家评析

项目基于对传统线下教育机构、教师和学员家长三者的需求分析，建立互联网素质教育平台，使得社区儿童在家门口就能享受国际化品牌课程和优秀教师授课，给传统教师机构提供课程培训认证，给机构提供课程，从而解决了家长、教师和机构之间线下和线上的需求矛盾问题。

项目总体定位明确，需求分析到位，应用场景描述符合现实，对发展进行了规划，有一定的成长空间。

评析专家：西安邮电大学 张 利 教授

“影无止尽”——基于共享模式的无限观影平台

参赛团队：浙江工商大学　Mr.movie
参赛组长：林田田
参赛队员：何佳男　傅嘉源　陈　毅　夏亦涵
指导教师：项益鸣　虞晓东
关 键 词：电影票务市场　上座率　无限观影服务

摘要：“影无止尽”是杭州帝网互联网科技有限公司旗下的一个专注于为消费者提供无限观影等服务的互联网平台。公司通过与电影院合作，基于共享经济模式以及大数据技术，合理利用电影院闲置的座位资源，积极探求将这部分资源进行最大化、最优化利用的新型票务服务模式，减少社会资源的浪费，推动我国电影市场的发展。

1　项目简介

1.1　项目主要意义

自2012年以来，我国电影产业高速发展，电影票房、观影人数等指标快速增长，但影院平均上座率这一项指标始终徘徊在较低的水平，各大院线的上座率大多在15%。极低的上座率，从侧面说明了我国影院资源未被有效利用，造成严重的社会资源浪费。本平台在共享经济理念的指导下，整合影院闲置的座位资源，创新性地搭建了“影无止尽”——基于共享模式的无限观影平台，致力于减少电影产业闲置资源的浪费，助力电影产业发展。

1.2　项目达成目标

“影无止尽”平台的目标是在全国范围内为消费者提供最经济的观影模式，为影院开拓新型的电影票务销售渠道，促进影院闲置资源再利用，实现影院利益新增长。此外，平台将围绕电影产业链进行多元化业务拓展，在为公司创造更大的商业价值的同时，也推动我国电影产业的发展。

1.3 项目主要内容

“影无止尽”是一个基于共享模式的无限观影平台。在共享经济理念的指导下,本平台与影院合作,整合影院闲置的座位资源,以按月付费的形式,为用户提供无限观影服务。通过订阅无限观影服务,用户只需按月支付一定金额,即可不限次数地到与平台合作的任意一家影院享受观影服务。平台依托成熟的大数据技术,对用户群体的观影行为和影片的相关数据进行分析,实现按月浮动定价,并建立良性的预约机制,在降低用户观影成本的同时确保自身平台获利。此外,平台设有电影衍生品商城板块,采用商家入驻的形式,为用户提供便利的电影衍生品购买渠道。同时平台也设有电影资讯、个人影评、电影衍生品交流社区等功能,为用户提供丰富的电影相关服务。

1.4 项目技术路线

本平台基于安卓技术开发了“影无止尽”App,在平台上实现无限观影、电影资讯、个人影评、综合商城、个性推荐、交流社区六大功能。此外,平台依托大数据技术实现无限观影服务的浮动定价。

1.5 项目特色

1)产品功能创新——国内首创,先发优势显著

“影无止尽”是国内首个提出“无限观影服务”的平台。其针对我国影院资源未被有效利用,造成严重的社会资源浪费的现状,创新性地整合影院闲置的票务资源,向用户提供包月无限观影服务。用户只需支付包月费用,即可无限次到平台合作的任意一家电影院享受观影服务。

2)商业模式创新——多方共赢,自我造血功能强大

“影无止尽”所设计的商业模式,在不侵害原有的利益体系的基础上,解决了影院的闲置座位问题,增加了影院的收益,降低了用户的观影成本,对接了衍生品商家及其目标用户,最终生成以闲置资源为原料的自我造血系统,实现影院、用户、商家、平台在内的四方共赢局面。

3)大数据思维运用——浮动定价,供需平衡

“影无止尽”所设计的浮动定价系统,可以通过对用户、电影、影院等多类数据的分析,实现对无限观影服务的合理定价,在确保平台盈利的基础上,给用户最实惠的包月价格。

2 项目分析

2.1 市场需求分析

1) 影院端需求分析

虽然我国电影行业蓬勃发展,但我国的电影相关资源的利用一直处于较低的水平。银幕平均吸收的观影人次经历了先下降再回升的历程,2015 年尚未及 2010 年的水平,座位效率增长缓慢,银幕效率没有达到高饱和状态。影片效率方面也呈现同样的不饱和状态,虽然影片平均观影人次增长,但影片平均上座率始终在 15%左右徘徊。低上座率表明我国影院的座位资源在绝大多数时间段都未得到充分利用,单场次的票务收入很难弥补其投入成本,影院的运营管理难度急剧上升,因此,绝大多数的影院经理都存在强烈的提高上座率的需求。

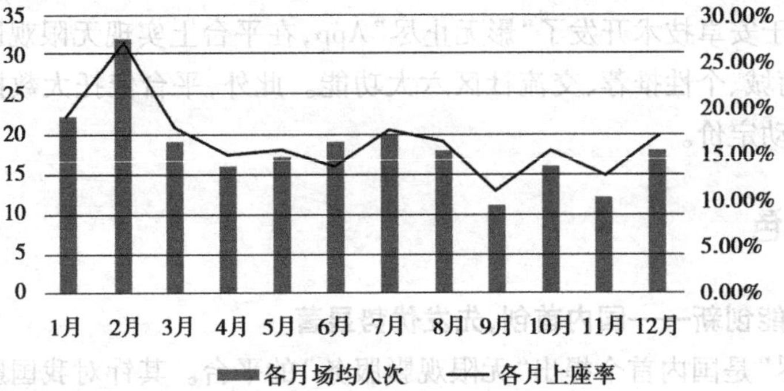

图 1 2016 年各月场均人次及上座率

2) 消费者需求分析

根据易观智库 2017 年 6 月发布的《中国电影在线票务市场年度综合分析 2017》显示,从 2015—2016 年,24 岁以下的观影人群占比下降幅度高达 22.24%,同时 24~30 岁的观影人群占比也下降了 7.31%。而造成这一现象的主要原因是 2016 年第三方电影票务平台的"粗放式票补"规模大大缩减,带走了一批价格敏感区用户。

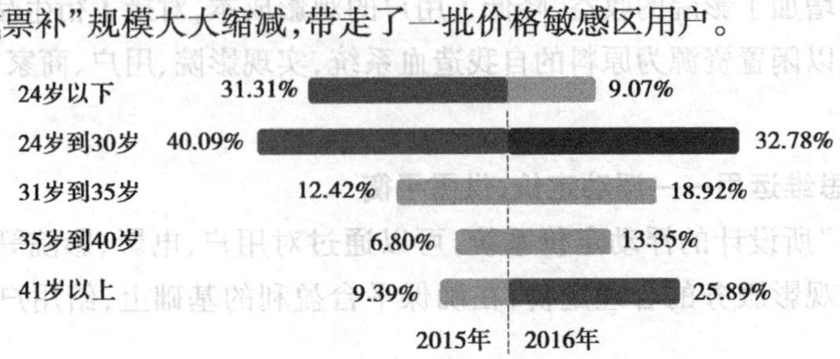

图 2 2015 年、2016 年在线票务用户年龄段构成对比

由此可以看出，对于学生党及收入较低的人群而言，我国现行售票模式下的电影票价仍然偏高，电影票价与其消费能力仍不匹配。此外，从 2016 电影票价回升的趋势来看，第三方票务平台补贴的方式不能持久，且目前已有减少补贴的趋势，而票补行为的减少势必会影响这部分人群的观影行为。因此，对于这部分人群而言，降低观影成本，减少在电影娱乐上的支出仍是他们的刚需。

2.2 产品市场定位

“影无止尽”平台的目标用户定位主要为持有观影想法，但由于价格因素，没有形成稳定的观影习惯的学生党及二三线城市工资未上 8 000 元的白领。

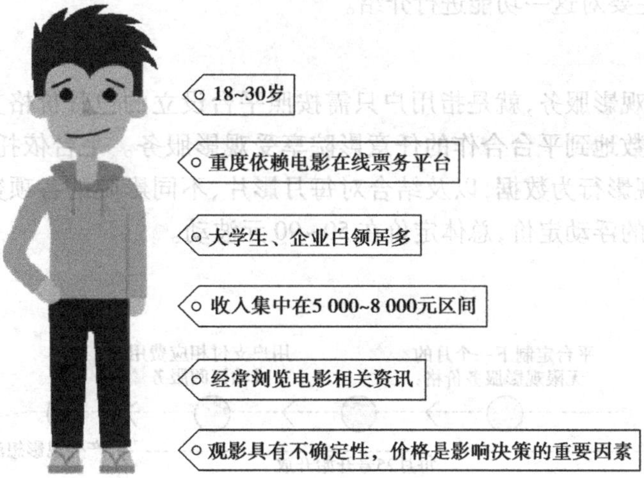

图 3 目标用户特点

2.3 可行性分析

对平台“影无止尽”功能进行可行性分析：

①非热映期的影片单场的观影人数大幅度减少且具有可预见性。

一般来说，我国放映的电影热映期为一周左右，过了这个时间段，去影院观看该影片的人群就存在分布不集中、绝大多数场次观影人数大幅度减少的问题，有时甚至会出现单场电影的观影人数少于 10 人的情况。

因此，针对这个时间段的电影场次，其可能的观影人数是可以预见的。影院和平台合作，可以在成本几乎不变的情况下增加营业收入。

②平台面对影院的增量市场，不影响影院原有业务。

平台的目标人群主要是持有观影想法，但由于价格因素，没有形成稳定观影习惯的学生党及二三线城市工资未上 8 000 元的白领。相比于在现行售票模式下已成为影院忠实用户的消费者而言，这部分人群的观影行为具有票价驱动、观影选择具有随机性两大特点，且时间相对充裕，是影院未来最具有潜力的消费者。

因此,让消费者订购平台所提供的无限观影服务,在剩余座位较多的时候去影院看电影,可以降低观影费用,同时也不会影响影院现有的业务,是具备可行性的。

3 服务产品及其特色

3.1 产品设计

“影无止尽”App 的功能分为观影区和商城区两大板块,其涵盖了无限观影、电影资讯、个人影评、综合商城、个性推荐、交流社区六大功能,其中无限观影服务是本平台的核心功能,本节将主要对这一功能进行介绍。

1)功能简介

所谓的无限观影服务,就是指用户只需按照平台设立的包月价格支付相应的费用,当月即可不限次数地到平台合作的任意影院享受观影服务。平台依托成熟的大数据技术,挖掘用户的观影行为数据,以及结合对每月影片、不同影院的各项数据的分析,实现对无限观影服务的浮动定价,总体定价在 50~90 元波动。

2)具体流程

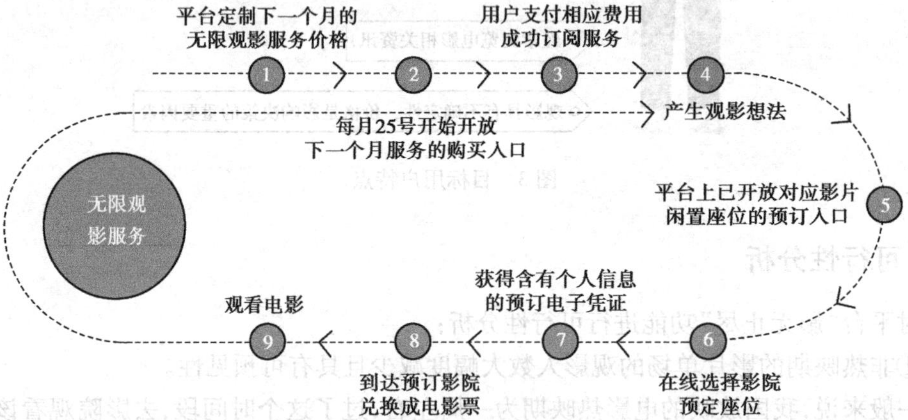

图 4 “影无止尽”服务流程图

3)预订入口的开放

根据市场数据分析以及与影院管理人员的探讨之后,平台主要从影片类别、放映时段、场次类型等维度,制定了《闲置座位预订入口的开放标准》。在此基础上,平台与合作影院进一步协商,针对影院愿意开放闲置座位预订入口的电影时段,平台将根据该标准严格控制入口开放时间。

表1 闲置座位预定入口的开放标准

<table>
<tr><td rowspan="6">热映影片</td><td rowspan="4">热映期</td><td rowspan="2">黄金时段</td><td>黄金场</td><td>放映前一小时检测:剩余位置数量/影厅总位置大于1/5,开放
放映前30分钟检测:剩余位置数量仍多于20个,开放</td></tr>
<tr><td>非黄金场</td><td rowspan="2">放映前半天检测:大于1/3,开放
放映前一小时检测:大于1/4,开放
放映前30分钟检测:剩余位置数量仍多于20个,开放</td></tr>
<tr><td rowspan="2">非黄金时段</td><td>黄金场</td></tr>
<tr><td>非黄金场</td><td rowspan="2">放映前半天检测:大于1/2,开放
放映前一小时检测:大于1/3,开放
放映前30分钟检测:剩余位置数量仍多于20个,开放</td></tr>
<tr><td rowspan="2">非热映期</td><td>黄金时段</td><td rowspan="2"></td></tr>
<tr><td>非黄金时段</td><td>提前1天开放</td></tr>
<tr><td rowspan="4">普通影片</td><td rowspan="4"></td><td rowspan="2">黄金时段</td><td>黄金场</td><td>放映前一小时检测:剩余位置数量/影厅总位置大于1/4,开放
放映前30分钟检测:剩余位置数量仍多于20个,开放</td></tr>
<tr><td>非黄金场</td><td rowspan="2">放映前半天检测:大于1/2,开放
放映前一小时检测:大于1/3,开放
放映前30分钟检测:剩余位置数量仍多于20个,开放</td></tr>
<tr><td rowspan="2">非黄金时段</td><td>黄金场</td></tr>
<tr><td>非黄金场</td><td>提前1天开放</td></tr>
</table>

简单来说,平台能为用户提供的无限观影服务的电影主要为,放映前1小时有20个以上空座位,或者放映前半天还有一半以上空位,上座率较低的场次的电影。

3.2 经营设计

平台通过与影院合作,从影院获取闲置的座位票务资源,为用户提供包月无限观影服务,通过降低用户观影成本的方式来刺激消费,提高影院收益的同时减少了影院闲置资源的浪费和用户的观影支出,最终实现多赢。

除此之外,平台通过让电影衍生品商家入驻的方式,为用户提供便利的电影衍生品购买渠道,同时帮助电影衍生品商家实现精准营销,拓宽了商家的盈利来源。

在后期,当平台上沉淀足够多的用户及用户数据后,平台挖掘影后场景的潜在商业价值,以优惠券的形式为美食、娱乐、交通服务商导流,并利用大数据技术为电影发行方和影院提供精准的观影人群画像,帮助电影前期的宣传推广以及影院营销策略的制订,同时丰富了平台的盈利来源。

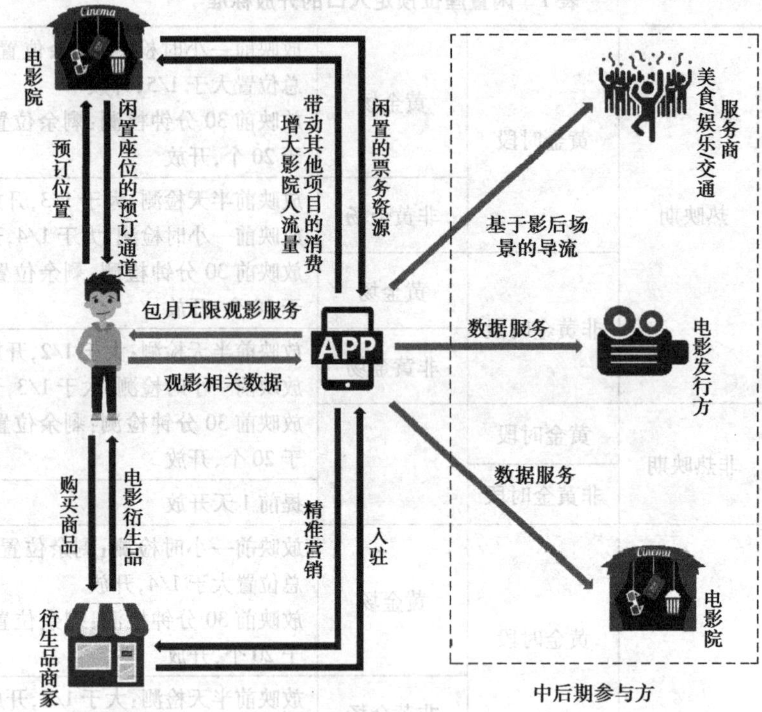

图 5　商业模式简介图

3.3　技术设计

平台的核心技术主要运用于无限观影服务的浮动定价中。平台利用大数据技术，挖掘用户的观影行为数据，以及结合对每月影片、不同影院的各项数据的分析，最终完成对无限观影服务的定价。

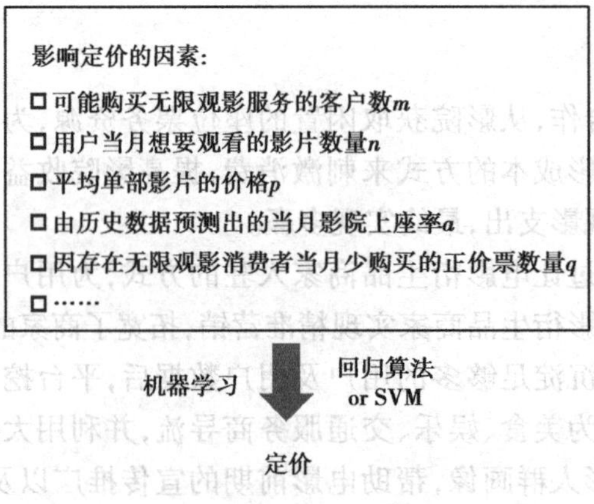

影响定价的因素:
□ 可能购买无限观影服务的客户数m
□ 用户当月想要观看的影片数量n
□ 平均单部影片的价格p
□ 由历史数据预测出的当月影院上座率a
□ 因存在无限观影消费者当月少购买的正价票数量q
□ ……
机器学习
回归算法 or SVM
定价

图 6　核心算法初步构建简介图

3.4 财务设计

1)项目收入概述

公司收入来自用户订阅包月无限观影所取得的收入、交易费用抽成收入和广告收入。主要收入为订阅收入,订阅收入根据购买包月服务人数来确定。

表2 收入预算表 单位:万元

收 入	2017年	2018年	2019年	2020年	2021年
订阅收入	14.94	42.22	152.34	278.01	426.34
抽成收入	8.72	24.63	88.87	162.17	248.7
广告收入	1.24	3.52	12.7	23.17	35.52
总收入	24.90	70.37	253.91	463.35	710.56

2)成本来源

公司的运营成本主要包括主营业务成本、管理费用、销售费用、税金及附加4个部分,公司的五年成本费用预算表见表3。

表3 成本费用预算表 单位:万元

项 目	2017年	2018年	2019年	2020年	2021年
主营业务成本	14.09	23.22	86.55	91.53	132.11
税金及附加	1.35	8.75	25.75	34.24	52.93
销售费用	6.34	10.69	27.72	41.80	70.21
管理费用	8.52	13.44	35.64	116.78	156.89
所得税费用	0	0	5.74	14.85	43.56

3)财务指标分析

财务指标是一类能够衡量企业财务状况和经营成果的相对指标。下面将从盈利能力、资产收益能力和资金周转能力三个方面来展示公司的财务状况和经营成果。

图7为公司的财务分析指标数值。从图上可以看出,公司在第一年的净资产收益率和销售利润率均为负值,且资金周转率较低,这是因为公司在初创阶段并没有稳定的市场份额,属于正常现象。在接下来的几年,三项指标均平稳增长,显现出了良好的盈利能力和资金周转能力,尤其是第二年至第三年公司扩大市场份额,使得三项指标迅速增长,因此,该公司战略得当,盈利稳健,值得投资。

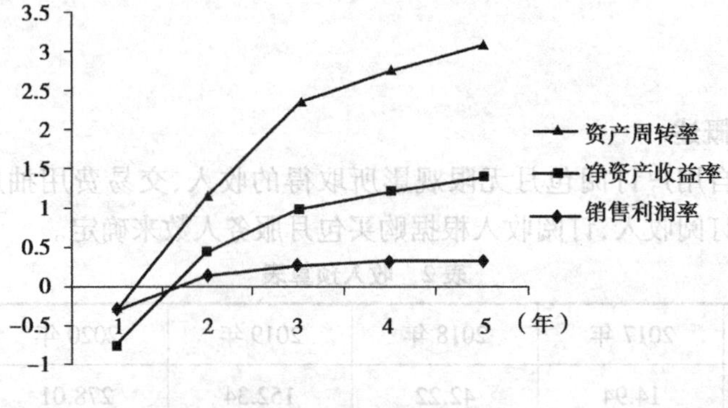

图 7　财务分析指标

备注:资产周转率是指企业在一定时期业务收入净额同平均资产总额的比率,是综合评价企业全部资产的经营质量和利用效率的指标。周转率越大,说明总资产周转越快,反映出销售能力越强。

3.5　风险控制设计

1) 市场风险及对策

风险:虽然平台的模式在市场上比较新颖,但是随着平台的发展,在具有一定的知名度后,现存的在线票务平台可能会模仿平台的模式,推出类似的功能板块。由于他们起步较早,用户流量较大,可能会对平台的发展造成一定的冲击。

对策:

①企业管理人员应具有敏感的市场洞察力,根据市场的变化作出及时准确的判断,不断对平台进行迭代优化。

②注重优化平台所提供的包月无限观影服务中需要用到的浮动定价系统,努力形成技术竞争壁垒,提高市场的准入门槛。

2) 技术风险及对策

风险:由于平台提供的是和电影票务有关的服务,所以需要接入电影院的票务系统,而平台初期时规模较小,技术不够完善,可能在系统对接上会出现一些小瑕疵,影响用户的体验效果。

对策:平台会加大对技术的研究力度,雇用专业人员,加大对平台系统的开发力度,并派出业务人员专门与电影院的技术管理人员进行对接,及时解决技术开发上的问题,确保平台系统能达到最优状态。

3) 财务风险及对策

风险:

①平台在未获得融资之前,可能因为资金不足而给平台的运营带来压力。公司在成立之初,需要大量资金用于网站建设、推广等各项工作,仅靠团队内部的资金投入无法达到理想的宣传效果。

②公司可运营的现金流有可能出现紧张的情况,资产周转不灵,进而影响公司的进一步发展。

对策:

①积极寻求外部融资。

②外部筹资和内部筹资结合,鼓励内部员工持股,这样可以加强员工对企业的认同感,又可以解决公司资金问题。

4)管理风险及对策

风险:由于我们是初创团队,相对来说,缺乏项目实战的经验,在团队管理、产品运营等方面可能会出现诸多问题。

对策:

①落实责任到人制度,公司成员各司其职。

②注重团队内部建设,定期开展头脑风暴和团队合作活动,锻炼员工的思维能力,提高员工团队合作的能力,增强企业活力。

③与具有管理经验的互联网公司进行交流,向具有丰富的创业经验的业界人员咨询,不断提高自身管理能力。

4 项目建设

4.1 组织机构建设

本公司在公司创建的前期,由于团队成员较少,为了便于管理,公司内部机构主要设有市场运营部、技术研发部、市场拓展部和财务部4个部门,其中市场运营部下设产品运营团队和营销推广团队。同时,我们将根据公司业务需求不断招纳优秀的人才,在后期,随着公司员工人数的增多,将对公司的组织构架进行改良和优化。

4.2 技术支持建设

目前,"影无止尽"App开发已基本完成,图8为App界面。

4.3 商业运作建设

公司的商业发展战略规划如下:

1)0~0.5年初创阶段

企业平台及产品仍处于研发阶段。这一阶段更注重产品的研发以及市场需求的调研,寻求愿意与平台合作的影院,以及进行产品的小范围测试,对产品的研发提出改进意见。

图8 App部分截图

2)0.5~1年推广阶段

产品开发已经完成,开始进入市场推广期,平台将联合学校、企业等多方机构共同推广,根据所规划的营销推广策略逐步开拓市场。在此过程中,不断接收各方反馈,不断对产品进行优化迭代。

3)1~2年成长阶段

经过市场推广阶段,平台的用户群体不断扩大,平台已可进入盈利状态。平台会根据用户的数据分析以及市场的变化,推出一些新的电影票务服务,更好地满足用户的需求,不断扩大平台的用户群体数量。

4)2~3年平稳阶段

平台进入平稳发展期,公司开始以本市为中心,把市场辐射到全国,增大市场份额。

4.4 网络营销建设

"影无止尽"平台前期的目标用户群体主要为学生党、部分二线及三四线城市的白领,而互联网已成为这部分人群获取电影信息的主要渠道。因此,针对目标人群大多是处于价格敏感区的这一特点,我们项目的线上营销部分主要以创造低价现象为手段来吸引这部分人群购买无限观影服务,同时结合软文推广、微博推广等方式进行推广。

1)一元无限观影70人随机抽取

平台在前期开展一元无限观影活动,利用消费者投机心理,可以吸引大量消费者购买无限观影服务,形成病毒式传播。

2)前五个月70元/月的价格优惠

平台前五个月的定位为70元/月,相当于两部影片的价格,在可以保证平台盈利的情况下利用低价优势吸引消费者购买无限观影服务,有利于产品前期快速进入市场。

3)电影衍生品卖家互换流量

平台前期与愿意入驻平台的电影衍生品商家合作,通过为这些商家提供优惠(如这部分商家在入驻商城实现盈利的前三个月,平台将不从盈利金额中抽取费用)的方式来换取卖家固定店铺上的广告位,由此来提高平台的知名度,获取用户流量。

4)生活娱乐类微信公众号推广

从前面的用户特点分析可以看出,18~35岁的人群经常在互联网上浏览电影资讯,这证明了他们有很强的观影需求。而微信公众号是现在主流的信息传播渠道之一,本平台在知名度较高的与生活娱乐、电影相关的微信公众号上投放广告,可以实现精准推广,将这部分人群转化成平台的种子用户。

电影资讯、影评类:如桃桃淘电影、电影头条等;

生活娱乐资讯类:如杭州潮人、公独长老等。

5)门户推广

在门户网站上的本地生活或娱乐版面投放原生广告,如今日头条、搜狐新闻等。这些门户网站上广告受众范围广,浏览的人次多,具有较好的宣传效果。

6)微博推广

依附于微博强大的用户流量支撑以及其本身具有的娱乐属性,微博可以作为本项目线上推广渠道之一。电影相关内容一直都是微博上最为热门的讨论话题,本平台可以寻找一些微博的营销号、粉丝关注量大的博主,与他们合作,以投放广告或者软文的形式来达到吸引消费者的目的。

5 项目运行与维护

5.1 运行与维护过程

1)微信公众号运营

"影无止尽"公众号于2017年7月正式开始运营,公众号内容主要包含电影影评、电影推荐等文章,同时公司营销团队会依托该公众号不定期举办一些线上活动,比如"留言即有可能获得免费观影机会""集赞可获得该月无限观影服务"等。

2)市场开拓

公司的市场拓展团队积极在杭州市、温州市、衢州市寻找可合作影院,加快项目进入市场的速度。

3)开展线下试运营

公司与合作影院积极探讨合作模式,制订试运营计划。

5.2 运行与维护效果

1)运营业绩

目前,项目处于前期推广和试运营阶段。“影无止尽”公众号的关注人数已达到1 789人,同时已与12家影院签订合作意向,并在杭州地区和温州地区进行试运营活动。

2)社会与经济效益

“影无止尽”项目对电影院、对用户、对电影衍生品市场、对社会的影响都是积极而深远的。

(1)对电影院而言

①可以提高影院的上座率,减少闲置资源的浪费,增加营业收入;

②增加影院的人流量,拉动电影院其他项目的消费,增加收益。

(2)对用户而言

①可以实现低价观影,节省在电影娱乐上的支出;

②提供了便捷的购买渠道,降低在购买电影周边商品过程中的决策成本。

(3)对电影衍生品市场而言

①本平台的目标用户也正是对电影衍生品感兴趣的人群,平台可以帮助电影衍生品商家实现精准营销,增加收益;

②可以加深大众对电影衍生品的了解,推动我国电影衍生品市场发展。

(4)对社会而言

①高效合理利用电影院闲置的座位资源,减少社会资源的浪费;

②降低用户观影门槛,提高人均观影量,有利于推动我国电影产业的发展,有利于国民幸福指数的提高。

6 分析与评价

6.1 指导老师点评

“影无止尽”项目在共享经济指导下,提出无限观影服务来解决电影行业上座率低的痛点,其通过大数据定价、预计限流等机制,有效地保证了该模式的实施,以及有效地控制平台的盈利空间,具有较强的可发展性。总体来看,平台的商业模式清晰,自我造血功能强大,且具有较好的社会意义,项目前景较好。

6.2 专家评析

“影无止尽”这一项目所设计的商业模式是基于共享经济理念,在不侵害原有的利益体系的基础上,解决影院的闲置座位问题,从而实现影院收益增加和消费者观影成本降低,项目同时对接衍生品商家及其目标用户,最终生成以闲置资源为原料的自我造血系统,实现影院、用户、商家、平台在内的四方共赢局面。这一项目的商业理念较好,因为共享经济是未来商业发展的一大趋势,因此项目如果精细设计是有发展前景的。但该项目全面实施还应重点考虑并解决以下几个方面问题:

①客户以及免费观影条件的指定或限制,否则会导致影院常规客源进入包月无限观影,最终会对影院利益造成冲击。

②不少观影人群是观影半小时或一小时内临时购买电影票的,大数据怎样精准预测半小时内的座位是空闲的?另外仅剩半小时,对于包月无限观影的顾客又是否有充分时间前往影院,在限制的条件下如何保证包月无限观影顾客有较好的客户体验?

③影院大多与大型售票平台合作,这些售票平台为什么不推出包月无限观影的业务?如果这些售票平台推出动态票价,是否会对本项目有冲击?本项目的核心竞争力或者竞争壁垒是什么?

上述问题需要细致推敲,这样项目才能更好地落地与推进。

评析专家:厦门大学　彭丽芳　教　授

福建师范大学　林　翊　副教授

“一合优品”畜牧业食品安全追溯平台

参赛团队:山东财经大学　一合优品
参赛队长:邵栗子
参赛队员:白天煜　刘　心　李鼎革　冷　伟
指导老师:李　斌　周广春
关 键 词:食品安全　溯源　数据报告　反哺B端

摘要:“一合优品”依托畜牧业食品安全追溯系统,收集畜牧业产业链各个环节的数据,对数据进行分析,建立数据模型,形成供应链信息流报告,反哺上游牧场和下游企业。

1　项目简介

1.1　项目社会经济意义

顾名思义,“一合优品”畜牧业食品安全追溯系统可提供畜牧产品的各个环节的食品溯源,确保流通的畜牧产品都是安全可靠的。依托系统收集数据形成的数据报告可以优化B端上、下游的诸多问题,如上游的优化育种与下游的进销存统一科学化管理,降低成本,增加营收。

1.2　项目目标与近期效果

本项目旨在将达茂旗的所有家庭牧场吸纳到系统中来,进而推广到全国各地,同时也吸纳更多的下游企业加入我们。下一步将系统推广到猪、牛等畜牧场,收集更多的数据,建立更多的数据应用报告,为扩大的B端提供更广泛而优质的服务。

1.3　项目主要内容

“一合优品”依托畜牧业食品安全追溯系统收集畜牧业产业链各个环节的数据,对数据进行分析,建立数据模型,形成供应链信息流报告,反哺上游牧场和下游企业。

1.4 项目技术路线

本项目依托系统建立的平台,以技术型、专业型为导向,建立溯源、数据收集和报告一体化平台。

1.5 项目特色

本项目创新性地将数据的收集通过畜牧产品的溯源来实现,建立的信息流报告进一步提升了企业的知名度和影响力,同时也可以参加政府的招标采购,保障食品安全的同时带动当地就业和提高产值。

2 项目分析

2.1 市场需求分析

"一合优品"从消费者、商家、监管部门及行业内部等多方面进行了细致的市场调研,依托食品安全追溯系统为拥有上游或下游,以及拥有完整畜牧业产业链流程的畜牧业企业提供全方位服务。

消费者有着对食品安全的需求,希望购买到安全的食品,牧场、企业希望有能证明其肉制品是安全有保障的组织机构或企业,政府迫切希望解决社会食品安全难题并建立健全食品安全追溯的标准。畜牧业企业将产业链上的数据经过挖掘后更好地用于产业链优化,降低成本,增加效益。

2.2 市场定位分析

目标市场的选择采用差异化战略,追溯系统服务区主要聚中在内蒙古、新疆等传统畜牧区;草原羊领养业务服务地区主要聚中在东部经济发达且对优质羊肉需求旺盛的地区,如渤海经济区、山东省、珠江三角洲等地区。

2.3 可行性分析

同行业中像本公司一样深耕于畜牧业产业链的公司几乎没有,市场潜力巨大。上游企业提供的四年八代畜牧羊的数据使得我们领先欲涉足本行业的公司3~4年时间,巨大的信息流为数据模型的建立和数据报告的形成提供了信息基础。技术成熟后可移植性强,可以平稳且快速地过渡到其他畜牧场,易实现市场扩大。

2.4 其他

数据足够庞大与技术进一步成熟后,我们可以参与政府的招标采购,为政府关于食品安全追溯实践方案提供案例与经验分享,从而为保障食品安全贡献自己的一分力量。

3 项目设计

3.1 产品形态设计

1)系统操作流程

图1 系统登录界面

2)养殖户基础信息管理

①养殖户信息登录:用于向数据库中添加已签署协议的养殖户信息。

②养殖户信息变更:用于养殖户基础信息发生变更时,提供修改功能。

③养殖户信息删除:用于删除解约养殖户信息。

图2 用户管理界面

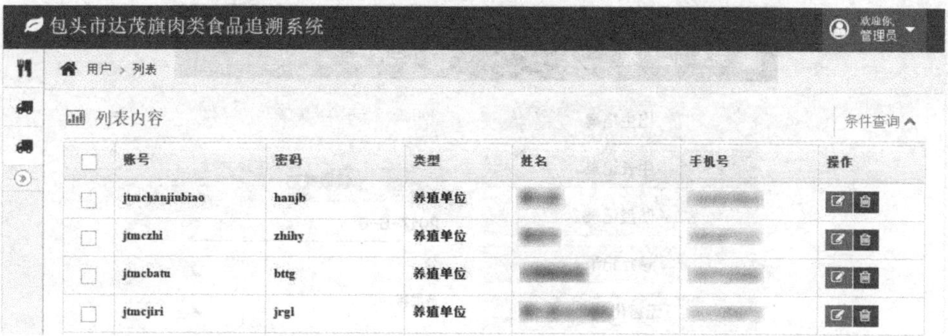

图 3　用户信息界面

3)牧场对养殖信息管理

牲畜出生后将佩戴 RFID 电子耳标，作为牲畜个体身份的标志，在养殖过程中通过利用 PC 或 RFID 手持设备读取标签的唯一 ID 号码并添加内容，详细记录牲畜品种、饲料信息、防疫信息、用药信息、环境信息、生长情况、牧户信息等，并上传到平台数据库。同时对牧场羊只个体发病、诊疗、死亡和无害化处理情况实现电子化的跟踪处理记录，便于养殖户对牲畜的日常管理。

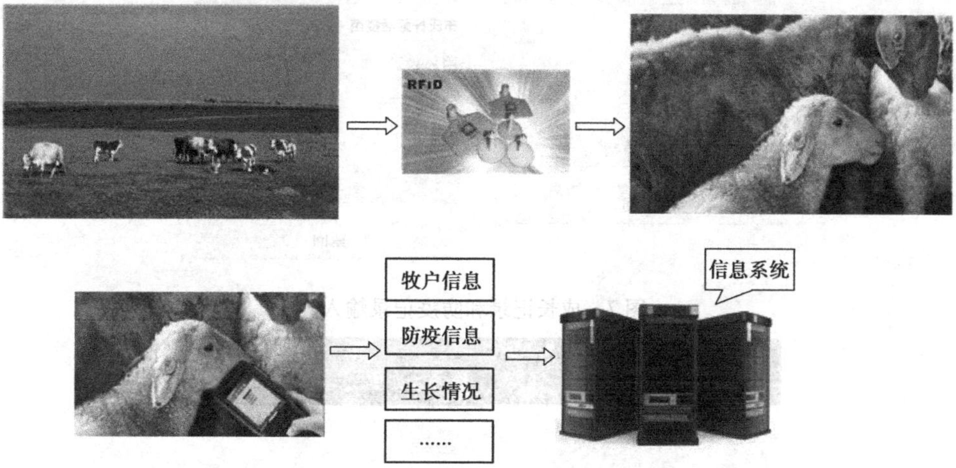

图 4　流程图

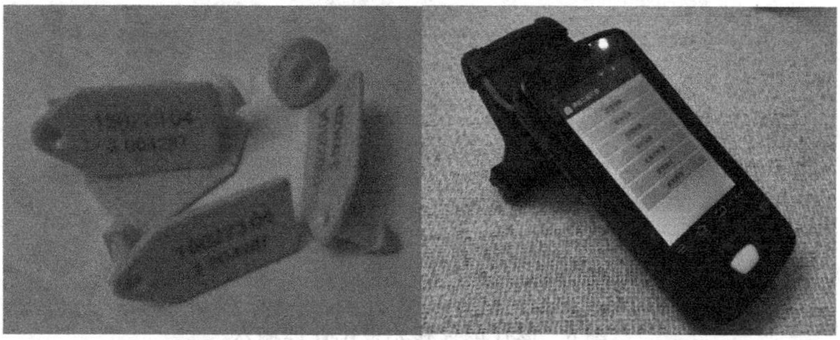

图 5　RFID 耳标和 RFID 手持设备

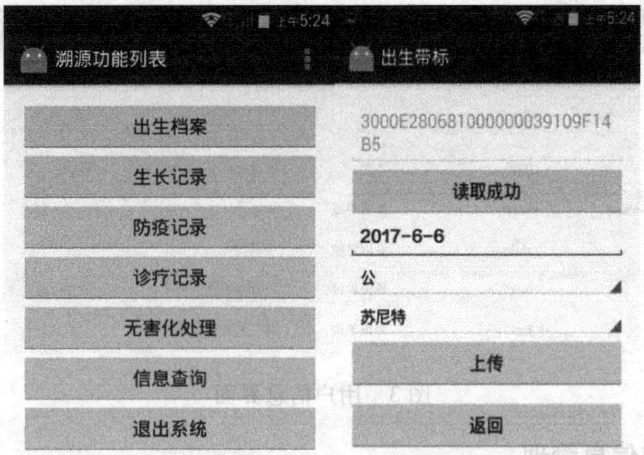

图 6　功能列表和出生档案输入

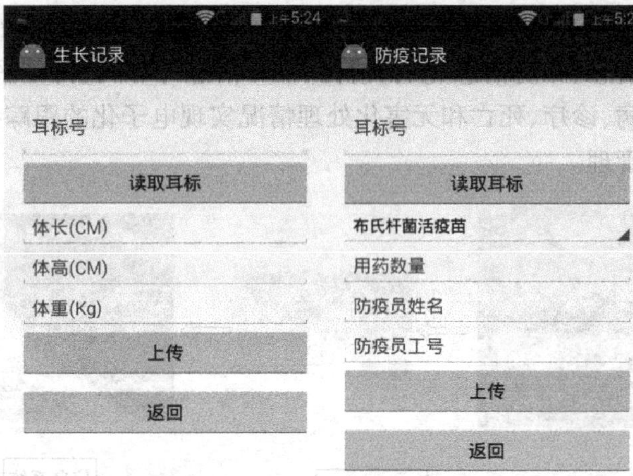

图 7　成长记录和防疫记录输入

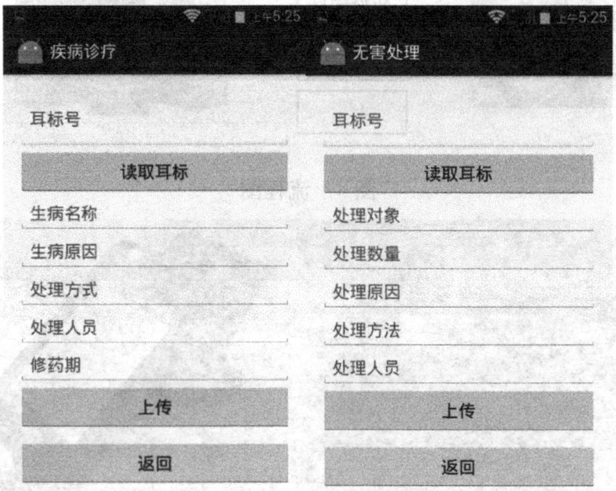

图 8　诊疗记录和无害化处理输入

4)屠宰场信息管理

①各牧户把牛羊集中到屠宰场,屠宰场根据耳标上的RFID条码,读取后继续添加屠宰场的信息,如屠宰地点、屠宰负责人、屠宰时间等。

添加追溯记录信息,包括羊只入场时间、品种、性别、年龄、耳标号、入场体重、入场检疫信息登记(来源地、入场检疫证号、入场检疫员姓名、编号、非疫区证明编号、车辆消毒证号);入场后需要记录采食饲料信息、生长信息、饲养期间防检疫免疫记录(检疫记录、疫苗注射记录)、疾病治疗信息(兽药等投入品的来源、名称、使用对象、时间和用量)等信息。

②屠宰加工对羊只进行标准化屠宰,分割筛选。以某个牧户饲养的牲畜为一批屠宰对象,把分割下来的羊肉各部分装入带有某一部分肉的名称、屠宰师傅等相关RFID信息的盒子中。采集旧耳标信息及盒子上的RFID标签信息,统一录入数据库中。

③称重包装利用二维码溯源秤,打印产品二维码等信息贴在外包装上。即导入数据库中的信息到溯源秤中,打印具有溯源信息的肉品凭证。

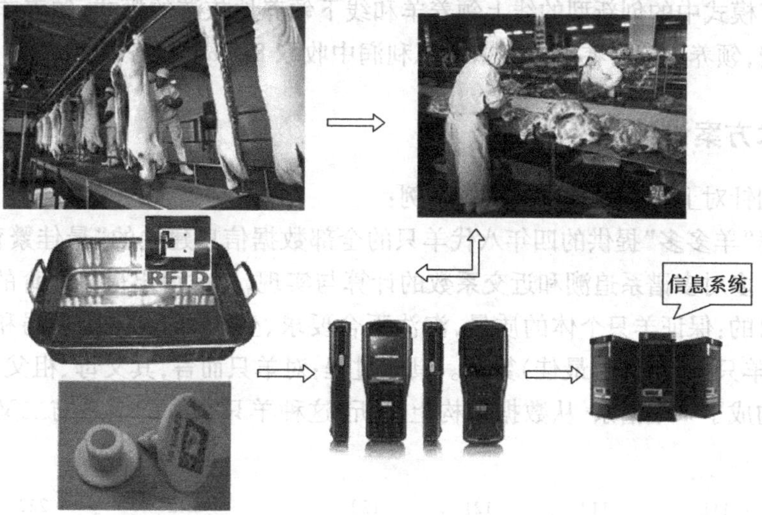

图9 屠宰加工数据输入

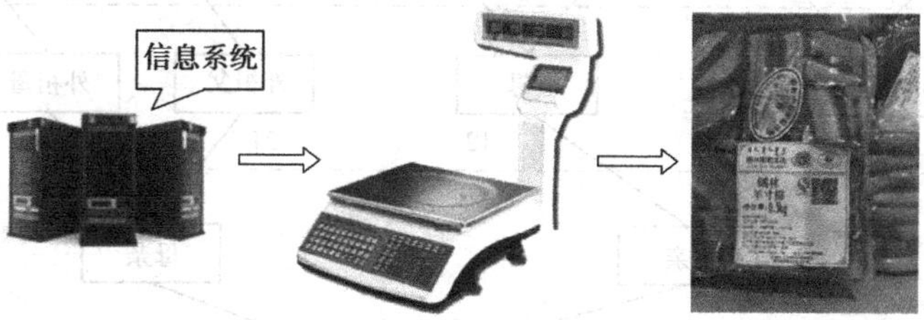

图10 称重包装数据输入

5)物流运输信息管理

①扫描产品二维码后添加完善信息,添加仓库、运输车、产品图片等相关信息。

②超市、消费者终端信息查询。

图 11　查询溯源信息

3.2　经营模式设计

①对使用追溯系统的畜牧业企业收取系统服务费与硬件购买费。

②为客户提供各环节数据信息及建立畜牧业产品供应链信息流模型收取服务费用。

③推广模式中的创新型的线上领养羊和线下领养地旅游的模式，领养羊按单只 15% 的费用收费，领养地旅游在三季度末的总利润中收取 8.5%的服务费。

3.3　技术方案设计

仅举例针对上游企业提供的具体案例：

现依据“羊多多”提供的四年八代羊只的全部数据信息建立的“最佳繁育模型”为例进行介绍。多对多谱系追溯和近交系数的计算与实现，由此得出最佳繁育的模型。研发此模型的目的：保证羊只个体的质量，淘汰不合要求、生产力低、体质衰弱和繁殖能力低的个体，对羊只进行精确（最佳）繁育。具体过程：对羊只而言，其父母、祖父母、曾祖父母和其本身构成了一个谱系，从数据结构上分析，这种羊只个体的谱系与二叉树的数据结构相吻合。

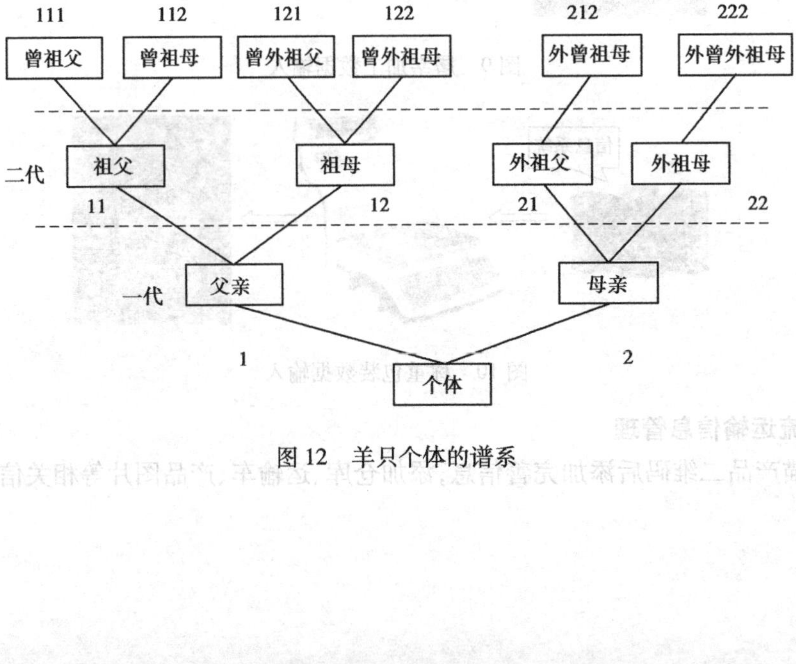

图 12　羊只个体的谱系

本系统采用前序遍历的搜索路径进行，是多对多的计算，是多对多的遍历循环。

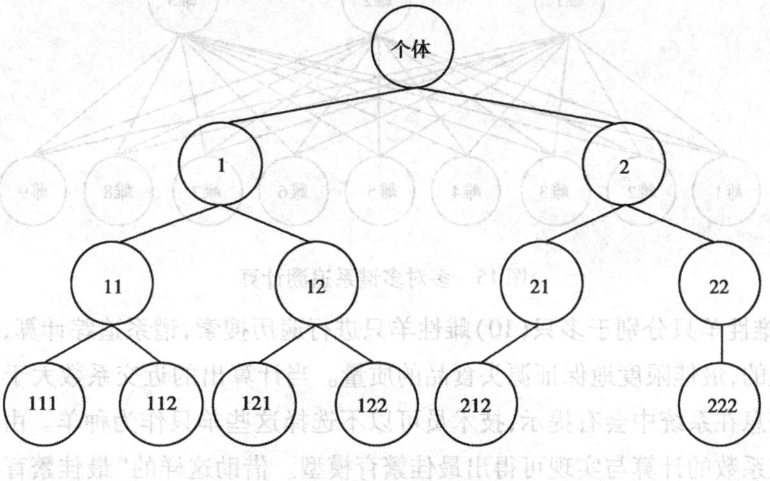

图 13　本系统采用的搜索路径

计算近交系数有多种方法，本系统使用阿部西田细分谱系计算近交系数法为依据的算法实现。

计算公式如下：

$$F_x = (1/2)^{2(N-2)+1} \times \sum_{i=1}^{m} K_i(1 + F_i)$$

F_x为某个体 X 的近交系数；

F_i为第 i 共同祖先的近交系数($i=1,2,\cdots,m$)；

K_i为第 i 共同祖先的出现次数；N 为细分系谱代数。

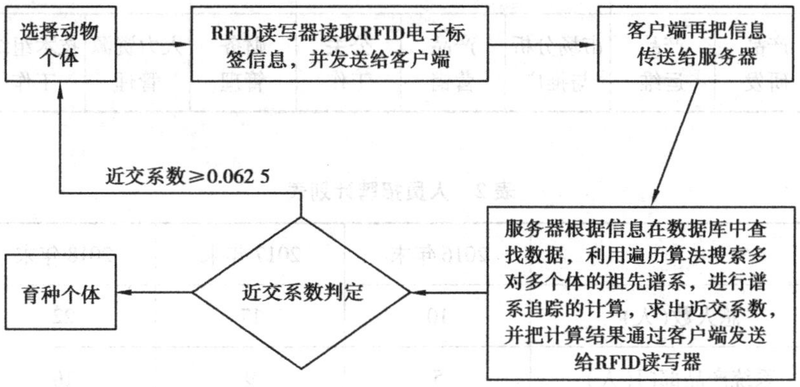

图 14　育种个体筛选流程

计算步骤：搜集获得信息；上传信息数据到数据库；利用前序遍历搜索多个个体，进行谱系追踪计算，求出近交系数；挑选出近交系数小于 0.062 5 的个体作为育种个体。

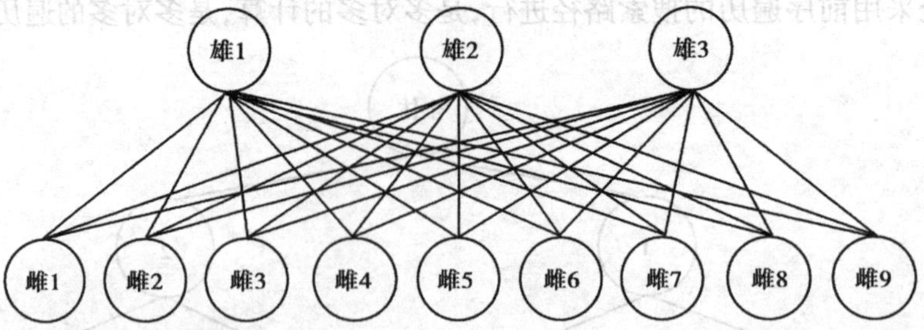

图 15　多对多谱系追溯计算

1-3 号雄性羊只分别于多只(10)雌性羊只进行遍历搜索,谱系追踪计算,使得育种的个体是最优的,最佳限度地保证源头食品的质量。当计算出的近交系数大于 0.062 5 时,相关羊只信息在系统中会有提示,技术员可以不选择这些羊只作为种羊。由多对多谱系追溯和近交系数的计算与实现可得出最佳繁育模型。借助这样的“最佳繁育模型”,我们建议通过地理隔离或分圈豢养的方式在羊的繁育期进行多对多的繁育,在保证其批量父体和母体系数小于 0.062 5 的前提下,进行科学合理的繁育,预估在 3 至 4 批,产品综合品质能提升 10%~20%,预计收益在 30%以上。

3.4　组织机制设计

表 1　公司组织结构表

<table>
<tr><td colspan="10">首席执行官(CEO)</td></tr>
<tr><td colspan="3">系统产品部</td><td colspan="3">市场营销部</td><td>财务部</td><td colspan="3">运营部</td></tr>
<tr><td>市场需求</td><td>产品研发</td><td>产品运维</td><td>市场分析与推广</td><td>产品营销</td><td>公关工作</td><td>财务管理</td><td>人力资源管理</td><td>技术组织工作</td><td>行政与后勤</td></tr>
</table>

表 2　人员招聘计划表

	2016 年末	2017 年末	2018 年末
总人数(人)	10	17	22
系统产品部门(人)	5	9	10
市场营销部门(人)	2	5	7
人力资源行政部门(人)	2	2	3
财务部门(人)	1	1	2

3.5 财务管理设计

表3 部门人员平价薪酬表 单位：元/月

	2016年末	2017年末	2018年末
人均人力资源成本	7 200	8 152	8 615
系统产品研发部门	9 000	9 900	10 890
市场营销部门	6 000	6 600	7 200
人力资源行政部门	5 000	5 500	6 050
财务部门	5 000	5 500	6 050

表4 启动资金来源表 单位：万元

筹资渠道	资金提供方	金 额
自有资金	股东自筹	10
	天使轮投资	50
银行贷款	银行	0
政府小额贷款	政府相关部门	0
总计	—	60

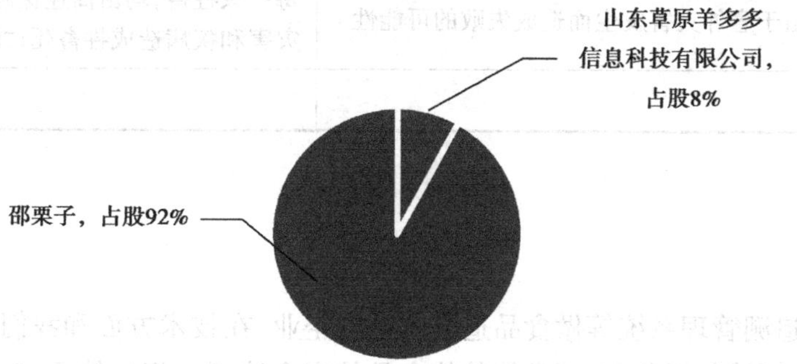

图16 公司股权结构图

3.6 风险控制设计

表5 企业风险控制分析与对策表

创业风险	分　析	对　策
行业风险	指行业的生命周期、行业的波动性、行业的集中程度	本项目得到包头市达茂旗畜牧局的政策支持,局里的信息中心给我们进行行业指导
政策风险	指因国家宏观政策(如货币政策、财政政策、行业政策等)发生变化,导致市场价格波动而产生风险	内蒙古畜牧厅对畜牧产品的价格有保护体系,政府会以实行托底收购的方式干预市场价格的不正常波动
市场风险	涉及的因素有:市场需求量、市场接受时间、市场价格、市场战略等	销售以订单制、预收款方式,订单中有价格保护机制
技术风险	指企业产品创新过程中技术不确定性、前景的不确定性、技术效果的不确定性、技术寿命的不确定性	1.0版本,用RFID作为追溯系统的主要技术。后期的运动耳标实时记录牲畜的身体健康指标及运动量、运动轨迹的情况,该项目的研发资金,主要由合作厂商投入,我方以技术合作,目前功能已经基本实现,处于优化和成本压缩的阶段,合作厂商实力雄厚
资金风险	资金风险主要有两类:一是缺少创业资金风险,二是融资成本风险	前期,由亲戚朋友资助为主,项目的研发阶段,资金足够。2017年运营,需要外部资金投资,目前正在对接投资资金
管理风险	企业经营过程中的风险,如管理者素质风险、决策风险、组织风险、人才风险等	核心团队不断地自我学习和提升管理素质,同时由有丰富管理经营的导师和外部拟参股投资企业进行辅导
环境风险	由于意外灾害发生而造成失败的可能性	每一只牲畜,均由商业保险公司承保意外灾害和疾病造成牲畜死亡的风险
其他风险		

3.7 其他

像普沃斯追溯管理系统等做食品追溯体系的企业,在技术方面和我们的企业相差不大,他们涉及的领域包括蔬菜、酒类等其他食品的安全追溯。相比较而言,我们的企业更专注于畜牧业方面。在我们已有的羊肉产业链基础上实行安全追溯系统,一方面可以促进"一合优品"的羊肉产品销量,另外一方面在自身产业链的基础上,不断地对食品安全追溯系统进行梳理、完善。"羊多多"作为一家拥有整个畜牧业产业链流程的公司,他们的加入为我们带来了来自内蒙古苏尼特羊四年八代的畜牧羊信息,使系统能更好地服务于我们的用户。

正航软件公司的肉类行业追溯:其做的是肉类追溯管理平台,面向的对象没有专一性,是一个宽泛的追溯平台。不能针对特定的企业、特定的肉食品行业做专门化的设计。而"一合优品"可以依据不同企业的需求对软件进行微调从而更好地服务于企业,并且对系统收集的数据进行分析,为企业定制数据模型以反哺服务的企业,使企业的产业链更加完善,节约成本,提高效率。

4 项目建设

4.1 组织机构建设

表6 组织机构建设表

公司职位	姓 名	个人简介
CEO/首席执行官	邵栗子	山东财经大学管理科学与工程学院电子信息管理与信息系统(服务外包)专业本科生
企业总顾问	苏昕	山东财经大学教授,博士生导师,享受国务院政府特殊津贴专家,山东省具有突出贡献的中青年专家,研究方向为农业经济,在《农业经济问题》《农业技术经济》《宏观经济研究》《经济学动态》等学术期刊,以及SCI和EI收录期刊发表论文二十余篇;出版学术著作1部;主编教材2部
企业顾问	谭璐	山东财经大学副教授,硕士生导师,博士毕业于中国国防科技大学数理统计专业,研究方向为现代统计理论方法,高维、海量数据分析
企业顾问	梁雪	法国斯特拉斯堡大学毕业归国后致力于内蒙古科技养殖技术推广与生态羊肉产品销售,于2013年在内蒙古达茂旗草原创立了第一个家庭生态牧场
创业人员	谭永明	山东财经大学博士在读,专业方向为管理科学与工程专业信息管理与信息系统方向
创业人员	王治国	内蒙古农业大学动物科学(牧医类)本科生
CFO/首席财务官	刘心	山东财经大学管理科学与工程学院电子商务专业本科生
CTO/首席技术官	白天煜	山东财经大学管理科学与工程学院电子商务专业本科生
COO/首席运营官	冷伟	山东财经大学管理科学与工程学院电子商务专业本科生
CMO/首席营销官	李鼎革	山东财经大学管理科学与工程学院电子信息管理与信息系统(服务外包)专业本科生

4.2 技术支持建设

项目主要人员均为管理科学与工程学院信息管理与电子商务专业学生，具有专业优势，依托山东财经大学，师资雄厚，可提供技术支持。

4.3 商业运作建设

①对使用追溯系统的畜牧业企业收取系统服务费与硬件购买费；

②为客户提供各环节数据信息及建立畜牧业产品供应链信息流模型收取服务费用；

③推广模式中的创新型线上领养羊和线下领养地旅游的模式，领养羊按单只收取15%的费用，领养地旅游在三季度末的总利润中收取8.5%的服务费。

4.4 网络营销建设

"一合优品"提供了食品安全追溯系统解决方案，并进行配套设备的销售，采用政策宣导、便捷操作，在协助销售畜牧产品（如羊肉）进行营销的同时来扩大品牌的影响力。

1）大数据分析

牲畜在经过屠宰包装后，每一块肉制品的二维码都会根据其流动走向在各个环节实时输入到数据库中，并且其运输目的地、生产时间等信息都可以在系统中查询到，当数据积累到一定程度时，通过建立的产品供应链信息流模型，利用数据进行大数据分析，分析出不同季节及不同地点肉制品的销售情况，结合我们的推广战略，通过对客户的精准分析来投放广告等方式，增加客户对平台的认可度，提高影响力。同时也形成了我们自己客户群体的社群，对社群反馈的信息数据进行收集、分析，投放相应的内容，进行精准营销。通过这样社群的建立，依托系统平台搜集的信息，形成相关的话题，建立起社群内客户之间的联系，扩散式推广系统，吸引更多消费者加入、使用系统。

2）互联网推广

①在搜索引擎上注册：可以在百度、Google、Yahoo等搜索引擎上注册，用户登录时就能够看见导航条。在知名旅游行业站点申请链接，甚至可以通过影响力上热搜，去吸引各界人士关注。如果资金允许，也可以适当地在搜狐、新浪等门户网站上投放关键词广告。

②网站资源合作：本着资源共享，共同扩大收益的原则与网站进行交换链接，与用户资源合作，与广告资源合作，从而多渠道地宣传网站，达到互利共赢的效果。

③网络广告：可以以关键词广告、分类广告、赞助式广告、BANNER广告、Email广告等形式进行广告宣传。

④无线网络推广：主要是无线广告，尤其是基于短信和SMS的广告，公司与移动、联通等运营商合作，推出我们的彩信报来达到宣传网站的效果。另外，在条件允许的情况下，可以进行更深层次的WAP营销、WPP营销，这是我们以后营销策略的深化。

⑤大平台推广：利用淘宝、京东等平台，推出精准化的广告投放，这样有针对性的广

告投放对于营销的推动作用很大,更加有利于企业的发展。

⑥其他形式:宣传“从源头到餐桌,保证舌尖上的安全”等标语,并以食品安全为主题进行校园社区微电影大赛。与旅行社合作推出食品安全溯源家庭旅游项目如“草原家庭牧场旅游项目”,借此来宣传“一合优品”食品安全追溯平台。

3) 创新型推广策略

“一合优品”平台深知,若要更好地在行业内立足,使自己在同行业内更加具有竞争力,使自己与其他追溯平台区分开来,首先需要强化自身与消费者的关系。要设计出最能吸引消费者的推广策略,积累品牌粉丝,才能更好地为企业的直接客户——畜牧企业和政府提供更好的服务,为公司的进一步发展积蓄力量。

(1)线上领养羊战略

我们采取领养羊的方式,帮助相关企业和牧场主提高羊肉的销量,增加企业的收入,借此来增加企业与平台的黏性,消费者与平台的黏性,逐渐扩大平台数据库。通过平台,消费者可以通过手机在线领养苏尼特羔羊,并且可以通过平台实时监控自己所领养的羊只。领养者可以在羊的生长过程中,根据平台定期发布的信息,参与平台组织的蒙元文化游,体验到少数民族的独特文化风貌、欣赏草原秀美风光,领略到蒙古人家的豪爽好客风情、边陲生活风俗等。等到羊只出栏之后,领养者又可以享受到羊肉冷链送到家、委托代销、亲友送礼等贴心服务。

(2)线下领养地旅游战略

线下领养地旅游与线上羊只领养相互补充。平台定期组织领养地实地旅游项目,吸引领养者及潜在领养者实地体验蒙元文化。领养者可以从旅途中体验到草原风光和少数民族原生文化,潜在领养者基于草原实地考察体验选择通过“一合优品”平台线上领养羊只,从而大大增强客户黏性。

(3)传播蒙元文化战略

蒙元文化,是中华文化的一个重要阶段和组成部分。元代的蒙古族主政者从草原来到中原,接受了中原文化,也带来了游牧文明,形成了特有的蒙元文化。蒙元文化对异域人们有很大的吸引力,“一合优品”充分利用这点,积极开展相关营销活动,如蒙元文化游、蒙元文化衍生品线上销售活动等,借此来增加消费者与平台的黏性。

5 项目运行与维护

5.1 运行与维护过程

对平台的数据实时监测与收集,存入数据库后同步进行筛选分析,建立数据模型,形成数据报告。

5.2 运行与维护效果

1)市场影响

达茂旗40家草原牧场的50万只养殖羊已加入系统,B端企业贝芙餐饮公司通过使用数据报告第一季度营业额提升37%,吸纳了更多企业的加入。更多的企业表示有意向合作。

2)运营业绩

表7 利润表 单位:元

项目		2016年	2017年	2018年
一、营业收入	主营业务收入	499 164.90	1 391 130.00	2 266 980.00
	其他业务收入	322 068.00	1 246 810.00	1 853 220.00
减:营业成本		60 421.50	197 540.00	259 420.00
税金及附加		2 463.70	7 913.82	12 360.60
销售费用		118 148.00	650 000.00	982 000.00
管理费用	场地租金	2 000.00	6 000.00	6 000.00
	员工薪酬	864 000.00	1 594 800.00	2 133 600.00
	办公用品及耗材	11 457.00	14 000.00	17 000.00
	水、电、交通、差旅费	31 632.00	35 000.00	42 900.00
	固定资产折旧	7 500.00	12 750.00	16 500.00
	其他费用	57 842.00	61 000.00	84 000.00
财务费用				
资产减值损失				
加:公允价值变动收益(损失以"-"填列)				
投资收益(损失以"-"填列)				
其他收益				
二、营业利润(亏损以"-"号填列)		-334 231.30	58 936.18	566 419.40
加:营业外收入				
减:营业外支出				

续表

项　目	2016 年	2017 年	2018 年
三、利润总额(亏损总额以"-"号填列)	-334 231.30	58 936.18	566 419.40
减:所得税费用	31 923.03	14 734.05	141 604.85
四、净利润(净亏损以"-"号填列)	-366 154.33	44 202.14	424 814.55

备注:

①主营业务包括:耳标、扫码枪的销售;数据分析服务;追溯业务服务。

②其他业务包括:领养羊、领养地旅游。

③本企业主营业务是为客户提供信息等业务,属于增值税征税范围中的现代服务业中的信息技术服务;其他业务(如旅游)属于生活服务中的旅游娱乐服务,总体应税服务额低于 500 万元,按小规模纳税人的税率(3%)计算增值税。

④员工薪酬包括企业主薪酬和职工薪酬,本计划书所提到的员工薪酬都符合该条件。

3)社会和经济效益

达茂旗畜牧局已对本系统进行检测与验收,并给予全力支持。

6　分析与评价

6.1　指导老师点评

首先对同学们虽身为大学生,仍心系民生发展的精神以及敢于创业的勇气提出表扬!项目从近几年备受关注的食品安全问题出发,创新性地将食品安全与大数据结合起来,在既保障了其民生价值的同时也为企业创造了营收,为社会提供了更多的就业岗位,更是响应脱贫的号召,帮助更多的牧民在当地就业,为当地留住了人才,更吸纳了人才,可谓一举多得。望同学们不忘初心,能够将这个项目做大做好!

6.2　专家评析

该项目可以解决畜牧业食品安全的追溯问题,对于我国食品行业的发展有很大的价值,也体现出同学们希望通过所学解决我国社会问题的热情,这些实践活动都非常值得肯定。项目对技术方案进行了较充分的描述,实现了与大数据的结合,体现出技术方案的前沿性。项目有助于完善我国的畜牧业食品安全体系,未来会具有较为广阔的应用前景。

评析专家:西安交通大学　乔志林　副教授

新桃换旧符工作室

参赛团队：DIY 小组
参赛组长：孙艺瑞
参赛队员：余婷婷　孙思维　谭文娅　田　涓
指导教师：王　琥　杨晓莲
关 键 词：经济仿真　管理仿真　技术交流平台　软件交易平台　云员工

摘要：“新桃换旧符”工作室是一个针对旧衣服被搁置所造成的浪费现象，由大学生倾心打造的旧衣 DIY 改造项目，工作室目前主要包含旧衣改造和爱心传递项目。经过一年多时间的沉淀，工作室由初步创立到现在即将进入正式运营，目前工作室已与川外中文系创新创业孵化基地、重庆中以基金等建立合作关系，获得在政策、经费、场地等方面的大力扶持。

1　项目简介

1.1　项目主要意义

1）环保意义

手工 DIY 可以将闲置衣物变废为宝，融合新的时代潮流，其私人定制的模式与 3D 试衣新技术的结合也能使客户享有掌控衣物的最大权益，将不喜欢的闲置衣物改造为新颖的时尚款式，节约了顾客购买衣物的钱财，减少了闲置衣物的随意丢弃垃圾处理，这都是响应国家号召，倡导环保理念的有力体现，环保的意义得到了凸显。

2）公益意义

“新桃换旧符”工作室一方面开展手工 DIY 创意店的运营，另一方面投入公益项目，我们自己筹备捐赠衣物，也鼓励顾客将自己不用的衣物捐赠，我们会派遣专人去往贫困地区，进行一对一实体捐赠，保证捐赠有实用，捐赠不浪费。公益是我们身为大学生和社会人的心之所向，工作室积极承担社会责任，渴望通过自己的一言一行真正帮助到贫困人民。捐赠衣物，让他们在寒冷的冬天不用受寒受冻，让他们不用长年如一日地穿着同样的破旧衣物,让这个社会充满爱与温暖。

1.2 项目目标与近期效果

“新桃换旧符”工作室包括旧衣改造和爱心传递两个项目。

旧衣改造项目采用实体工作室和网上工作室两者同时进行的模式。实体工作室是将买家的旧衣再利用,即买家将不合身或过时的衣物送到实体店,工作人员需要放入紫外线衣物杀菌机进行消毒。客户通过登录工作室提供的3D试衣软件,输入身体的各个参数,如身高、体重、发型、肤色等,随意选择创建好的3D模型中的衣服款式,进行试穿。试穿过程中,客户可以随意变换角度来感受试穿效果,根据效果最终提出改造要求。在交流员与绘图师根据要求分析设计之后,以改良的工程量大小进行收费。在此想法下,工作室将购买服装面辅料、缝纫机等材料和设备,下载专业软件,自己动手设计裁剪将旧衣缝制成适合买家并且符合现当代潮流的新衣,最后等待买家取货。网络渠道则是由客户将所需要改造的衣物或鞋等物品邮寄(邮费是在每一单的成交量上与客户进行具体协商)给我们,客户在此之前可以通过我们网上淘宝店提供的3D试衣软件,进行衣物试穿,随意变换选择自己的风格,以节省在实体店购物带来的不必要麻烦。我们根据客户的需求进行后续修改、制作,完成后发货送至客户。

爱心传递项目采用买家和社会公益宣传模式,鼓励大家为山区居民捐赠二手衣物。通过顾客和社会爱心人士“双途径”收集旧衣,放入紫外线衣物消毒器进行消毒后,分类存放。工作室专员前去各贫困地区实地考察和确认所需衣物数量、尺寸,团队成员或者爱心人士自己进行简单的修改尺寸和DIY,将旧衣变成一定意义上的“新衣”后,与爱心快递、慈善机构等合作,寄往前期由专员考察认证后的贫困地区,由专员和村主任引导发放衣物。爱心传递服务不仅帮助社会人士更有意义地处理他们的闲置衣物,也使衣不蔽体的贫苦人民感受到来自爱心人士的温暖。

1.3 项目主要内容

本团队利用已有经验和创新理念创建国内首个经济与管理仿真技术平台,在已成功运行1年的公益经管仿真BBS基础上,开发增值服务,并采用“云员工”模式,构建一个全新的,国内唯一的经管类仿真软件交流与交易平台——Simulway(Simulation way,用仿真技术解决经济管理问题)。

1.4 项目技术路线

为了在实现环保的同时满足女性对潮流的追求,工作室推出了旧衣改造服务,拟将买家的旧衣再利用,即买家将过大、过小、过时的服装通过邮递或直接送到实体店的方式,根据顾客提出的要求,设计师绘图设计,传入3D试衣软件,通过虚拟人物模型模拟真人穿衣的样子。顾客可根据模拟图提出自己的想法与设计师一对一交流,敲定最终方案,再依据改良的工程量进行收费,将改良好的衣物分类放入紫外线消毒机集中消毒处理，最后寄回衣物。在此想法下，工作室将购买服装面辅料、缝纫机等材料和设备，下载PS等专业软件，自己设计、开展3D试衣服务，购买该技术的使用权，动手裁剪将旧衣缝制成适合买家并且符合现当代潮流的新衣。改造好衣物后，工作室将根据衣物的类别分类处理，采用时下流行且安全的技术，购买紫外线消毒机，进行消毒处理。旧衣改造服务不仅实现了将旧衣变得时尚化，而且有效地利用了社会上有限的资源，实现了资源再利用。“新桃换旧符”工作室提供的这种服务不仅满足了买家需求，也实现了社会的资源循环。

1.5　项目特色

本平台采用仿真软件交流与交易一站式服务的方式，打破了仿真领域成为外行禁区的现状，增加了行业透明度，提高了大众对仿真技术的认识。同时，云员工参与营销，借助网络平台强大的传播能力迅速推广普及仿真软件。我们没有一般网站的诸多限制和线下交易的不透明，本平台上所有信息公开，用户可以方便地了解仿真软件、共享技术、交流心得、下载资料等，公平的竞争环境也有利于软件价格的公开化。

2　项目分析

2.1　市场需求分析

1）模式创新

图1　本项目模式创新图

①针对宣传模式，本工作室拟定了适合自身发展的宣传策略，一是人力宣传，二是网络宣传，三是电台宣传。

②针对回收模式，项目采取的是O2O的回收模式，用户免费捐赠旧衣物，由工作室的回收人员上门进行回收，并采集用户信息，以便日后联系捐赠者参与后续活动，留住用户。

③针对营销模式，工作室采取的是“一对一”个性化营销模式。工作室的专业技术人员根据消费者的想法和创意，一对一地制作出适合消费者的新衣，既不会出现撞衫的尴尬现象，又可以适当地体现顾客的个性。它所具有的优势还体现在，由于改造衣物所用的素材、面料不同，设计也趋于多元化，从根本上可以满足当代年轻人张扬个性的需求，解决了衣物频繁撞衫的问题，更具有市场发展潜力。同时，我们也建立起工作室网站与客户资源管理库，积极推动公司网络营销的开展，适时进行电子商务，及时收集客户试用后的反馈信息，并根据回复情况一对一地采取相应的措施，保证产品能够顺利进入市场。

④针对捐赠模式,本工作室拟定了新颖的 DIY 捐赠模式。在工作室捐赠衣物的爱心人士可进入我们的手工坊帮助加工捐献类衣物。我们在手工坊为顾客提供温馨舒适的想象空间以及新型衣物的图例,在能力范围内,顾客根据所捐赠对象的年龄、性别等,裁制出适当的图案,不仅可以享受捐献爱心中真实 DIY 的过程,还能让被捐赠的旧衣变成真正属于捐赠者的新衣。同时,工作室也将为捐献者制作手工小礼物。

2)技术创新

"新桃换旧符"工作室在技术上的创新,主要是下设了几个实体部门。一是定制屋,二是手工坊,三是虚拟 R&D 部门。

"新桃换旧符"工作室旧衣改造项目的重要环节之一是 DIY,即"Do It Yourself"(我自己动手做),这也是我们最重要的一点——观念上的创新。人们看腻了市场上各类产品的千篇一律,或千篇一律的市场上的产品无法满足自己的特殊需求,"Do It Yourself"的念头就可能油然而生。做你需要的,做你想要的,做市场上绝无仅有、独一无二的你自己的作品,成为 DIY 更高层次的追求。工作室还树立了整合营销的创新观念,形成"产、销、研"一体化,搞好工作室内部、外部、代理商与经销商和各层客户之间的合作关系,才能更好地实现工作室稳步运营下去。

3)文化创新

"新桃换旧符"工作室体现在文化上的创新,实现了环保、公益、价值文化三者的完美结合。

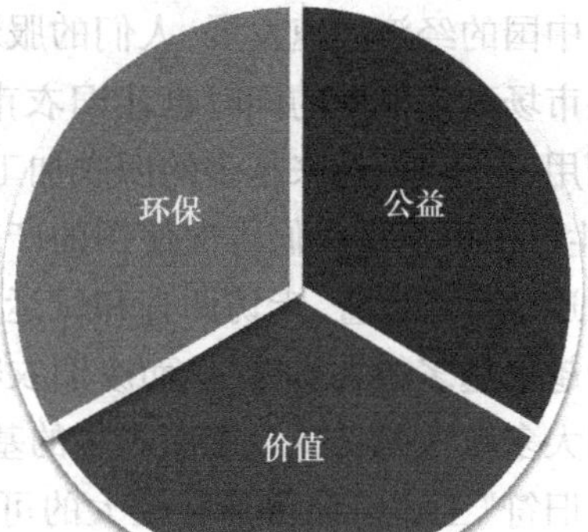

图 2 "新桃换旧符"工作室的文化理念

项目成员根据自身情况出发,开办"新桃换旧符"工作室,满足社会大众的消费需求,倡导节俭环保的理念,能够提供给大学生更多的就业实践机会。创业是就业的另一种方式,与普通公司企业相区别的是参与我们工作室的大学生不仅是服从者,也是参与者。我们工作室员工都是大学生,我们深知大学生具有良好的创新创业意识,头脑灵活多变,知识水平较高,我们给予大学生就业机会的同时保留他们足够的参与机会,也提供给他们实际的参与公益的机会。从出发点来说,我们的旧衣 DIY 改造,为消费者自身减免不必要的消费、浪费,是环保理念的体现。更重要的是我们工作室开展的爱心捐赠项目,我们既自己筹备捐赠衣物,也鼓励顾客将自己不用的衣物捐赠,我们会派遣专人去往贫困地区,进行"一对一"的实体捐赠。大学生参与到我们的工作室,可以去往贫困地区,参与贫困捐赠项目,回报社会,承担社会责任,是一种社会爱心和人道主义的体现,同时也是一种自身价值提升的体现,为社会、为他人创造出更多的财富。

2.2 产品市场定位

本工作室主要针对在校的学生群体,特别是在校大学生,以学生为中心向社会辐射。重点发展在校女大学生的DIY改造意象,大力发展重点目标和重点产品,迅速促进产品的推广和知名度成交量的提升。为了与其他竞争区分开来,本工作室除了对款式和舒适度进行了合理的市场定位,同时将公益视为一大要务。在竞争激烈的服装消费市场,服装都趋于休闲化、多样化、时尚化、品牌化。商家通过用服装的各种特色风格来吸引消费者。通过对消费者的调研和分析,我们发现消费者在购买服装的同时都很注重服装的款式和服装的舒适度。结合Do It Yourself的理念,消费者提供想法,并结合时代潮流进行便利的旧衣回收和一对一衣物改造。此外,随着生活水平的日趋提升,大部分人的生活越来越好,但还是有不少需要帮助的贫困地区。我们不仅要使自己生活幸福,也要尽可能帮助需要帮助的人,通过工作室的爱心捐助,弘扬中华民族的传统美德,激发当代大学生的爱心,提升人们的社会责任感,营造一个有爱的氛围。

2.3 可行性分析

中国的经济快速发展,人们的服装消费观念也与时俱进,对于衣着更加地注重时尚。服装市场高速发展的同时也让旧衣市场快速发展起来。为促进可持续发展与资源的再生利用,近年来,越来越多的旧衣加工处理企业成立,这些企业将回收的旧衣进行加工处理,生产出可以供人们再次使用的产品,也为我们的旧衣回收提供了多种渠道。

通过市场调查、走访调查和试运营,我们发现低碳生活作为一种全新的生活理念正在为越来越多的人所接受,而废旧衣物的回收利用恰恰顺应了此项潮流,因此,在观念上得到大多数人的支持。废旧衣物的基数较大,旧衣服回收市场具有极大的潜力,因此"新桃换旧符"工作室项目具有较大的可行性。从市场调查所得数据来看,有90%的大学生对旧衣回收有所了解;有80%的大学生非常愿意捐出自己的旧衣,尤其是在校女大学生确实有很多闲置的旧衣却又不知道该如何处理;有56%的学生非常乐意接受旧衣改造课程。总的来说,大部分人都对旧衣回收这个公益项目表现出浓厚的热情,并且愿意捐出衣物或加入我们的行列中来。因此,"新桃换旧符"工作室项目具有充分的群众基础和较大的发展空间。

总的来说,"新桃换旧符"工作室项目不但具有可行性,还有深远的社会意义。废旧衣物的回收再利用,响应了绿色环保的理念,填补了有机产品的市场空白,符合当代社会发展的要求。

2.4 云计算与物联网的应用

"新桃换旧符"工作室在淘宝上已经申请了门店,并在微信上已经注册公众号,全力打造线上权威工作室。除此之外,工作室还开办了自己的官网,以便用户能第一时间知悉我们工作室的相关信息、项目内容及提供的服务。公众号、淘宝工作室与官网图如图3

至图 6 所示。

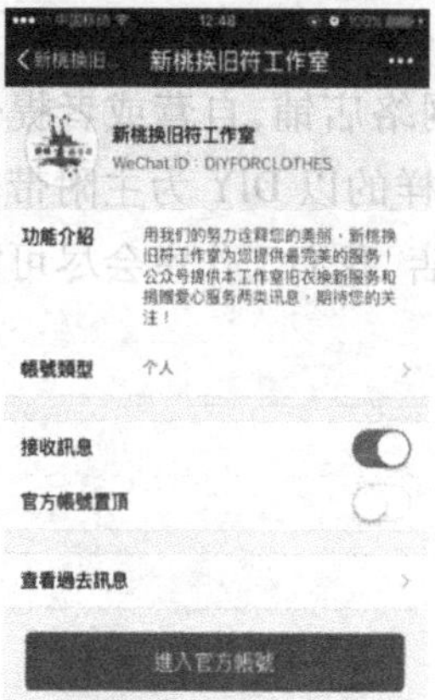

图 3 “新桃换旧符”工作室的微信公众号

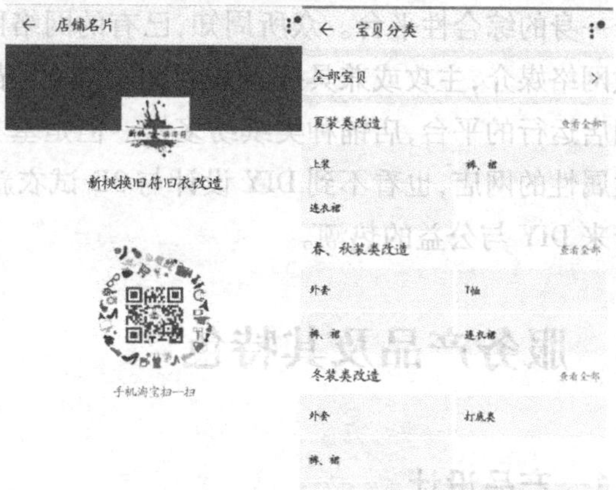

图 4 “新桃换旧符”工作室的手机淘宝页

图 5 “新桃换旧符”工作室的淘宝网页版

图 6 “新桃换旧符”工作室官网

“新桃换旧符”工作室不是一家普普通通的线上平台，它是集广告平台、店铺和公益于一身的综合性平台。众所周知，已有的网络巨头中，百度、谷歌、搜狐、新浪及凤凰都是做网络媒介，主攻或兼具搜索和新闻功能；天猫、淘宝等都是做网络店铺，自营或者提供网店运行的平台，店铺种类缤纷多样。但是基本上看不到我们这样的以 DIY 为主附带公益属性的网店，也看不到 DIY 设计与 3D 试衣新技术相结合的网店，我们工作室会尽可能带来 DIY 与公益的热潮。

3　服务产品及其特色

3.1　产品设计

本团队服务产品以“新桃换旧符”工作室为核心，多位主创人员共同经营，在旧衣服的基础上加以设计和修改，以此作为工作室的产品，进行一对一或多对多的销售。与此同时，我们团队还与爱心公益活动相联系，在销售自身产品的同时参与爱心捐赠。

3.2　经营设计

本平台技术上使用 Discuz! X 的社区模板（PHP+MySQL）并应用“云员工”模式。我们以平台为载体，挑选最有发展前途的经管仿真软件作为商品。此外，我们还与国外该领域的先进公司或社区建立合作关系，扩大贸易范围和平台影响力。我们的目标是成为国内第一的专业仿真平台，培养并拥有一批忠实用户，推动整个仿真行业的发展。

3.3　技术设计

为方便设计和用户体验，工作室决定采用最新科学技术——3D 试衣技术。一方面，可以使用户更直观地感受到服饰的时尚感、设计感；另一方面，可以为设计师设计衣服提供更大的灵感和帮助，有助于效率的提升。

3.4　组织管理设计

工作室在创业初期采取类似矩阵型的组织结构。人员分为管理层、平台运作、技术骨干、云员工、普通会员五大类。企业采用董事会下 CEO 负责制，下设人事部、技术部、市场部、信息部、财务部五大部门。市场营销采用临时项目组的形式，每名业务人员具体负责 3~4 款软件。营销总监在征得 CEO 同意后可临时征调其他部门员工参与到软件销售之中。

3.5 财务设计

1)投资计划

我们主要将所取得的短期贷款、风险投资和自主出资投资于固定资产的购置方面,另外,还需要把一部分投资于宣传,其余部分用于维护工作室日常经营活动。在后期的发展中,我们将把其中一部分资金放在爱心捐赠的项目上。

2)成本来源

初期,本工作室的运营成本主要来源于银行贷款,其余一部分是工作室成员自主出资。随后发展到一定的阶段,我们将引进风险投资,进一步扩大工作室的规模,增加固定资产投入及其维护等部分。此外,随着网站的发展,主要的成本包括技术人员的引进和薪酬、合作商的公关费用和网站的宣传费用。

3)项目收入概述

工作室有短期目标和长期目标,短期是为了扩大知名度,尽量做到收支平衡,减小亏损,长期是为了扩大规模,提升竞争力并占领市场,最终提升利润收入。

表1 短期的获利能力分析表

项目	第一年	第二年	第三年	第四年	第五年
总资产报酬率	−0.038	−0.026	0.036	0.041	0.052
净资产收益率	−0.015	−0.043	0.054	0.062	0.064
销售净利率	0.20	0.15	0.16	0.23	0.19
资产利润率	0.039	0.030	0.035	0.042	0.049

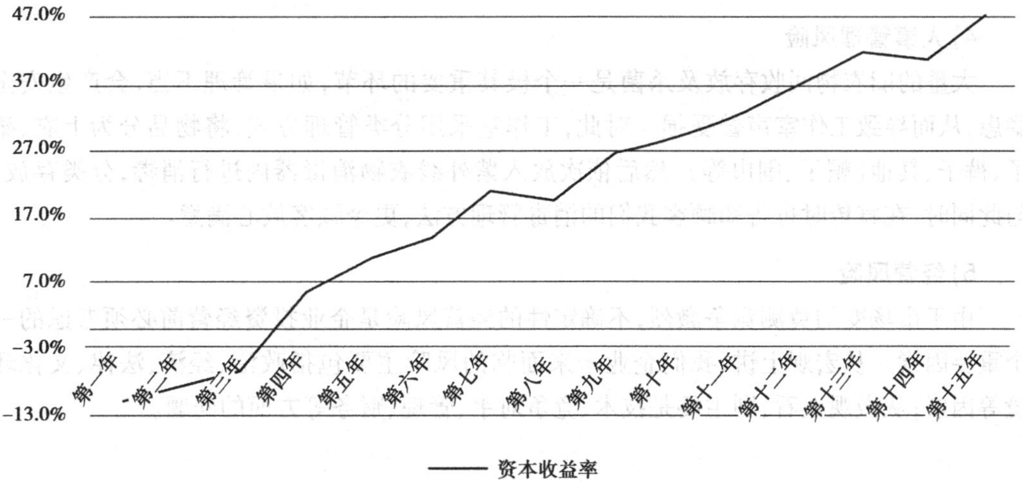

图7 长期资本收益率图

3.6　风险控制设计

1) 技术风险

由于“新桃换旧符”工作室现成员中技术水平不够高,3D 换衣技术不成熟,服装 DIY 过程中的技术效果具有不确定性。对此,我们也有相应的对策,首先是加强对服装设计、裁剪制作等专业知识的学习;其次,聘请 3D 换衣技术专业人才进行指导;最后,在工作室发展后期重点聘请技术人才。

2) 市场风险

“新桃换旧符”的盈利模式虽符合现在政府所提倡的绿色低碳环保,但面对市场,面对消费者,却不容易站稳脚。因此,我们站在消费者的角度,为其量身打造具有个人特色的服饰。所谓“赠人玫瑰,手留余香”,相信社会爱心人士会因为本工作室的爱心捐助项目所吸引,积极参与捐赠,最后为我们的独特设计改造着迷。同时,我们在营业改造的同时,加入了免费改造小饰品的活动,以此来吸引消费者。

3) 财务风险

本工作室的资金来源由三个部分组成,除了创业小组出资,还有风险投资和三年短期银行贷款。而创业初期由于知名度不够,不能够吸引足够多的顾客,因此初期利润少于成本,处于亏损状态。与此同时,工作室需要偿还贷款本金和利息,资金压力比较大。如果工作室经营不善,没能达到预期阶段性业绩目标,风投公司就不会打入下一阶段的资金,那此时工作室的资金压力会更加巨大。面对这个问题,工作室的应对决策是,创业小组成员的初期薪酬相对压低,正常营业后再逐渐调高,除本工作室的成员外,考虑到初期业务量相对偏小,只雇用一名打包寄送快递师傅,后期再扩大规模。同时,抓住政府给予大学生前两年税收减免的政策,积极盈利。

4) 人事管理风险

大量的旧衣物回收存放及杀菌是一个极其重要的环节,如果管理不当,会产生安全隐患,从而导致工作室声誉受损。对此,工作室采用分类管理方式,将物品分为上衣、裙子、裤子、其他(帽子、围巾等),然后依次放入紫外线衣物消毒器内进行消毒,分类存放。与此同时,在宣传时也告知顾客我们的消毒管理方法,更令顾客放心满意。

5) 经营风险

由于市场变幻莫测竞争激烈,不确定性的经营风险是企业投资经营前必须考虑的一个重要因素。从宏观上讲,我们企业未来面临的风险主要包括政治、经济、法律、文化环境等因素;从微观上看,则主要是技术、竞争对手、管理、财务等方面的问题。

4 项目建设

4.1 组织建设

“新桃换旧符”工作室提出旧衣改造和爱心捐赠相结合的这一创造性运营与管理模式,直接将旧衣物作为商品,以一对一定制的款式作为卖点,通过赚取加工费的方式进行盈利,并通过新兴的3D试衣技术贴近顾客需要,满足群众需求。我们在前期主要是常规的旧衣物改造,工作室利用校内人脉资源广泛招募具有设计才能和手工技艺的人才,让相关的专业人士对其进行指导。随着工作室盈利富余,我们会选择专门人员负责进行爱心捐赠项目,为贫困地区送上温暖。之后,我们会将业务从常规的旧衣改造扩展到手工艺品、纪念品等的改造,派遣专业人士对工作室成员加以文化熏陶培养,从情怀出发进行改造,使旧东西焕发出新的生命力,重获价值。总之,工作室由校内人员初创,逐步招揽培训人才,扩大经营范围,之后计划融合新的投资势力,完善组织制度,加强员工素质培养,扩展经营范围,将业务由单一扩展成一个商业链,形成独特竞争力。

4.2 技术建设

相较于其他普通的衣物改造店里面的缝缝补补,我们工作室提供的是更高层次的服务。在原有的衣物基础上,我们会进行深加工,将顾客的想法意愿和最新的潮流时尚相结合,然后变成一件全新的衣物,使衣物焕然一新。对于选择我工作室的顾客,线上线下我们都会提供3D换衣技术,使顾客在衣物改造前就能将自己对衣物的要求、想法和不足之处同设计师商量沟通好,避免改造后顾客不满意的情况,提高顾客对工作室的认同感和信任感。

4.3 经营系统建设

我们的经营系统建设在于以下三点:

①高绩效的工作团队。依靠校内人脉吸纳人才,通过专业人士的指导对人才进行培训,做到技术和情怀的双重加强。

②高度专业的服务产品。通过一对一的定制服务和3D网上在线试衣技术,真正贴近消费者需求,想消费者所想。

③高度的顾客信誉度。我们从废旧衣物出发,从情怀出发,通过一对一的定制服务,使旧物变新物,真正满足了消费者的消费愿望。

4.4 营销推广

“新桃换旧符”工作室在发展初期,知名度不足,创业团队拟打算通过线上线下两方面进行推广,推广目标如图8所示。

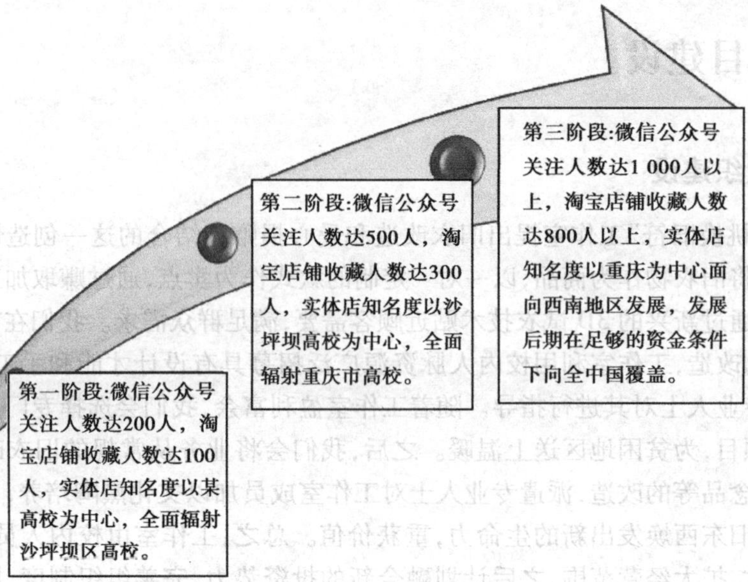
第一阶段:微信公众号关注人数达200人，淘宝店铺收藏人数达100人，实体店知名度以某高校为中心，全面辐射沙坪坝区高校。
第二阶段:微信公众号关注人数达500人，淘宝店铺收藏人数达300人，实体店知名度以沙坪坝高校为中心，全面辐射重庆市高校。
第三阶段:微信公众号关注人数达1 000人以上，淘宝店铺收藏人数达800人以上，实体店知名度以重庆为中心面向西南地区发展，发展后期在足够的资金条件下向全中国覆盖。

图 8 “新桃换旧符”工作室推广目标

我们计划以重庆市为中心覆盖西南地区服装类 DIY,在资金允许情况下辐射全国服装 DIY 行业,力争在全国服装类 DIY 覆盖率达到 10%,加大捐赠类公益活动影响范围。

5 项目运行与维护

5.1 运行与维护过程

1) 宣传模式

工作室拟定了适合自身发展的宣传策略。一是人力宣传。我们将在选定的目标消费群体内发放“新桃换旧符”工作室的宣传单页,并对外招聘代理,发展同重庆各类高校合作关系,建立起校企合作实践团队,让消费者能够进一步了解工作室相关信息,提高工作室的知名度。二是网络宣传。我们的目标客户中大多都是追求个性、时尚和潮流的、有购买能力的年轻一族,他们的购物习惯大多是先在网上搜集信息,通过网络对欲购买的商品的价格、质量进行了解。因此,针对这类型客户,“新桃换旧符”工作室在重庆的几个主要论坛中发帖,介绍工作室,并且提供网上订货等相关优惠来吸引客户。三是电台宣传。如今收听电台广播的人群也越来越多,其中不乏许多年轻朋友,因此我们选择电台广播来进行宣传,以达到较好的宣传效果。

2) 回收模式

工作室采取的是 O2O 的回收模式,摒弃了目前市场上以废品回收站回收为主的层级过多的弊病,而且最近兴起的回收箱模式由于无法采集用户信息,不能做好后期的服务工作,因此不具有用户黏性。而我们的O2O的回收模式是用户免费捐赠旧衣物,由工作室的回收人员上门进行回收,并采集用户信息,以便日后联系捐赠者参与后续活动,留住用户。直接上门回收的成本不是太高,还便于和用户点对点提供服务,在满足用户参与感的同时又提升了他们的公益意识,也有利于日后工作室的战略布局,可较好地赢得用户的认可与支持,能够回收到更多品类的废旧衣物。

3)营销模式

工作室采取的是"一对一"个性化营销模式。由工作室的专业技术人员根据消费者的想法和创意,一对一地制作出适合消费者的新衣,既不会出现撞衫的尴尬现象,又可以适当地体现出顾客的个性。它所具有的优势还体现在,由于改造衣物所用的素材、面料不同,设计也趋于多元化,可以从根本上满足当代年轻人张扬个性的需求,解决了衣物频繁撞衫的问题,更具有市场发展潜力。同时,我们也建立起工作室网站与客户资源管理库,积极推动公司网络营销的开展,适时进行电子商务,及时收集客户试用后的反馈信息,并根据回复情况一对一地采取相应的措施,保证产品能够顺利进入市场。

4)捐赠模式

工作室拟定了新颖的DIY捐赠模式。在我们工作室捐赠衣物的爱心人士可进入我们的手工坊帮助我们加工捐献类衣物,我们在手工坊为顾客提供温馨舒适的想象空间以及新型衣物的图例。在能力范围内,顾客根据所捐赠对象的年龄、性别等,裁制出适当的图案,不仅可以享受捐献爱心中真实DIY的过程,还能让被捐赠的旧衣变成真正属于捐赠者的新衣。同时工作室也将为捐献者制作手工小礼物,提供小范围捐献衣物的服务。

5.2 运行与维护效果

1)市场影响

目前人们的生活水平不断提高,更加注重生活品位。随着潮流的变化,衣物的淘汰与更新已经是非常常见的现象。人们对于新事物的接受能力增强,追求个性化、趣味化、多元化已经是年轻一辈的心之所向。DIY作为一种新兴的创作模式,具有高度自主性和可行性,其独具的个性化使DIY已经成为现代人的新宠,但DIY大多局限于个人的独立自作,耗时多,成果小,是目前DIY发展的阻力。我们观测到DIY潜在的市场,并竭力挖掘和创新DIY模式,将DIY与工业化相结合,将单个独立的DIY创作变为批量化生产,将自己动手做变为由专业设计剪裁师帮着做,使工业化与创新性结合。前期目标定位于校园时尚生活的潮流站,作为首要目标群体的女性大多数有很强的购买欲望,时尚、追求流行、个性、敢于尝试新事物,容易接受各种新品,是非常具有潜力的消费群体。大学生属于高消费群体,在如今追赶潮流的社会背景下,大学生衣服更新换代时间快,衣服的平均寿命短,很多有利用和回收价值的衣服直接被淘汰,长时间堆积在衣柜里。对于经济力足够甚至富裕的大学生、社会人士来说,有些衣物他们不愿意接受旧衣改造,而选择直接淘汰衣服,中国这部分群体非常庞大,且随着长年累月的积累,衣物的浪费现象已经是一个不可忽视的问题。我们查阅相关资料和社会调查试图解决这个问题,最终我们了解到关于社会上贫富差距的问题,有关图表表明,虽然我国的经济卓越发展,但贫困县、贫困人民依然占有一定比例。若能将这些保暖性强的冬衣、靓丽时尚的春夏装合理地捐给需要这些衣物的贫困地区。把我们的不需要,变成别人的需要,将衣物的浪费转化为合理而又环保的爱心之举。既解决了浪费的问题,又达到了绿色环保、合理利用资源的目的,还发扬了中国勤俭节约的传统美德,并且践行了文明和谐友善的社会主义核心价值观。不仅利己,也有利于他人。

2)运营业绩

工作室于2016年12月25日展开了线下实体店和线上网店两者结合的试运营,整个试运营阶段的效果远超预期。在项目试运营中,我们通过公益获奖、自筹资金等方式,获得13万元的起始资金,这些资金的80%用于支持初创期线下实体店和线上网店开展的各种实践活动;20%用于工作室日常运作支出。线下实体店位于四川外国语大学,着重发展高校业务。校内开设多个宣传点,通过分发传单和张贴海报的方式吸引大学生,提高工作室曝光度。线上网店位于淘宝网,通过在宣传点赠送小礼品,邀请大学生关注“新桃换旧符”工作室的微信公众号、微博账号和淘宝店铺等,提高线上工作室关注度。一方面充分利用人力资源,结合各人员的专业知识、辅修知识以及工作经验分配合适工作;另一方面产品优质低价,低碳环保,迎合大众需求,使得工作室在试运营期间销售利润率较高,而且市场增长性很好。线下实体店知名度于四川外国语大学有很大提升,线上微信公众号关注人数达156人,淘宝店铺收藏人数达200多人,收获的业绩颇佳。

3)社会和经济效益

生活在这个不断发展、不断进步的社会,每个人都想成就一番事业,实现自己的人生价值。大学生往往对未来充满希望,他们有着年轻的血液、蓬勃的朝气,以及“初生牛犊不怕虎”的精神。他们通过自主创业,将自己的兴趣和梦想结合在一起,做适合自己性格、兴趣的事情,通过自身的努力拼搏,寻找出一条成功的道路,实现自己的价值。

项目成员根据自身出发,开办“新桃换旧符”工作室,满足社会大众的消费需求,倡导节俭环保的理念,我们能够提供给大学生更多的就业实践的机会。创业是就业的另一种方式,与普遍公司企业相区别的是参与我们工作室的大学生不仅是作为服从者,也是参与者。工作室成员都是大学生,我们深知大学生具有良好的创新创业意识,头脑灵活多变,知识水平较高的优势,我们给予大学生就业机会的同时保留他们足够的参与机会,也提供给他们实际的参与公益的机会。从出发点来说,我们的旧衣DIY改造,为消费者自身减免不必要的消费、浪费,是环保理念的体现。更重要的是本工作室开展的爱心捐赠项目,我们自己筹备捐赠衣物,也鼓励顾客将自己不用的衣物捐赠,我们会派遣专人去往贫困地区，进行“一对一”的实体捐赠。大学生参与本工作室，可以去往贫困地区，参与贫困捐赠项目，回报社会，承担社会责任，是一种社会爱心和人道主义的体现，同时也是一种自身价值提升的体现，为社会、为他人创造出更多的财富，使价值文化在社会更好地发扬下去。

6 分析与评价

6.1 指导老师点评

该项目在专业性、应用性、创新性方面均有涉及，并能结合当代热点，贯彻可持续发展战略。该团队成员积极、热情，态度认真，准备得当，团队组成结构合理。通过这次比赛，学生们不仅学习到了怎样写好一份创业计划书，也对创业有了一个更加清醒的认识。

6.2 专家评析

通过对该项目的相关材料进行研读，从创新、创意、创业三个方面作如下分析。

从创新角度看，目前，随着国家和社会组织的宣传逐渐深入人心，“环保”和“公益”已经成为社会经济发展过程中不可或缺的音符，不同于单纯炒作“环保”概念或“公益”概念的项目，该项目团队更强调通过对闲置衣物的改造而获得脱胎换骨的效果，在公益和环保的前提下通过变废为宝，彰显了经济价值，对市场的良好反应带来了足够的想象空间。

从创意角度看，项目团队通过旧衣改造和爱心传递两种模式，通过专业服务分别创造了经济价值和社会价值，结合手机软件，用户能够对自身的体貌特征和个性喜好提出改造需求，交由项目团队加工成衣，相对传统的衣物定制模式彰显了创意。

从创业角度看，项目团队自 2016 年 12 月即通过自筹资金的方式建设的线下实体店铺和线上网店，并通过校园周边的宣传和微信公众号等形式获得了一部分潜在客户和关注者，实现了项目方案中提出的部分商业模式，展现了一定的创业能力。

总体来说，该项目在创新创意上具备一定的新颖性和可操作性，由于学生创业团队的条件限制未能够完全对设计的商业模式进行实现，在未来的发展中，除了对项目计划的进一步落实外，还应该充分考虑项目的技术实现和产品实现，特别是基于 App 的业务管理系统的开发和对旧衣改造的设计、缝纫团队的组建等。建议在目前的商业模式中引入成熟的专业企业对接合作，合理分工，彼此获得最高的效率和效益。

评析专家：中电协创新融合(北京)信息科技研究院 任昱衡 执行院长

易小儿母婴健康生活馆

参赛团队: 西南交通大学　易小儿

参赛组长: 张晨洋

参赛队员: 宋俊伟　李鹏园　戴开来　王耀卫

指导教师: 苗　苗　蒋玉石　刘永武(企业)　文燕(企业)

关 键 词: 治未病　母婴健康　电商平台　个性化定制　养疗专家

摘要: 易小儿是以0~12岁小孩和新一代宝妈为目标客户,以健康食疗、推拿、药浴为特色,通过传统中医养疗的方法调理母婴身体的养疗专家,采用线上线下相结合的经营模式,为用户提供专业化、标准化、个性化服务。易小儿传承中医“治未病”理念,汇聚了多位儿科、妇科专家,对传统配方产品进行多次改良,形成标准化产品,由专业的推拿、药浴技师为到店顾客提供专业优质服务。

1　项目简介

1.1　项目主要意义

易小儿是一家立足于中医古法养疗,并借助现代科技交互手段服务消费者的母婴养疗机构。“小儿”是本项目的核心,“易”既是易于母亲能智慧从容地生养小儿,也是易于孩子的健康快乐成长,更是易于传播我国持重至诚的中医文化。围绕着“中医健康生态系统”,易小儿以母婴门店服务为切入点,打造出“易小儿”母婴疗养品牌后,会继续向教育、学校、康养、社群方面扩展,让消费者于心、于身、于生活均感受到易小儿的魅力。易小儿——易于母亲智慧从容,易于孩子健康快乐,我们不过想给宝宝和妈妈一个更健康的生活方式。

1.2　项目达成目标

易小儿以“治未病”理念为核心,以专业服务团队提供保姆式加盟模式,努力成为亲子家庭身边的全国连锁母婴养疗专家。易小儿项目运营主要分为五个板块,分别为市场调研、产品设计及微信平台搭建、营销活动推广、微信客户分类精准服务,目前在专家团队指导下我们已经建设了三家线下门店,完成线上公众号的开发以及产品设计,可以在线上线下同步销售产品,赢得了顾客的好评。未来我们计划将易小儿打造成为一个包含易小儿品牌、社群、教育、学校、服务“五位一体”的中医养疗体系。

1.3 项目主要内容

易小儿是以“治未病”理念为核心,以0—12岁小孩和年轻一代宝妈为目标客户的母婴养疗专家。易小儿汇聚多位专家改良传统配方,为用户提供标准化、专业化、个性化的产品及服务;针对新生儿黄疸、小儿风热、湿疹等常见问题,推出了小儿药浴系列;针对小儿积食、体质较弱等常见问题,推出了小儿推拿服务,配以营养盒系列产品进行日常调理。

除了小孩的针对性服务,易小儿还为宝妈群体提供了产后恢复等中医解决方案。易小儿还和多家绿色食材基地深度合作,以保证原材料绿色健康、可溯源。易小儿专注于将中医养生理念和现代科学手段相结合,采取“产品+服务”的模式,充分利用线上资源,实现电子商城、预约到店服务、体质测试以及个性化推荐等线上服务。易小儿以专业服务团队提供保姆式加盟模式,在十二大板块为加盟者提供技术支持,努力成为亲子家庭身边的全国连锁母婴养疗专家。

1.4 项目特色

1)客户的精准定位

易小儿的目标客户:0—12岁小儿以及新一代宝妈。对客户进行精准定位,可以让我们更好地为目标客户制定产品及服务,更好地服务于目标客户群体。易小儿提供了“产品加服务”的专业母婴保障,并将线下实体店与线上服务有机结合,努力为客户提供最便捷的服务。

2)标准化的产品及服务

易小儿联合了多位专家对传统配方进行改良,从选材到生产加工制定标准化的生产体系。经多位专家改良后的药浴包,将药材磨成粉状后装袋,解决了之前草药携带不便、熬制时间过长等问题,将流程简化,使用时间缩短到原来的1/10,让药浴变成了一件简单而又高效的事情;改良后的食疗产品,针对不同体质的人有不同的食疗配方,配方专业有效,方便易食;经多位推拿专家对推拿手法总结归纳后将其标准化,方便后期对推拿技师进行专业培训。

3)个性化定制产品及服务

用户关注公众号后即可进行体质测试,通过体质测试了解用户体质,综合考虑用户年龄、性别、体质以及所处时节为用户推荐合适的产品及服务。

4)完善的线上服务

易小儿为用户提供了完善的线上服务,用户可以在线上进行产品购买、服务预约、体质测试以及加入线上社群宝妈联盟与宝妈们交流育儿经验，并有专业老师对宝妈进行指导。

5）精准营销

易小儿收集用户体质信息，将诊断结果等信息导入用户数据库，并根据数据库分析结果，如最近接受三伏天调理的用户增多，我们便在各大流量平台进行了针对性宣传，如在微信公众号、抖音短视频平台、知乎问答社区、微博社交平台上对内容进行调整，宣传效果良好。

2　项目分析

2.1　市场需求分析

1）"二胎政策"全面放开，人口红利进一步释放

随着二孩时代的到来，新生儿比例不断地增加。根据全国人口普查的样本数据显示，随着二胎政策的开放，2017 年全国大约有 1 723 万新生儿，自"全面二孩"政策实施以来，新生儿涉及人群不断扩大，根据估算，未来每年平均新增的新生儿规模预计在 2 050 万左右，到 2020 年我国 0 到 12 岁青少年儿童的数量将达到 3.5 亿。（来源：人口普查样本数据）

2）新生儿总量保持增长趋势，推动母婴行业扩张

2017 年中国 0—12 岁的婴幼市场总规模已突破 2.6 万亿，该市场每年的增幅不低于 10%且逐年递增。（来源：中商产业研究院）

3）中医市场需求巨大

中医药资源总量仍然不足，基层发展薄弱，还不能满足人民群众的需求。中医市场需求还是巨大的，预计到 2020 年，中医诊疗总人数将达到 13.49 亿人次；中药企业主营业务收入预计达到 15 823 亿元。（来源：《中华人民共和国国民经济和社会发展第十三个五年规划纲要》）

4）小儿推拿市场广阔

目前市场上小儿推拿的专业机构非常少，存在巨大市场空缺，创业潜力巨大。据统计，我国目前经过专业培训的小儿推拿师不到 11 万人，人才匮乏的缺口引起了巨大的市场需求和发展潜力，从市场竞争的角度来讲，这是一片蓝海。（来源：小儿推拿行业大数据）

5）年轻一代健康观念的转变

从前大多数国人的观念是重治病而不重预防，往往是在病情严重时投重金治疗，而不愿意提前预防。随着生活品质的提高，"治未病"理念开始深入人心，大多数年轻人开始转变健康观念，希望在日常生活中调理自己的身体，在生病初期及时治疗，从根源上遏

制病情发展。对1 979名“90后”进行的一项调查显示,79.6%的受访“90后”开始关注养生信息。(来源:中国青年报社社会调查中心)

2.2 产品市场定位

易小儿以0—12岁小儿和年轻一代宝妈为目标群体客户,秉承着“易于母亲智慧从容,易于孩子健康成长”的理念,以中医“治未病”理念为核心,致力于为母亲和孩子提供专业化、个性化、标准化的产品与服务。

新生儿的到来是每个家庭的喜事,却也让人忧愁,新手爸妈为了孩子和妈妈的身体操碎了心,忙晕了头,每一个家庭都格外关心母婴的身体健康问题,他们都希望市场上可以有专业优质的母婴养疗机构,可以为母婴提供令人放心健康的产品、舒适专业的服务,以及教授他们日常调理身体的方法与理念,以便母婴的生活方式更加健康。当前市场上与母婴有关的产品和服务种类繁多,让年轻父母选花了眼,还可能做出错误的选择,影响母婴的健康安全。易小儿正是以中医“治未病”理念为核心,为母婴提供个性化、专业化的产品与服务。

2.3 可行性分析

1) SWOT分析

易小儿项目的SWOT分析见表1。

表1 SWOT分析

内部分析 / 外部分析	优势(Strengths) 1)专业团队 2)线上线下结合销售 3)具有亲和力	劣势(Weaknesses) 1)同类产品多 2)品牌影响力小
机遇(Opportunities) 1)市场快速增长 2)进入壁垒降低 3)新媒体营销兴起	SO战略 充分利用企业专业优势,加强企业品牌建设,快速进入市场并占有一定市场份额,吸引大量用户,为企业发展做准备。	WO战略 抓住有利机遇,利用新媒体营销等方式,在进入市场的同时塑造企业专业的形象,在行业中脱颖而出。
威胁(Threats) 新产品研发瓶颈	ST战略 利用专业的团队,扩充产业链,扩大用户群。	WT战略 将原有产品不断优化,打造明星产品,利用原有产品扩大客户群,增加用户黏性。

2) PEST 分析

(1)社会背景

二胎政策全面放开后,以 2014 年我国新出生人口 1 687 万人计算,假设二胎政策导致每年新增 200 万~300 万新生儿,则可带来婴童市场 10%~20%的消费增长。按照每个新生儿带来母婴市场 1.5 万元计算,二胎政策全面放开后,每年新增的母婴消费额将达到 300 亿~450 亿元。这些数据表明在未来一段时间,母婴用品的需求量是非常巨大的,这也说明了母婴用户市场前景是非常可观的。当前二胎政策放宽,新生儿数量增加,儿童数量持续增长,母婴市场需求持续扩张(见图 1)。

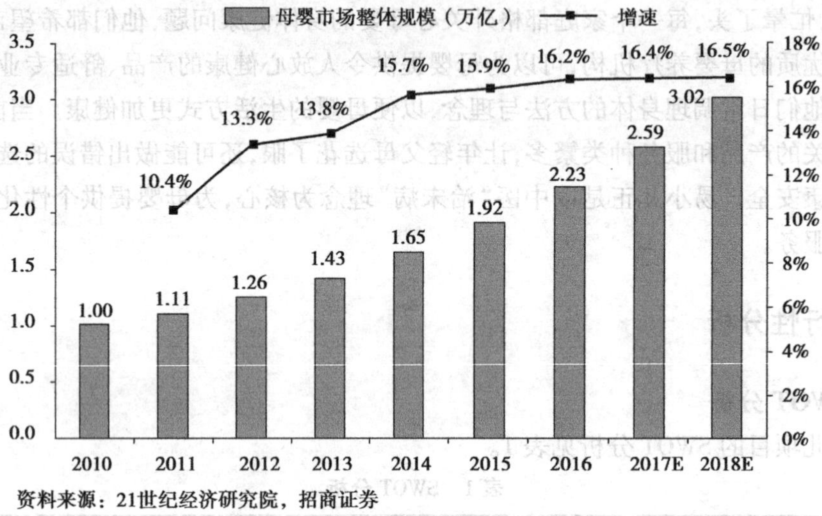

图 1　母婴市场整体规模保持快速发展

二胎政策放宽后(目标育龄妇女在 8 000 万左右),母婴市场显示出巨大潜力,母婴行业迎来全新热潮,新一代父母更讲究科学的育婴理念,又受制于经验有限或老一辈观念传统,对带娃有着不小的困惑。而新一代父母在重视孩子的同时,尤其是产妇,也很重视自己的身体健康。

中医药强调整体把握健康状态,注重个体化,突出治未病,临床疗效确切,治疗方式灵活,养生保健作用突出,是我国独具特色的健康服务资源。中医药健康服务是运用中医药理念、方法、技术维护和增进人民群众身心健康的活动,主要包括中医药养生、保健、医疗、康复服务,涉及健康养老、中医药文化、健康旅游等相关服务。充分发挥中医药特色优势,加快发展中医药健康服务,是全面发展中医药事业的必然要求,是促进健康服务业发展的重要任务,对于深化医药卫生体制改革、提升全民健康素质、转变经济发展方式具有重要意义。为贯彻落实《中共中央 国务院关于深化医药卫生体制改革的意见》《国务院关于扶持和促进中医药事业发展的若干意见》(国发〔2009〕22 号)和《国务院关于促进健康服务业发展的若干意见》(国发〔2013〕40 号),促进中医药健康服务发展,国务院办公厅制定了《中医药健康服务发展规划(2015—2020 年)》文件。中医"治未病"理念逐渐深入人心,人们越来越注重从日常生活中、从根源上调理身体,养生调理的市场需求量日益增长。

(2)经济环境

电子信息行业的发展与宏观经济周期具有较高的相关性,对于宏观经济波动的反应敏感,受国际经济环境和国内宏观经济波动的影响明显。据有关数据显示,自2013年开始,中国进入了第5季人口生育高峰,每年新增人口数量在2 000万人左右。2015年中国母婴行业市场规模有望达到2万亿元。同时“婴儿潮”带来婴童消费的加速和升级愈发得到社会的关注,中国婴童经济以增长率超过45%的高速度在“奔跑”。报告预计,全面二孩也可带动中国潜在经济增长率提高0.5%左右,并可对母婴消费市场产生直接影响,预计每年可新增超300亿元母婴消费,至少可带来年均13%左右的新增长空间。未来中国母婴电商发展还有很大的提升空间。

(3)技术环境

根据官方数据,目前微信用户以女性为主,超过40%用户为企业员工,并且超过九成微信用户每天都会使用微信,半数用户每天使用微信超过1小时。

研究表明,促成用户用微信分享新闻的三要素是:价值、趣味、感动。同时泛媒体类公众号比例最高,超过1/4;服务行业公众号占比约1/5。针对这一现状,易小儿推出微信公众号,用户可以直接浏览易小儿的线上平台提供的一系列服务。

易小儿团队借助新兴的短视频平台,如抖音等,以及当下热门的自媒体平台如知乎、微博等进行品牌推广吸引了大批粉丝。

(4)文化环境

随着国家实力的增强,中国的国际地位提高,中国人对自己的文化也越来越有信心,尤其是重拾了对传承千年的中医药文化的信心。人们开始定期到中医店进行调理,许多人并不再因为中医不符合他们一贯信奉的“科学标准”而拒绝中医治疗,因为无可辩驳的疗效证明了科学不是唯一的,而是多样性的。治疗形式也不再是单一平板的,而是丰富多样的。

(5)政治环境

政府目前十分看重中医药行业发展,推出了各种政策扶持中医药发展。国家中医药管理局对基层中医馆的建设定了目标,85%以上的社区卫生服务中心和70%以上的乡镇卫生院要建设中医馆、国医堂等中医综合服务区。所以目前政府并不会对易小儿母婴健康生活馆收取更多的赋税。且易小儿母婴健康生活馆宣扬了中医文化,继承了中华文化的精华,能够得到政府的支持。

3)行业竞争环境分析——波特五力模型

(1)供方议价能力

一般情况,下列情形中供方集团会具有比较强大的讨价还价能力:供方行业为一些具有比较稳固市场地位而不受市场激烈竞争困扰的企业所控制,供方产品没有很好的替代品。由于中药市场货源受到产地、药材种类等多种限制,原料要求高,因此原料的购置成本可能较高。

(2)买方议价能力

买方为了降低成本,会要求更高的质量、更高水平的服务和更低的价格。在下列情况买方具有更强的议价能力:买方的总数较少,而购买量较大,占了卖方销售量的很大比例,且买方转换成本低;所购买的基本上是一种标准化产品,买方可以后向整合进入销售市场。

由于本项目目前没有知名度,不被消费者熟知,部分产品与市场上其他产品类似,因此买方议价能力可能较强,但是由于本项目产品的独特性、专业性,买方无法向其他公司购买相同的产品,综上所述,买方对我们的产品的议价空间不大。

(3)新进入者的威胁

新进入者希望在已被现有企业瓜分完毕的市场中赢得一席之地,会给行业带来额外的生产力,可能降低消费者成本。本项目作为市场产品的新进入者,如何在母婴市场还未成熟之前站稳脚跟,利用新的技术手段,发挥自身优势,取代之前已有的相似公司,面对后面的可能加入此类产品市场的公司,是我们应该着重考虑的。

(4)替代品的威胁

从目前产品的定位来看,此产品属于专业的中医医疗保健类产品,与其他产品没有太多冲突,因此替代品的威胁就目前来看还是可以不着重考虑的。

3 服务产品及其特色

3.1 产品设计

易小儿秉承易以传承、易以仁爱、易以和悦的经营理念,致力于打造一个用户身边的母婴健康养生管家,采用线上与线下相结合的方式为用户提供便捷的中医养生指导与服务。易小儿在线上商城及线下门店都售有易小儿药浴包、营养盒、食疗伴侣和绿色有机农产品等系列产品,方便顾客购买使用。

3.2 经营设计

为了给用户带来更加专业、方便的服务体验,易小儿采用线上与线下相结合的服务方式。线下实体店开展中医小儿推拿、小儿药浴服务,以及女性产后恢复调理服务,以中医辨证理论为基础,经过多位专家的学习改良,对按摩推拿师进行专业的培训,让妈妈和宝贝都能在这里享受到满意放心的服务。

线上微信平台是集一个线上商城、社交平台、中医养生知识平台为一体的平台。线上开发公众号、小程序为用户定期进行个性化推送,公众号内还包括微信商城、预约服务等栏目,方便用户进行产品购买及服务预约,实现线上到线下的客户引流。

3.3 技术设计

1) 中医小儿推拿服务

中医小儿推拿服务非常适合0—12岁小儿使用，以强健体魄，由专业的按摩师为小儿推拿，用各种手法刺激穴位，使经络通畅、气血流通，以达到调节脏腑功能、促进宝宝身体康复为目的。小儿推拿治疗是从调理身体阴阳平衡着手，从根上把病症除掉。只有除掉病根子，孩子身体才能“长治久安”。中医小儿推拿对常见病、多发病如风寒、发热等疗效较好。

2) 中医小儿药浴服务

针对0—12岁小儿我们还提供了小儿药浴服务，采用独家制作的药浴包，并由专业的洗护人员为小儿进行药浴，通过皮肤吸收，由表及里，以达到调节脏腑功能，并且能够改善宝宝皮肤状态，对常见病、多发病如风寒、发热等疗效较好，对小儿黄疸、湿疹疗效尤佳。与小儿推拿服务配合使用效果更佳。

3) 宝妈中医理疗服务

针对女性产后想要调理身体、恢复身材却又不知从何着手的矛盾心理，我们制定了中医产后推拿、药浴服务即中医理疗服务，通过中医推拿、药浴帮助女性调理气血平衡，更好地恢复身体，顾客不仅可以选择单独的推拿或者药浴服务项目，也可以使用推拿+药浴的套餐服务，推拿与药浴配合使用效果更佳。用户在享受中医理疗项目的同时，配合我们的宝妈营养盒和食疗配方使用，调理效果更佳。

4) 微信平台服务

通过易小儿官方服务号及官方微信小程序，实现电子商城、线上预约、体质测试以及精准推荐等线上服务。开发微信公众号的目的主要是方便用户，为用户带来更加舒适的体验。关注公众号的用户也可通过点击首页下方实用工具——体质测试/月经测试进行中医测试，更加了解自己的身体状况。

3.4 组织管理设计

易小儿团队由5名在校本科生组成，团队创立之初通过经营微信公众号“外公的小馆”来运营本项目，一方面为实现外公的心愿：将外公多年手写医书整理汇总，将其精髓分享给大家，希望可以帮助更多的人，弘扬中医“治未病”的理念，提高大家注重日常调理身体的意识；另一方面销售一些外公独家配方的传统药浴包，这些药浴包虽然传统包装简易，但疗效尤佳，获得了购买者的一致好评，公众号“外公的小馆”也获得了颇多关注。项目团队成员逐步深入了解母婴市场，希望把品牌进一步推广，联系了多位医学专家对传统的药浴产品进行改良，进行标准化的生产。在团队5名成员团结协作下，一起克服了一个又一个的困难，使易小儿逐步成长起来。

3.5　财务设计

1) 预算体系(见图 2)

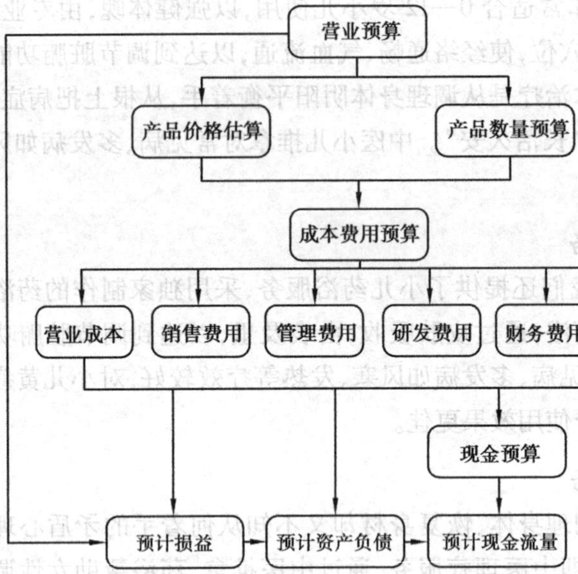

图 2　易小儿全面预算体系

2) 融资计划

公司成立初期,注册资本 80 万元,结构见表 2。

表 2　公司资本结构

资金来源	原创团队(6.25%)		成都耀卫科技有限公司	风险投资	合计
资金构成	货币资金	无形资产	货币资金	货币资金	
金额/万元	3	2	40	35	80
比例	3.75%	2.5%	50%	43.75%	100%

3) 成本构成

本项目运营成本构成除了公众号和小程序建设,固定资产投入及其维护等部分以外,随着易小儿加盟体系的发展,主要的成本还包括门店技师人员薪酬、合作商的公关费用和公众号的宣传费用。

4) 项目收入概述

根据公司的发展战略,我们按一年一个计划段地把项目发展分为三阶段。预计现金流入如表3所示,进而可以得出预计净收入表(参见表4)。

表3 三年主要收入明细表 单位:万元

会计年份	2017	2018	2019
线下服务赢利	48.78	171.04	500.98
线上商城	10.60	58.30	230.85
多平台互推营销	2.30	4.30	12.36
合作食材基地	6.50	23.34	96.32
合计	68.18	256.98	840.51

表4 预计净收入 单位:万元

年 份	2017	2018	2019
年收入	68.18	256.98	840.51
运营成本	80.00	153.00	369.00
净收入	−11.82	103.98	471.51

3.6 风险控制设计

1)技术风险

(1)风险分析

我们的项目刚刚上线测试,有些功能可能不能像设想的那样实现。我们的公众号及小程序技术开发团队主要由大学生构成,这就增加了不稳定性,容易导致小程序开发不能顺利进行。技术方面的不足也会导致产品部分功能难以实现,从而不能完全满足顾客需要,失去一部分潜在客户。

(2)应对策略

逐步对技术开发小组成员进行优化,提高整体技术研发实力。资金允许的情况下聘请专家进行指导和技术支持,加大技术研发方面的投入,建立更加优化的网络平台交流系统和服务系统。

2)市场风险

(1)风险分析

由于目前已有几家幼儿中医馆在成都落户,市场竞争比较激烈,想要占有较大的市场份额,必须制作出更加专业、个性化的产品,推出优质的服务吸引顾客。同时母婴市场仍然处于发展阶段,会不断有竞争对手进入,使市场竞争更加激烈。现今年轻一代越来越注重食材来源，注重材料的品质和服务的专业化，由于母婴中医养生市场标准化与专业化程度还需要进一步提高，我们必须以更加专业化、科学化的产品与服务取得顾客的信任。

(2)应对策略

易小儿负责人考察多家食材生产基地，与其中多家原生态绿色食材基地建立合作，严格把关产品所需材料的来源，采购优质原生态绿色放心食材，由数位知名妇科、儿科专家对产品多次改良，严格把关每一道生产工序，保证所生产的产品优质、绿色、健康。

在员工上岗前，由专业的培训师对管理人员、推拿药浴技师进行专业培训，培训人员还需到西南儿童医院进行为期一周的实训，培训合格后方可上岗。在员工上岗后，仍需定期进行复训考核，并对新技术及时培训，保证每一位员工都能为顾客提供专业化的服务。

加大宣传力度，产品和服务要充分考虑顾客需求，提供定制化套餐服务。设计信息收集的方法、步骤，安排相应的工作人员负责信息收集，形成完善的信息收集、处理、发布系统，确保信息及时准确。时刻关注市场变化，及时做出合理的战略决策，把握发展机会。制订有效的营销策略，利用各类新媒体营销方式，努力塑造品牌亲和而专业的形象，提高品牌竞争力；关注行业发展情况，及时发现潜在竞争者并做出反应。

3)财务风险

(1)风险分析

本项目筹集到的资金主要用于支付扩充市场和提升品牌知名度的广告宣传以及人员工资，在实际业务开展过程中还会涉及资金的垫付和预付定金等操作需要一部分流动资金。随着本项目盈利的增多，第2、3年会购入企业所需的无形资产与固定资产。本项目经营情况良好，各大盈利指标稳定，并呈上升趋势。对现有资源合理利用，成本利润率显著。又因企业一直处于成长阶段，市场逐渐打开，利润仍有上升空间。根据本项目的业务流程，管理层可在出现重大经营问题时及时停止业务，柔性大，成本低。但当下的物价上涨，特别是服务业的成本上升，存在压缩利润空间的可能性。

(2)应对策略

加大企业的柔性和灵活性，建立先进的管理制度和工作流程，能够及时控制企业业务开展，加快资金的回收，使企业轻装上阵，注重企业的内部控制，加强对财务的审计与监督，建立健全财务风险预警系统、财务风险管理与控制体系。

4)人事管理风险

(1)风险分析

人力资源的激烈竞争，使人才流动率增高，这往往不利于员工的技能和对企业的忠诚度的提高。这一方面使企业人员稳定性降低，不利于电子商务技术的推广与应用；另一方面造成企业内部商业信息和技术秘密的泄露，有可能给企业带来巨大的损失。

(2)应对策略

通过员工激励、员工培训和建立良好的企业文化来提高员工对企业的忠诚度。建立公平完善的人才招聘流程；企业领导人要实时了解行业发展动态，降低决策风险。

5) 经营风险

(1) 风险分析

由于是大学生创业项目,故管理层大多为在校大学生,在项目管理、运营方面缺乏实战经验,增大了决策失误的风险。我们的竞争对手可能会利用企业招募新人的方式潜入企业,或利用不正当的方式收买企业网络交易管理人员,窃取企业的用户识别码、密码以及相关的机密文件资料。并且加盟店众多,管理方面可能较混乱。

(2) 应对策略

创业团队相互理解,相互支持,保持密切沟通交流,多听取意见,集体决策。建立合理的奖惩机制,提高工作团队的进取心和活力。经营初期,聘请有电子商务物流领域经验的员工或者顾问,弥补自身经验的不足。培养企业自己的领导团队,充分发挥有领导能力的个人领袖的才能。建立完善的企业管理系统,提高管理效率。定制标准的加盟店管理机制,加强与加盟店的交流,勤于管理加盟店信息。

4 项目建设

4.1 组织建设

易小儿母婴服务馆以"易以传承、易以仁爱、易以和悦"为经营理念,强调包容贯通,修心修身,以更温和的方式,为母婴提供其所需的各类服务,恰好切合当下流行的"佛系理念",让妈妈、孩子都能感受到我们贴心而专业的服务。

易小儿母婴健康生活馆还与易正堂中医馆合作,由经验丰富的民间高手和中医提供专业科学的指导。另外,我们还联系了数位知名的妇科、儿科专家,与他们建立合作关系,对我们传统的药浴、食疗产品进行多次改良,保证每一款产品的专业有效,让用户吃得放心,用得舒心。易正堂中医馆成立多年,汇集了各类民间高手,拥有专业且经验丰富的中医团队。同时,我们的团队还拥有其他在妇产健康行业工作多年的专业人士如成都大学附属医院妇产科医生文燕,擅长妇产医学、产科疑难及危重症诊治、胎儿疾病的诊治、孕产妇营养、孕前和孕期咨询及保健指导;还有健康管理师刘爽,从事多年养生食疗行业,主理多家健康服务机构,管理经验丰富。庞大的专家团队,为我们的专业服务提供了强有力保障。

4.2 营销推广

易小儿营销战略的中心是"投资小孩是对家庭最好的投资,而投资妈妈是对小孩最好的投资"。

当今社会,企业之间的竞争变得越来越激烈。变化莫测的市场中,如何在市场竞争中占据一席之地,是我们在市场营销战略制定中不可忽视的问题。首先我们通过问卷调查分析做出了市场分析,分析了年轻父母的一些重要特征。然后紧接着做出市场细分,制定出营养盒、药浴包等系列产品，考虑到年轻父母的各种实际需求，用我们的专业解决年轻父母的迷茫。

制定营销战略最重要的是要确定市场定位。一个有效而清晰的市场定位，可以使本项目准确把握组织目标、方向和机会，并提供有效指导。

1）线上——网络营销+深度营销

（1）网络营销

网络营销的特点有两个方面：一方面是基于互联网，以互联网为营销介质；另一方面，它是营销的一种表现形式。因此我们选择了微信公众号为平台推广，一来可以让品牌可以快速地得到传播和推广，二来利用公众号不定期推送的方式吸引客户，让客户及时了解我们的产品与服务。

企业网络营销包含企业网络推广和电子商务两大要素，网络推广就是利用互联网进行宣传推广活动。电子商务指的是利用简单、快捷、低成本的电子通信方式，买卖双方无须谋面地进行各种商贸活动。因此，将公众号分为两个模块，一个是产品商城，可以购买各种营养盒、食疗盒，另一个是体质测试及预约服务，让用户在线就能测试出自己的体质，并且在家预约进行药浴、推拿等专业中医服务。

我们考虑到目标客户的特征和快文化时代特性，希望能通过更为年轻化、新鲜有趣的营销模式，让更多的人了解我们，所以我们利用了当下最流行的各大平台，如微博、知乎、抖音等，这些平台受众年轻，与易小儿目标顾客群体重合。针对不同短视频平台的用户特性，我们制作了不同的推广视频。

①抖音。经调查，抖音的用户群体大多为新时代年轻女性，我们可以看到抖音短视频中的女性用户达到66.4%，与我们的目标客户群体非常契合。利用抖音来推广是当下新型的热门宣传方法。我们在抖音等短视频平台上注册了易小儿官方账户，定期发送有趣的短视频吸引客户。

②知乎。知乎是网络问答社区，连接各行各业的用户。用户分享着彼此的知识、经验和见解，为互联网源源不断地提供多种多样的信息。准确地讲，知乎更像一个论坛：用户可以围绕着某一感兴趣的话题进行相关的讨论，同时可以关注兴趣一致的人。我们建立了知乎账号，回答中医养生、小儿调养相关的问题，也会归纳总结到店用户的常见问题，发表文章，弘扬中医养生“治未病”理念。

③微信公众号。根据时节、实事热点以及一段时间内顾客普遍存在的问题调整微信推送内容，为用户提供专业指导。以易小儿公众号6—7月推送为例，见表5。

表5　易小儿公众号6—7月推送

日期	时节（实事热点）	推送主题	推荐产品（服务）
6.19	端午节	端午礼遇丨易小儿香囊全新上线	易小儿香囊 小儿药浴系列产品及服务
		当端午遇上易小儿	
7.19	暑期来临，易小儿商城优选上新	小易君暑期送福利，指导暑期养生	易小儿药膳伴侣
		易小儿优选上新——琪牌土鸡蛋	琪牌土鸡蛋、纯天然土鸡蛋

续表

日期	时节(实事热点)	推送主题	推荐产品(服务)
7.22	三伏天	三伏暑甚,养生先行	易小儿药浴系列产品及服务
		多煲汤喝,调理脾胃	易小儿药膳伴侣 原生态绿色食材
7.23	大暑	节气养生系列之大暑养生	大暑养生食疗
		脾胃调理正当时	易小儿开胃健脾食疗
7.23	疫苗事件	疫苗事件之后,家长最关心的几个问题的进展	

(2)通过热点深度营销

深度营销是建立在互联网基础上,以企业和顾客之间的深度沟通、认同为目的,从关心人的显性需求转为关心人的隐性需求。

我们通过时下最热门的各大短视频平台,拍摄诙谐幽默的短视频,把产品营销巧妙融合进去;也会在平台上定期发布科学育儿经验分享,吸引粉丝,打造粉丝经济;在营销上跟进最新的热点,并且找到机会创造热点,打造"网红"养生馆。

通过深度营销,我们能够真正了解用户所需,为用户提供他们没能意识到但真正需要的服务。通过深度营销,我们可能发现新的市场机会,为新产品的研发提供基础,不断扩大我们的市场优势,加大市场份额。

2)线下——品牌营销+口碑营销+公益活动

(1)品牌营销

品牌营销是一个用户形成对企业品牌和产品的认知过程,使企业不断获得和保持优势必须构建的营销理念。

我们在线下设有多家实体店,分布在各个社区,在用户路过时不断加深用户印象。用户可以在实体店进行体验,也可以在实体店听各种讲座,通过这些活动将易小儿专业、细致的品牌形象深深地刻在用户心中,让用户认可我们。当用户有医疗保健的需要时,我们便是他们的首选。

(2)口碑营销

在今天这个信息爆炸、媒体泛滥的时代里,只有制造新颖的口碑传播内容才能吸引大众的关注与议论。因此易小儿健康生活馆将会在各个社区中举办一系列公益活动,让易小儿的口碑在群众之间得到广泛传播。让口碑吸引客户,让客户发展客户,让客户提高口碑。

口碑传播其中一个最重要的特征就是可信度高,因为在一般情况下,口碑传播都发生在朋友、亲戚、同事、同学等关系较为密切的群体之间,在口碑传播之前,他们之间已经建立了一种长期稳定的关系,相对于纯粹的广告、促销、公关、商家推荐、家装公司推荐等而言,可信度要更高。

(3)公益活动

①中医养生健康讲堂。

目前,国民对于养生的需求逐步增长,我国中医养生的历史源远流长,中医养生必定是未来养生行业发展的重要方向。为了使大家在日常生活中就能科学养生,我们在旗舰店内定期开展中医养生讲堂,弘扬传统中医“治未病”的理念,让大家在平时就注重对自己身体的保健调养,并且是在中医的指导下科学地进行调养。

②育儿沙龙。

母婴保健教育。定期开设母婴保健教育的大讲堂,针对母婴日常生活调理,从饮食出发调理自己的身体,有一个更加健康的生活方式。同时,针对一些小儿常见病如风寒、发热等,开设课程,讲述孩子生病的注意事项以及调理恢复方法,帮助父母在宝宝生病时更好、更科学地护理宝宝,帮助宝宝更快康复。

通过微信平台向妈妈们推荐节气养生调理的方法、小儿常见病调理方法,秉承易“小儿易于母亲智慧从容,易于孩子健康快乐”理念打造专业化、便捷化的交流平台,为妈妈和宝宝服务,为未来护航。

③宝妈联盟。

我们将在线上建立宝妈联盟社群,线下定期组织宝妈联盟活动,促进新一代年轻妈妈更好地进行经验交流,加强宝妈之间的交流沟通,同时在线上社群配有专业的老师进行指导,帮助宝妈解决常见问题。

5 项目运行与维护

5.1 运行与维护过程

易小儿项目运营主要分为四个板块,分别为市场调研、产品设计与微信平台搭建、营销活动推广、微信客户分类精准服务。

(1)市场调研

前期市场调研我们主要通过调查问卷和对个别宝妈的访谈。调查问卷设计主要目的是了解幼儿和宝妈们的饮食需求、育儿习惯等为后期的产品设计服务及市场分析做准备。

(2)产品设计与微信平台搭建

根据前期市场调研的相关数据分析结果,针对我们目标顾客的需求及相关偏好设计产品及微信平台的整体功能框架,网络技术部人员根据相关功能需求(通过分析小儿的体质信息进行精准推送和精确服务的功能)进行平台开发。

(3)营销活动推广

在营销环节我们首先通过营销活动吸引宝妈关注,邀请宝妈尝试我们的产品和服务,以产品品质和相关公益活动建立宝妈们对我们的信任,最后通过微信平台对每一位宝妈进行精准服务。前期推广活动以新颖、吸引眼球为主,后期营销活动以促进消费,增加客户黏性为主。

(4)微信客户分类精准服务

通过为每一位宝妈建立育儿信息卡实现微信后台程序自动筛选分类;精准服务及推送服务主要通过后台程序根据每一位幼儿的成长时间进程完成育儿窍门推送。

5.2 运行与维护效果

随着社会的发展,大家越来越重视中医养生,中医"治未病"的理念越来越深入人心,但是目前保健市场乱象丛生,没有能够为大家提供专业指导的中医养生服务体系。易小儿正是秉承"易小儿,母于先"的品牌理念,为了成为一个全方位的集养生保健服务为一体的专业母婴生活馆而不断努力,易小儿必定成为中医养生行业未来发展的风向标。目前,在我们的专家团队指导下我们已经建设了三家线下门店,完成线上公众号的开发,以及产品设计,可以在线上线下同步销售产品,赢得了顾客的好评。

产品设计:我们已经在何一手、文燕、刘爽等专家团队的指导下对食疗盒与药浴包产品进行了多次改良,完成了小儿推拿、小儿药浴以及宝妈调理等服务标准化模式的建立,并且线上线下已同步开始销售,反馈良好。

线下门店:目前易小儿母婴健康生活馆已经在成都双流区和金牛区设立了三家门面,每家门店都有专业医师坐诊,目前门店试运营情况良好,每天调理和治疗用户络绎不绝。

微信公众号:易小儿公众号已经正式运营,线上商城、查询预约、社交等多种功能已经实现。现在用户可以直接在我们的线上商城够买食疗盒、药浴包等产品。目前已可以实现门店查询和线上预约功能,专业体质测试、定期的知识推送等功能也已实现。通过公众号,用户可以更便捷地享受各种服务,足不出户便拥有更健康的生活。

线下营销:各类活动也在定期开展,我们已经在我们的合作机构和实体店进行了一些前期的产品预热推广,主要通过用户引流及社区妇幼合作举办育儿公益活动积累目标客户群体。以双流区万安店为例,现在已经与政府合作举办了四场妇女公益讲座,对近500位女士传授日常调理及育儿知识。

线上营销:团队充分利用当下各类新媒体,抓住目标顾客群体特性,已经在抖音、知乎、微博等多种媒体平台开设账号,并开始进行相对应的宣传。以抖音为例,现在我们已经上传了许多作品,获得了超过 1 500 的点赞量,并吸引了大量粉丝。

用户反馈:我们设计了一套涉及用户预期、过程体验等多方面的调查问卷,并对进店的客户进行一对一访谈,不断改进我们的产品和服务。

5.3 社会与经济效益

未来的一段时间里,我们对易小儿的发展有着高度的期望与憧憬。我们始终相信,目前的一切准备都有着不可估量的价值,而正是我们一步步地坚持,才可能使得"易小儿"这个"孩子"迅速成长起来,在社会的熔炉里走向强大。

我们计划将易小儿打造成为一个“五位一体”的中医养生体系，包含易小儿品牌、易小儿社群、易小儿教育、易小儿学校、易小儿服务。

形成易小儿品牌：母婴“中医绿色健康调养”的生态系统，服务平台，提供加盟、咨询和运营指导服务。让易小儿品牌深入人心，方便后期客户的加盟。

建设易小儿社群：在线上随时随地指导大家进行中医调理，增加客户黏性，您身边的一站式健康生活顾问，社交社群、亲子活动、养育教育产品采购的综合平台。

发展易小儿教育：培养专业推拿人才，让大家享受到更加专业放心的服务；弘扬中医传统“治未病”的理念，定期开展养生讲座，吸引客户到店体验服务。

建立易小儿学校：学校采取“培训、就业、创业”一体化的人才培养模式，全面承载专业人才的培养和输出。

发展易小儿服务：从养生调理到中医理疗，坚持防治结合，辨证施治，打造传统医学传承与创新的平台。

总之，易小儿将成为一个全方位的集养生保健服务为一体的专业母婴生活馆。

最后，在我们吸引了足够的用户，有足够的资金支撑之后，我们将把一部分项目提升为公益项目，服务于社会，从而最大限度地帮助小儿实现真正的健康成长。同时在山区建立食材基地，精准扶贫，实现易小儿之于社会、之于公众的最大价值。

6　分析与评价

6.1　指导老师点评

岁月不居，时节如流。每当我打开钱包看到夹层里和孩子们的合照时，都不禁微笑起来。第八届“三创”赛也圆满地落下了帷幕，但我与孩子们共同度过的时光却依旧清晰可见，那日日夜夜共同奋斗的场景依旧历历在目。

在这群孩子身上，我看到了青春真正的模样。青春是一往直前，纵使身陷黑暗，梦想之灯却能在心中点燃，荧荧之光始终指引着前行之路。在这群孩子身上，我发现“青春”就代表着胜利，在他们的字典里没有“失败”二字，他们在这七个月里，就凭着这股子劲儿最终站在了国家“特等奖第二名”的舞台上。

二十岁的他们的确还是孩子，会因为突发的灵感激动不已，会因为取得进步而欢欣雀跃；二十岁的他们早已经不是孩子，那一个个坚毅的眼神，那一颗颗永不言败的心，让我由衷地赞叹！他们是这样的青春可爱而又坚持奋斗！

一根筷子轻轻被折断，十根筷子牢牢抱成团。原本一群陌生的人，一个个独立的个体，因“三创”赛紧紧地联系在了一起，形成一个坚不可摧的集体。

在这个大家庭中，每个人的团队意识都很强，获得新知识后第一时间进行共享。孩子们经常说“三个臭皮匠赛过诸葛亮，而且我们有五个”，看着他们一边自嘲，一边共同学习、热烈讨论，我的心里不禁暖暖的。他们愿意为了团队的发展和进步隐藏自己的光芒，控制自己的情绪，虽然有的时候他们也会争论得面红耳赤，但是却从没有人因意见不合而要过脾气。他们彼此尊重,真正做到了心往一处想、劲儿往一处使。

扎实的知识功底是基础;懂得分享是团队的凝聚力。想要参加比赛,光凭着"脑门儿一热"的冲劲是行不通的,必须要具备扎实的基础知识。团队的孩子们都很上进好学,比赛中每一个小小的进步都不是轻易得来的,都汇集着他们辛苦的汗水,这五个"臭皮匠"最终赛过了"诸葛亮"。

不忘初心,方得始终;初心易得,始终难守。在追求初心的路上充满了艰难困苦或是种种诱惑,它们混乱人的心智,使人们偏离原来的轨道。孩子们在这七个月的时间里也有过焦虑,这时,经验告诉我,这时候应该帮助他们沉下心来,冷静面对比赛。

负重前行总会如临大敌,轻装上阵才能所向披靡。为了减轻孩子们的压力,我经常和他们一起聊天,回顾整个过程中每个人的辛苦付出,目的是希望他们都能怀着一颗感恩之心、坦然地面对比赛。感恩他人的同时,更要感恩自己,这样无论比赛结果如何,他们都不会后悔。带着这样的心境,这群孩子踏上了比赛的舞台,尽自己最大的努力进行了最精彩的表演,释放了属于他们自己的光芒。比赛最终顺利结束,他们都是令我骄傲的孩子!

我们总说"台上一分钟,台下十年功",完成竞赛也是如此。"三创"赛的成功不是一蹴而就的,它汇集着团队每一个人的努力和七个多月分分秒秒的奋战。易小儿团队站在"三创"赛的领奖台上,收获的不仅仅是鲜花和掌声,更是孩子们辛苦努力的回报。

孩子们参加"三创"赛从来不只是为了一纸奖状,这是一场集体奔跑的酣畅马拉松,在乎结果,但更在乎过程。长长的比赛路途,是一个相互陪伴的过程,从校赛到省赛,再到国赛,大家不离不弃,携手并进,最终取得了骄人的成绩。

跑过马拉松的人都会知道,长途的路,不容许中途的停歇,需要极强的耐力和最后拼尽全力的冲劲。易小儿团队的孩子们,七个多月以来,相互陪伴、相互鼓励,在深夜修改过幻灯片,在假期商讨过创意方案,在一年多的日日夜夜中为创业、为比赛不断付出。

一个完整、优秀项目的产生,往往需要一个漫长的过程。整个项目的出发点是什么,为什么想到这个项目,市场需求大不大,可行性强不强,能产生怎样的影响和效益。易小儿团队也是在仔细观察生活之后选择了自己的选题。从市场需求角度来分析,每一个有孩子的家庭都有一个共性:最舍得为孩子花钱。当今社会空气污染、食品安全问题严峻,对孩子的健康而言是一个极大的挑战。当孩子生病之后,免不了打针吃药,但随着家长们对抗生素的认知越来越理性,更多人开始追求安全有效的传统中医,杜绝滥用抗生素,远离过度医疗。从行业支持力度来分析,其正在逐渐获得各方的重视和加大宣传,小儿推拿已列入"国家基本公共卫生服务项目",这是中医药项目第一次进入"公卫"项目,是进入"公卫"项目的仅有的2个中医药项目之一。2015年两会提案主力推广小儿推拿行业发展,降低抗生素过度使用,确保婴幼儿体质健康。

在看到了生活中的这些问题之后,易小儿团队最终决定以0—12岁小孩和新一代宝妈为目标客户,以健康食疗、推拿、药浴为特色,通过传统中医养疗的方法调理母婴身体的手段来作为自己的创业选题。实践证明,这一诞生于生活的想法,最终也服务于生活。而只有这些能够真正服务于生活、立足于生活的想法和创意,才能具有活力和创造力,才不会被生活所淘汰。也许生活的点点滴滴太多、太琐碎、太复杂，但只要善于观察和体味生活，善于去发现和挖掘需求，善于思考和理解缺失，你就会发现，生活中并不缺少好的与新的创意，总会有很好的项目和创意在等着你。

在项目进行中，随着团队的士气越来越高涨，团队的力量也越来越大！团队成员共同挥洒汗水，浇灌着智慧的种子。每每看到那一张张合作时的笑脸，看到他们在同吃同住时的和睦与亲昵，看到他们像一家人一样互相帮助，看到他们共同进步，我总是由衷地替他们感到高兴，也觉得十分欣慰。我相信他们收获的这份情谊比参赛获得的荣誉更加重要和珍贵。

照片里的我们都笑得十分灿烂，晨洋、俊伟、小戴、小波、园园，这是属于他们的青春记忆，也是属于每一个在“三创”赛的战场上披荆斩棘、勇往直前的战士们的青春记忆。而未来，那些即将踏上“三创”赛征程的少年们，你们的青春、荣耀、舞台正等着你们自己创造。

6.2　专家评析

“易小儿母婴健康生活馆”团队：目标客户精准，产品与服务特色鲜明，传统中医养疗结合，线上线下融合发展，并运行效果良好，取得了较好的社会效应与经济效益，充分体现了大赛“创新、创意、创业”宗旨。

“创新”主要体现在：易小儿根据传统中医健康理论，养疗结合预防为主，通过母婴门店服务为切入点，给 0—12 岁宝宝和妈妈一个健康的生活方式；并通过微信公众号，利用社区探索出了一条母婴养疗专业服务模式。

“创意”主要体现在：易小儿利用网上商城与线下门店，提供药浴包、营养盒、食疗伴侣和绿色有机农产品等系列产品，同时实体店开展中医小儿推拿、小儿药浴服务，以及女性产后恢复调理服务，把产品与服务很好融合，满足了用户的需求，预防结合、防病为主。

“创业”主要体现在：开通了网上微信平台，它是一个集线上商城、社交平台、中医养生知识为一体的平台；并开展了线上公众号、小程序为用户定期进行个性化推送；特别是公众号涵盖了微信商城、预约服务等栏目，方便用户进行产品购买及服务预约，实现线上与线下有机融合。

该设计方案中还存在着一些问题，主要是对市场的分析与未来发展认识不足；如何防范在养疗过程中的风险，缺乏必要的应对措施。建议增加众筹、保险等互联网金融服务，防范与分担风险。

评析专家：西南财经大学　帅青红　教授

庄户人——为那些灵魂不再漂泊而奋斗

参赛团队:太原理工大学　童心圆

参赛组长:王昕璨

参赛队员:侯嘉鑫　王益馨　岳　姝　张泽国

指导教师:高　航　温芝龙

关 键 词:"互联网+精准扶贫"　第一书记　美丽乡村

摘要:庄户人精选农业平台是基于闭塞农村绿色精准扶贫的精选农业商业平台,打造"互联网+第一书记+精准扶贫+不懈奋斗+贫困农民"的模式,以第一书记(三支一扶、村干部)作为沟通消费者和农户的桥梁纽带,运用互联网思维指导精准帮扶的工作实践,以"生态富民+品质生活"为主线,通过"小而精"的优势为中高端消费者带来的优质消费体验,链接起一条农村与城市共享幸福生活的新商业平台,共同打造贫困地区的"互联网+精准扶贫"生态。本平台的存在价值在于精准扶贫、振兴农村、美丽乡村,对接主流消费人群与贫困地区,在行业内起到先导性作用。

1　项目简介

1.1　项目主要意义

我国一直在强调美丽乡村振兴战略,且伴随着城市电商快速发展致人口红利的消失和流量红利的饱和,农村成为下一个商业机会点,尤其是农村电商领域成为新的战场,而发展农村蓝海市场将会是弥补市场空白的新战略。因为国内尚无先例,本平台将成为国内精选农业电商领域的先驱和旗帜。

1.2　项目目标与近期效果

通过三年努力,吸纳了大量的农户,通过有效推广,使庄户人精选农业平台的使用受益农户增加至5 000户,年销售收入突破500万元。以方山县试点为起点,推广到山西省甚至全国其他地区。我们坚信,项目产生的社会效益将解决偏远地区好货难外销的困局,为城市消费者提供更多健康食品的选择。

项目目标:以普惠心态深耕农村市场,并有信心在农村新零售走出自己的特色。

目前网站正向以下方面发展:给予贫困地区优质的农产品一个广阔的销售平台,给予渴求优质农产品的消费者一个放心的购买平台,运用互联网补齐农民的短板,打通前端生产与终端购买销售,帮助贫困农户直接对接市场,为贫困地区的农民赋能。

1.3 项目主要内容

庄户人精选农业平台以“互联网+精准扶贫”为发力点,借助第一书记、志愿者的精选严选,发掘推广老区的地标特产,为中高端消费人群提供源于绿色环保的优质农产品,推动生态红利转化为产品溢价,形成造血式的扶贫公益模式,带动返乡农民工家庭创业增收、脱贫致富,用生态扶贫带动精准扶贫,推动留守儿童帮扶行动深入实施,促进帮扶场景的闭环管理和帮扶成效阶梯式上升,实现社会价值与经济价值的双赢,改善留守儿童关爱保护的社会治理体制为农村教育服务水平提升注入新的动力。

1.4 项目技术路线

本平台现已有三项实用新型专利,以技术型、专业型为导向,创建产学研、产进销一体的平台,从农产品销售、农户平台入驻、第一书记交流论坛、VR 农庄游下手,在网站上实现且配合溯源追踪、直播、砍价、拼团等,使三者得以互相促进,互相辅助,便于合理耕种,防止出现滞销、农产品安全质量问题,下一阶段将在当地推出纯天然农家乐等业务。

1.5 项目特色

1)不以牺牲环境为代价,绝不破坏绿色生态,只做环境友好型

贫困地区,虽然贫困,但是却很好地保留了青山绿水。在保持原有样貌的基础上,不以破坏生态为代价,充分利用自然禀赋加科学发展模式,走出一条符合当地的生态富民之路。

其中,互联网作为第三次工业革命核心,其绿色无污染的特点,在实现扶贫先扶志的基础上鼓励农民工返乡,鼓励农民以“工匠精神”创造农业精品,精耕细作、严选珍品。

2)对接“第一书记”,引导精准帮扶

第一书记、三支一扶、大学生村干部这支在乡村社会治理中的新生力量,一方面,可以借助政府力量实现全方位覆盖的社会资源共享,拓宽信息采集渠道,便于正确了解当地农民的实际情况,也便于引导农民融入项目中;另一方面,通过“第一书记”作为项目名片,作为网站的组织制度保障,让消费者更加信赖。

因此,“第一书记”作为“庄户人”精选农业平台项目实施的桥梁和纽带,能够有效促进项目深入实施,增加了落地实施推行的筹码。同时,充分发挥其织优势和职能优势,对项目实施的效果进行跟踪、监督,使活动达到效果最优,真正帮扶到需要的目标人群,也真正让“精耕细作”落到实处。

而“互联网+第一书记”强强联手,以“第一书记”为支撑点,以“互联网+”为发力点,

促进资源共享和异地协同,有助于推动项目获得实效。

3)坚持科学发展模式,庄户人的生产更具合理性

在未被大规模开发的农村坚持科学发展模式,扬长避短,通过情怀营销产生粉丝效应、社群效应,将传统耕作、工匠精神融入产品,提升产品溢价。

4)项目组织协会运营,多个相关协会加盟

山西土特产发展协会作为运营的重要渠道,负责项目的组织协调、资源统筹、资格准入、过程监控,集聚山西土特产专家、企业家,整合相关社会资源,为平台的营运提供有力的社会支持。

同时,依托留守儿童关爱协会组织吸纳一支由专家和相关专业在校大学生组成的志愿者团队,指导项目规范运作。

5)线下扶农,精益农业养成

由于长期粗放性、不合理的耕作模式,贫困地区农民缺乏科学化耕作、科学化管理意识,电商销售的意识淡薄。

通过由当地“第一书记”组织,相关专业志愿者进行定期的农业政策、农业技术、农业情怀、电商概念的培训,让农民树立正确的“扶贫先扶志”的概念,精耕细作、自力更生。

6)线上销售,百分之百正品安全放心

线下建立稳定的帮扶关系后,将转移至线上网络平台,依旧以第一书记为支点,以“精耕细作”无污染产品为卖点。平台首创 CBCA 模式,打造核心竞争力。由第一书记、大学生村官、三支一扶组成的政府组织制度保障,由消费者组成的大众保障,由志愿者组成的概念、意识保障,以及由庄户人平台形成的技术保障。

庄户人平台五个特点内容包括:农情会、去中心化、晒农友圈、直播还原、数据可视化。

其中:

(1)农情会

定期组织开展农情农况、农业技术、电商意识和知识等多方面的普及,调动农民回村务农、拿起锄头干活的情怀,树立工匠精神,精耕细作,自立致富。

(2)去中心化

功能概述:项目采用区块链为核心的技术保障,在分布众多节点的系统中,将农产品上传到一个去中心化的开放账本,利用区块链节点与节点之间的制衡影响,记录每一个农产品从种植到出仓、交易的所有过程,通过不可篡改的数据库,实现农产品的品质溯源。

功能内容:庄户人采用更加前沿的区块链技术,做到了去中心化。在这个种植系统中,我们给予每一个客户相同的权限,让每个顾客都能看到每一天真真切切的作物生长情况、环境、所用肥料、水质等。我们在进出仓、包装流程中也加入了区块链技术,每位客户都能在庄户人中精准地看到自己所购买的食材运输的路线,这保证了我们的产品是真正地来自绿水青山。每位在庄户人购物的顾客都能真正地吃到精耕细作的天然高品质农产品。

(3)晒农友圈

功能概述:增加产品真实性、增加消费者与庄农户互动性,产生受众对产品的情怀认同,庄户人入驻"户主"可以定期晒家乡的青山绿水、作物生长情况、农耕日常、生活日常,不仅可以增加"户主"生活乐趣,也可以让消费者更好地体验到产品本身的人情味和精耕细作,增加对产品的信任感。

功能内容:"户主"通过农友圈,可以选择图片、短视频等多样化的类型进行最新动态的发布,打开其个人主页可以看到其所有动态。

同时,在农友圈可以进行点赞、评论操作,增加交互体验。针对"户主"发布的动态,广大用户可以发送自己的见解,包括对作物种植的一些建议、观点、鼓励等,在青山绿水变金山银山中,使消费者也有一份成就感。

(4)直播还原

功能概述:庄户人直播功能,直播间加入了定位功能、购买链接。"第一书记"可以选择合适的时间进行直播,直播内容包括播种、浇水、施肥、收获等必不可少的步骤,也可以包括当地自然风光、风土人情、村容村貌改变。这对长时间生活在城里的购买者来说,是一件新鲜好奇的事情。

功能内容:"第一书记"可以在直播中推荐本地明星产品,消费者可以通过直播看到自己想买的农作物种植实况,通过"第一书记"演示、品尝和系列介绍,增加对平台的信任。庄户人后台会自动截取每天的直播片段,在农产品上市时可进行回放。让消费者真正地认识到这些农产品是绿色、自然、有机的高质量农产品。同时消费者可以通过直播用购买产品产生的比特币打赏喜欢的产品,消费者也可以通过直播进行监督,确保种出来的农产品是真正的"精耕细作"产品。

(5)数据可视化

功能概述:数据可视化主要旨在借助图形化手段,清晰有效地传达与沟通信息。本平台首页把不同地区、不同规模、不同产品的数据通过可视化直接展现在消费者面前,便于其直观搜索所需产品。

功能内容:首页有不同产品的分类,点击具体想购买的产品,可查看对应产品在全省分布,同时此分布图可以精确到具体县、乡、村,每一级界面可以跳转到普通去中心化的相关视频列表。直观、清晰,且美学形式形成的独特格调与功能需求同时满足。

7)实现平台的闭环管理

工作场景的实现流程为:引流—服务—反馈—引流+,循环往复,形成闭环!即线下引流—场景服务+定期回访(讲座、家访、直播)+消费者反馈—反馈升级(闭环)—扩展引流+。

其中:引流(引入帮扶目标人群,建立线下信任关系)—体验(以用户需求为核心,将线下产品移植到线上并营销推广)—反馈(线上消费者反馈,平台抽样反馈,线下通过双渠道反馈效果增益:第一书记和志愿者)—再次引流(巩固旧的线下关系,建立新的线下关系),依次循环,不断提升内在质量!

庄户人从引流到再引流，不是单一闭环，也不是在原地周而复始地循环，而是从单一闭环到多级闭环的螺旋上升。每个“童心圆”都是一个动态的、螺旋式上升的闭环链，每一次循环都有特定的目标和内容，每经过一次循环，结合回访反馈解决了一批问题，服务能力和服务种类就形成了阶梯式上升。通过不断地反馈改进，在新的闭环里面，我们可以更深一步地提高和改进帮扶情景体验，进入更深层次的互动，从而螺旋上升到下一个闭环，每个闭环的周期为一年。

8）产品溢价自立致富

在青山绿水下运用具有“工匠精神”精耕细作生产下的高质量产品，加上 CBCA 模式的把控监督，将贫困地区的绿水青山的生态保持下来，实现农民自力更生致富的理念情怀，交互式的体验参与、共享共信，提升产品本身价值、增加附加值使其具有很好的溢价能力。同类产品，消费者更愿意选择庄户人。

2 项目分析

2.1 市场需求分析

当今农产品销售充斥着农药残留超标、化肥污染、重金属污染、转基因农产品等的安全性问题。随着科技进步，注重养生、原生态理念深入人心，消费者对农产品的质量越来越关注。追求高品质农产品的需求由 2016 年的 11.3%上升至 17.7%。

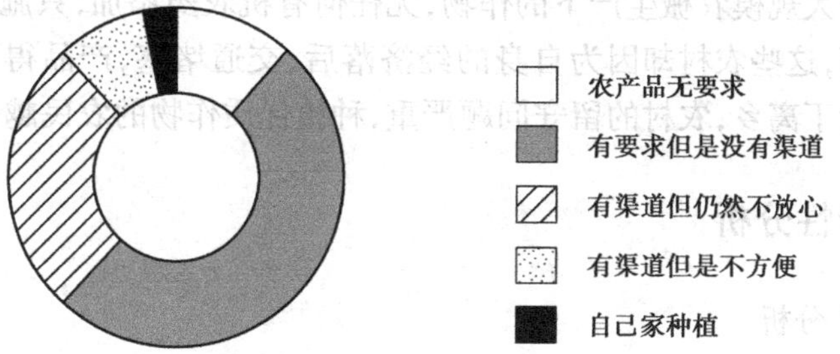

图 1 农产品质量需求调查表

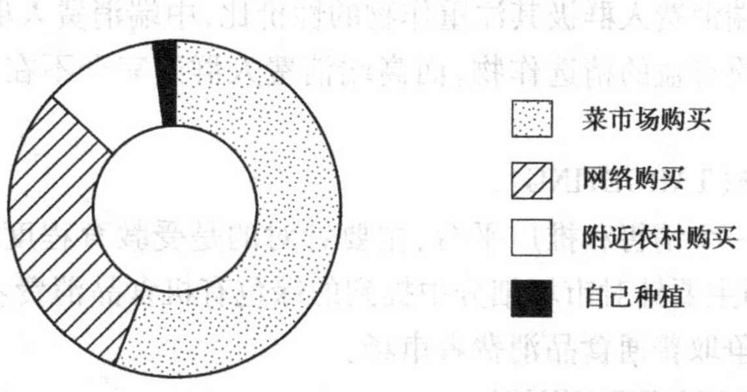

图 2 购买蔬菜来源

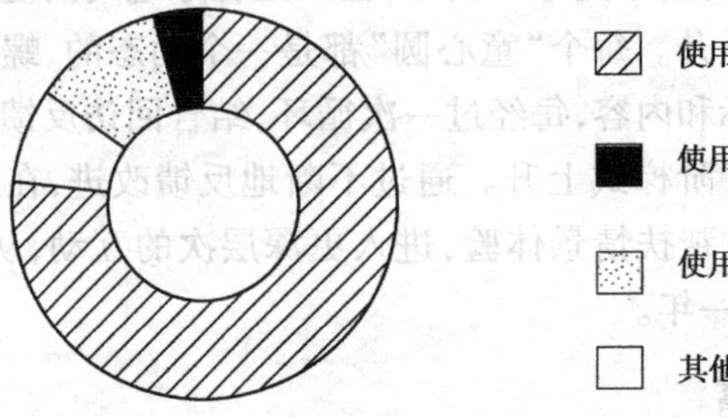

图3 农民使用化肥、农药情况

如以上分析图所示,在我们发放的2 150份调查问卷里,可以看出:

①随着人们收入和生活水平的日益提高,绝大多数消费者对产品本身的健康、安全、营养等方面提出了更高要求,但是并没有可靠放心的渠道。

②消费者更倾向于购买、使用农家肥的天然生态作物,并不喜欢吃大规模化生产下的受到污染的农药罐、化肥罐作物。

③消费者购买农产品多到本地的特色店购买,很少有人选择网上的市场。

以上三点为庄户人平台开拓网上市场创造了有利条件。

2.2 产品市场定位

在以方山县为首的国家级贫困农村调研的过程中,发现当地的朴实农民用一种极为悠久的传统生产方式,秉承精耕细作的理念,耕作出的农作物绿色天然,品质极高。这种作物不同于大规模农械生产下的作物,无任何有机农药添加,只施传统农家肥,品质相对上乘。然而,这些农村却因为自身的经济落后、交通堵塞,产品得不到很好的销售,使越来越多的壮丁离乡,农村的留守问题严重,种植优质作物的农民越来越贫穷。

2.3 可行性分析

1) STP 分析

(1) 市场细分(SEGMENTING)

根据消费能力将购买农作物的市场消费人群分为低端消费人群、中端消费人群和高端消费人群。低端消费人群极其注重作物的性价比,中端消费人群则会理智性地购买一些对提升自己体质有益的精选作物,而高端消费人群则完全不在意作物价格,只看重农作物的质量。

(2) 目标市场(TARGETING)

庄户人网是一个销售和推广平台,主要针对的是受教育程度高,且收入中等偏上的中高端消费者,即主要针对市场细分中提到的绿色有机食品消费者。在稳定这一部分消费者的同时努力争取普通食品消费者市场。

(3) 产品定位(POSITIONING)

针对这一部分消费者,庄户人网将努力给他们形成一个有着质量保证且多种选择的有机推广销售平台的印象。

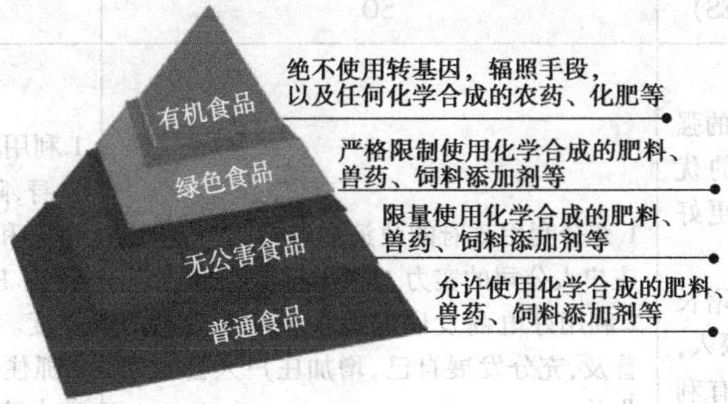

图4 食品安全金字塔

2)竞争分析

(1)竞争对手分析

目前市场上存在这几种食品，而价格也是由下往上递增，消费者并不能完全区分这几种食品。在概念模糊、对绿色有机食品知识缺乏的情况下，消费者有可能选择绿色食品或无公害食品。庄户人网集合了各类有机食品，有自己推广销售的方式和渠道。正是因为多样化，与专营一家的有机食品平台相比专业性减弱，因此庄户人更要发挥平台自身的集群优势。以淘宝为首的 C2C 巨头，具有很大的流量，但市场上并没有一款主打精选农产品的网络零售商。淘宝上的入驻农户与我们平台入驻的农户相比，经过分流后的流量反而会很弱，并且淘宝并没有做到对农产品质量的保证，淘宝上的农产品也缺乏一定的品牌自主性。以惠农网为首的农业电商平台，并没有把精选作为主打，其所售产品广而不精，质量参差不齐，用户很难购买得到能够满意的高品质农作物。线下市场实体店直接接触受众，显得会更可靠，但缺乏互联网上电商平台的产品广度，有许多特色农产品，并不能直达消费者手中，过程较为烦琐。

(2)SWOT 分析市场模型分析

表1 SWOT 分析

内部因素 / 外部因素	优势(STRENGTH)	劣势(WEAKNESS)
	1.政策支持：为庄户人公司提供免费的办公场地以及办公所需硬件设施；庄户人公司前三年的所得税全免。 2.供销一体：为庄户人公司提供直接的产品供应，为产品低价销售提供了优势，也有利于其他有机产品形成组合销售。 3.平台可靠：庄户人通过区块链技术的应用、第一书记的加入实现产品保质保量。	1.后入劣势：庄户人公司平台开放缺乏先入优势，与大型电商平台相比仍有较大发展空间。 2.电商风险：电商平台本身的风险和劣势不利于庄户人公司的发展。

续表

机会(OPPORTUNITIES)	SO	WO
1.政府、社会支持。 2.电商发展:电子商务的强势发展和市场结构的优化,让产品销售拥有更好的渠道。 3.消费偏好:网民数量增长迅速,网购精选观念深入,人民生活品质提升,有利于精选电商的迅速发展。 4.科学技术:团队实力较强,且有较好的自我净化模式。	1.充分利用政府的政策和资金支持,增强庄户人公司的实力,发挥电商的优越性。 2.利用好电商发展的机会和网购观念的普及,充分发展自己,增加庄户人公司的收益。	1.利用政府支持,不断优化自身,降低服务成本,扩大市场和受众率,增加消费者对庄户人公司的接受度。 2.抓住电商的发展机遇,完善电商平台建设,与其他电商企业协同发展,不断壮大自身实力。
威胁(THREATS)	ST	WT
1.竞争威胁:竞争对手众多,以及强势电商企业的步步紧逼。 2.安全威胁:电商环境的复杂性和不安全性,使交易风险上升;电子商务相关的法律法规尚不完善。	1.增加销售渠道并充分发挥强势电商企业的优势,完善电商平台建设,降低电商交易的风险。 2.充分利用政府硬件与软件支持的优势,抵抗来自竞争对手的威胁。	1.扬长避短,发挥电商企业的优势,并尽力避免电商企业的劣势。 2.建立健全庄户人公司的运营发展机制,最大程度降低风险和威胁。

由SWOT分析可知,庄户人发展具有政策支持、供销一体和平台可靠等优势,同时,也存在着后入和电商风险的劣势;在具有政府、社会支持、电商发展、消费偏好和科学技术等机会的同时,亦存在着竞争和安全等威胁。

3)五力模型分析法

(1)潜在进入者

①平台依靠自营销售的同时也与开放式电商平台合作,依托"第一书记"作为直接平台代言人、监督者,各特色农业生产基地形成自营一体化,可复制性差,新进入者威胁较弱。且模式便于内部自我复制,依靠第一书记贴近农民也关注民生,成为公司对外的一张名片。

②B2C网络零售行业属于规模经济行业,形成了进入壁垒,庄户人网有限公司针对有机农产品的推广建立属于自己的自营销售式同时也与第三方开放式电商平台合作,例如天猫、淘宝等,使产品的推广销售有着稳定而可靠的平台支持。

③因为国内的农作物市场,质量良莠不齐,我们结合不同气候、土壤,追求产品质量和营养含量,山西省方山县、阳曲县多个村作为直接的货源供应,保证了平台供应来源的稳定。

(2)替代品威胁

①传统的线下交易方式。传统交易方式仍然是比较主流的交易方式,与网购方式相比,传统交易方式中买家可以接触实体商品,产品质量更可靠,因此,传统交易方式更容易获得消费者的信任。

②C2C 电子商务模式。在第三方支付工具出现后,C2C 行业的信任度提高了,而 B2C 仍然主要依靠消费者对自身企业的信任,这种信任度是基本保持不变的。那么,对于消费者来说,C2C 店铺中低价格、多样化的产品就更具有吸引力。因此,第三方支付工具的出现使 B2C 行业被 C2C 行业替代的威胁变大了。

(3)供方的讨价还价能力

我们平台主要负责有机农产品的推广,其中较为特色的产品即山西省寺庄村黄小米、方山县薏仁米,“人说山西好风光,地肥水美五谷香”,在山西土特产行业协会的指导下,特色产品一经推出就被抢售一空。由于产品的特殊性、唯一性,以及精美的包装,产品供不应求,产品价格高于原售卖价格。

(4)买方的讨价还价能力

随着中国经济的发展,人们生活水平的提高,人们对于优质特色农产品的需求越来越大,特色农产品有着巨大的市场需求缺口。以杂粮为例,人们对于薏米的要求相信也会逐渐提高,我们旗下的特色农家薏米市面上没有复制,质量高于一般产品,且相对于传统的薏米价格高出很多,使得人们在产品打造初期对于它的价格可能不能接受,我们利用电商平台展开宣传,针对不同时期的市场反应进行定价,并且“庄户人”目前消费主要针对高文化素质、高购买力人群,根据不同的细分市场打造不同的系列产品,有利于市场的扩展,削弱买方的议价能力。

(5)现有企业间的竞争

①商品结构同质化。B2C 网站上的商品标准化程度相当高,差别较小,而我们选择了精细化的方向使得市场细分更加精准,有利于规避一定的竞争。

②行业内部竞争加剧。随着移动互联的兴起和发展,网络用户数量迅速增长意味着庞大的市场需求,与此同时,移动互联也成为各个线上零售商相互争夺的领域,更多的 B2C 企业蠢蠢欲动想要在此行业分一杯羹。

③物流体系的建设。B2C 企业物流的好坏直接影响着用户的购物体验,为了留住更多的客户,越来越多的 B2C 网站采用了自建物流为主、第三方物流为辅的策略。而自建物流意味着更多的产品投入,更多的运输工具和人的投入,更多的资金的投入。这也在很大程度上增加了 B2C 行业内的激烈竞争。

综上所述,我们依托现代网络电商平台对有机产品进行改造升级,在不同阶段采取不同的营销策略,以特色优质农产品为先驱,以山西土特产行业协会为依托,以“第一书记”为名片,将产品推向更广阔的市场。具体模型如图 5 所示。

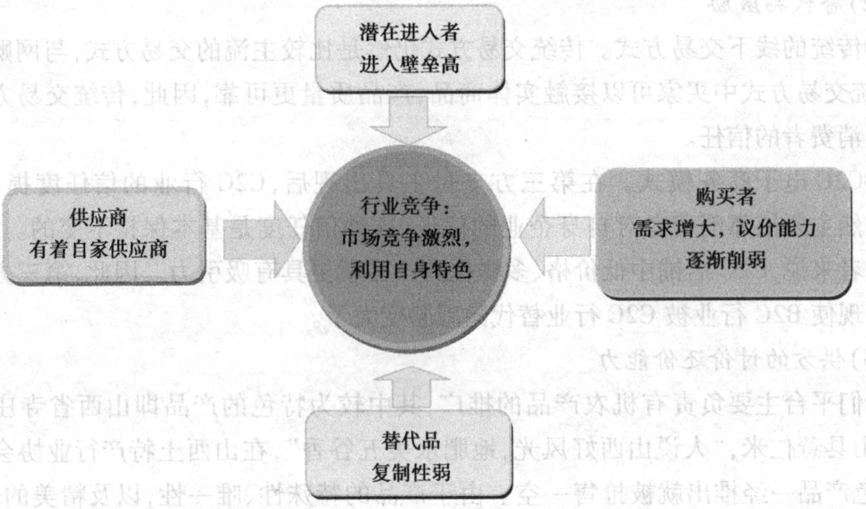

图 5　波特五力模型分析

3　项目产品设计及其特色

3.1　产品设计

“庄户人”平台，采取“三高、三化”协同推进、线上线下相互融合的“OMO”模式。针对不同消费能力水平，不同需求的客户提供不同的包装。通过纸塑袋、防潮真空盒、瓷器等不同的包装，提供不同的定价；采用智能的算法分析，对潜在的大客户诱导式购物，对不同的顾客群规定不同的价格。从产品产地的严格选择，到施肥种栽的严格把控、实时监督，再到新品种和产品包装的开发，充分体现出地域和产品的唯一性、产品的稀缺性和产品的天然性，增大农产品的“溢价”空间，达到“精准扶贫”的目的，使留守儿童的父母看到回乡的经济效益，从根源上解决留守儿童问题。

3.2　经营设计

“庄户人”的独特优势在于其模式：通过“第一书记+农户+消费者+大学生志愿者”的组织模式创新，实现“互联网+生态富农+特产精选+社交营销”的经营模式创新。“庄户人”的出现，运用互联网补齐了农民的短板，打通前端生产与终端购买销售，帮助贫困农户直接对接市场，为贫困地区的农民赋能。

3.3　平台模块介绍

庄户人精选农业平台主要分为“第一书记”推荐模块、商城模块、咨询行情模块三个模块。

1)“第一书记”推荐模块

“第一书记”这支在乡村社会治理中的新生力量,一方面,可以借助政府牵头实现全方位覆盖的社会资源共享,拓宽信息采集渠道,便于正确采集留守儿童的实际情况;另一方面,通过政府指引和专项经费支持,充分整合人力资源,引导家庭、学校及多方社会组织参与到留守儿童的帮扶进程中。我们在这一模块中会向大家展示出“第一书记”所推荐的产品,我们的这个平台的产品都是通过农户小产,第一书记实时监督,高质量筛选得来的,用户们可以放心购买,安心使用。

2)商城模块

商城主要分为现有商城选购区、新品众筹动态区、生活小贴士区三大区。

商城选购区是已有商品的模块,其中薏米、红豆、小米是我们主打的特色产品。新商品众筹动态区是展现最新的产品众筹种类以及项目进度。生活小贴士区则是一个放松娱乐的区域。

3)咨询行情模块

咨询行情模块分为生产相关、第一书记、政策动态三部分。生产相关分为试验示范、农技培训、成果展示等方面。“第一书记”作为留守儿童帮扶项目实施的桥梁和纽带,能够有效促进帮扶项目深入实施,并使关爱活动常态化成为可能。政策动态主要向用户展现国家的政策动态,时事热点,便于用户及时了解民情,并制订相应的措施,更好地践行社会主义核心价值观。

3.4 组织管理设计

为了保证公司的运营效率,提高在行业中的竞争力,公司采用董事会下 CEO 负责制,下设行政部、人力部、财务部、技术部、规划部、营销部六个主要部门。在创业初期采取类似矩阵型的组织结构,人员分为管理层、平台运作、技术骨干、普通会员四大类。营销总监在征得 CEO 同意后可临时征调其他部门员工参与软件销售中。

3.5 财务设计

1)投资计划

山西匠心网络科技有限公司成立于 2016 年 6 月 17 日,综合实力和盈利能力较强。本公司注册总资本为人民币 100 万元,其中团队自筹 20 万元,银行贷款 45 万元,“联合创始人”(天使融资)35 万元。本公司受到当地政府的大力支持。公司的办公场地、办公设施以及员工宿舍等都由政府提供,同时由于“童心圆”满足大学生创业的国家条件,因而免除“童心圆”前三年的企业所得税。

2)成本来源

目前及以后庄户人的运营成本主要来自微信小程序的建设和维护、产品的宣传推广费用、管理费用、职工工资、公众平台及收费平台等的获取和长期待摊费用等。

3) 项目收入概述

根据公司的发展战略,我们按初期、中期、后期把网站发展分为三阶段。庄户人精选农业平台在 2018 年 6 月试营业期间,平台累计关注人数达 778 人,截至 6 月 30 日收入突破 70 388.35 元。营业收入利润率为 34.56%,营业成本率为 65.44%,营业费用率为 97.00%,净产收益率为 3.00%。中期增加线下体验服务费及金融服务费;后期将依托资金流动及数据服务费来维持平台运营。

3.6 风险控制设计

1) 技术风险

由于第三方平台在客户个人信息的安全保障方面对技术要求比较高,所以整个运营过程中会出现对于信息安全方面的技术研究、开发和保护方面的问题。控制策略在于加强技术团队成员对信息方面的研究与学习,增强团队的信息安全保护意识。对某些敏感技术进行保密:聘请专门的法律顾问,用法律武器保障公司权益不受伤害;与每一位核心成员签订协议,以免造成不必要的损失。

2) 市场风险

庄户人产品上线后用户的使用量达不到预期的流量额度。另外,本平台产品因为具有质量好、销量少的特点,而导致价格较高,可能造成对本平台产品的市场竞争力的高估,引发市场期望值风险。

为此应该利用微博、微信公众号等公众平台,进行大量的宣传,扩大产品知名度:进行适度的促销,打出自己的特色,使产品快速占领市场;盯准高端市场,做绿色、环保、有机的产品,并进行深度加工,打入高端市场。

3) 财务风险

当前尚处于初步运营阶段,在前期不能被广大客户所认知的情况下,获利较小,造成资金运转困难。在平台上线前期,可能对于一些资金的使用没能采取合理、完善、有效的监督和控制而导致内部财务十分混乱。控制策略在于尽可能减少成本并建立有效的财务风险防范处理机制。

4) 人事管理风险

人力资源供给不足,劳动力成本过高,关键人员的流失,是企业发展过程中必须深入思考并加以解决的重要问题。控制策略包括任用贤才并重视正式员工的管理;建立健全的人力资源规划,招聘和培训计划;提高员工的忠诚度和团队意识;创造良好而独特的企业文化。

5) 经营风险

由于外部环境的复杂性和变动性,可能导致运营活动达不到预期的目标。团队核心成员较为年轻,相比业内资深人士缺乏实际管理经验,涉及产品在推广过程中的效率、信誉等问题。控制策略在于采用“第一书记”和“互联网+”模式,取得消费者的信任。多进行市场调研,合理采纳用户意见,保证客户利益,使网站更加人性化。提高创新能力,合力推进美丽乡村的建设。

4 项目建设(创业)

4.1 组织机构建设

“庄户人”拥有一支强大的技术团队作为企业的后盾,为企业提供了强有力的技术保障,同时公司各个部门由丰富经验的负责人带队。又有浪潮、联通等企业带头人,山西农业发展协会会长做指导规划。

本公司现有核心成员 5 人,员工 18 人。为了保证公司的运营效率,提高在行业中的竞争力,公司设立董事会,下设行政部、人力部、财务部、技术部、规划部、营销部六个主要部门。

4.2 技术支持建设

创建并维护“童心圆”项目旗下的庄户人平台,实时更新商品详情页与活动页面。平台增设直播模块,将站点的庄稼生长全过程公开化、透明化,受全体受众的监督。对农产品质量高度重视,利用区块链技术对农产品进行信用溯源。及时洞察市场热点需求,并推出相关活动来刺激庞大的消费市场。

4.3 商业运作建设

供应商围绕庄户人平台,通过对信息流、物流、资金流的控制,从品种引进、品种优化、品种繁育,将农民、第一书记与平台紧密联系,到最终消费客户连成一个整体的功能网链结构模式。利用供应链管理思想,对供应链中的物流、信息流、资金流、价值流以及工作流进行计划、组织、协调与控制,寻求农民、第一书记、平台以及客户间的最适关系,最大限度地减少内耗与浪费,实现供应链整体效率和效益的最优化。对平台的供应商进行严格的资质审查,建立与合作公司的战略合作关系,并与多个第一书记及村代表签订了供货协议。与第三方物流公司如圆通快递、中通、EMS 等公司长期合作,收取占交易额一定比例的服务费用。

庄户人平台与农业银行、农村信用社达成了深度合作,推出了具有财运特色的纪念礼包。与行走在前列的企业合作,用庄户人的品牌特色产品作为特色礼包,送给重要客户或优秀员工,提高社会知名度,培养潜在客户。庄户人平台的授权生产基地可以对已购顾客开放,允许参观,安排专人对参观者进行讲解,培养终身客户,推进庄户人的企业文化建设,激活庄户人的顾客群。

4.4 网络营销建设

前期通过用户广阔的微信平台宣传销售,平台已初具规模;中期产业扩大后,庄户人将客户端平台投入运营,瞄准省内市场;后期不断调整完善,由于项目良好的可复制性,届时将向全国拓展,并向各个社交媒体投放广告,寻找代言,积极规划流量变现,谋求更好的知名度和公益性。

5 项目运行与维护

5.1 运行与维护过程

1) 目标激励

设立简洁、明确、可行的目标,可以清楚地指引行动,并且对于一个可行的目标,大家也会不遗余力地去实现。我们的目标只能通过一个行动计划去实现,因此,我们必须全心全意地信任这个计划,并且要全心全意地去实施这个计划,使之成为成功的不二法门。

2) 明确责任

明确每个人的责任。团队中每个人都知道自己应该如何做好自己的本职工作,提高自己的技能,并且在团队活动中寻求老师的意见,可以更快地进步。

3) 制定制度

确定团队的企业文化与核心价值观,拟定组织纪律,对不遵守者实行一些惩罚,培养集体纪律性。

4) 团队奖励

团队业绩全部奖励。没有"你们"这个词,只有"我们",设立"团队奖金",团队有业绩全部奖励,建立团队的集体荣誉感。

5.2 运行与维护效果

1) 市场影响

庄户人精选农业平台通过线上销售获得直接收入。因此,直接销售收入盈利作为发展初期的主要盈利模式。就客户群而言,目前全国有想法并有经济能力购买高质量农产品的家庭应超过40%。现阶段庄户人已建立微信客户群5个,客户400余人。随着庄户人宣传的力度不断加大,这个数字也会逐渐加大。

同时技术团队正在积极进行庄户人App的开发工作,从而进一步打开市场,并发展壮大。

2) 运营业绩

保守估计全国有超过40%的家庭有望成为我们的客户群体,从各种途径(以网络宣传为主）注册登录庄户人平台的小程序。现小程序已注册人数达到了1 000多人，加入我们的客户群的人数已经达到400余人。每年我们的网站用户数量会以大于7%的速度增长。三年后我们的用户数量将达到相对稳定，争取在优质农产品市场达到30%的市场份额。

3）社会效益与经济效益

在"一生专注干好一件事"理念的指导下，经过一年多的不断努力，"庄户人"项目呈现出广阔的市场前景。庄户人项目与方山、神池、阳曲等地的五十余名第一书记合作，呈现出较好的可复制性、可持续性，人民网、光明网等十余家媒体先后进行了报道和转载。自2016年起，项目先后获得方山县首届电商众筹扶贫大赛一等奖；第三届中国青年志愿服务项目大赛金奖；第十一届中国青年志愿者优秀项目奖；第四届中国青年志愿服务项目大赛示范项目提名奖；第八届全国大学生电子商务"创新、创意及创业"挑战赛特等奖。先后投入参赛获奖资金、社会募集资金、自有资金二十余万元，良好的项目模式和帮扶成效得到了公众的广泛认同。我们将以公益精神和普惠心态深耕农村市场，有信心和耐心在农村新零售和精准扶贫上走出自己的特色。

6 分析与评价

6.1 指导老师点评

当代中国，城镇化的快速发展伴生902万农村留守儿童，他们在成长关键阶段远离父母关爱，像"野草一样成长"，甚至受到难以愈合的心理创伤。2015年，时任山西省教育厅扶贫队驻方山县积翠乡南阳村"第一书记"赵永霞，通过研究发现解决留守儿童问题已经刻不容缓。2016年，在山西省教育厅领导的支持下，赵永霞联络太原理工大学等高校发起成立山西省留守儿童关爱协会，并推出《"童心圆"留守儿童精准帮扶计划》。该计划旨在创建"互联网+第一书记+大学生志愿者+精准扶贫"留守儿童关爱和教育模式，推进面向留守儿童的公益组织规范化建设，吸纳更多公益组织和志愿者投身其中，持续高效地关爱留守儿童及其家庭，为提升留守儿童关爱保护的社会治理能力和农村教育服务水平注入新的动力。

为实现"互联网+第一书记+大学生志愿者+教育扶贫+生态富农"的生态闭环，太原理工大学"童心圆"团队通过打造"庄户人"精选农业平台，探索造血式的扶贫公益模式，借助第一书记、志愿者精选发掘老区的地标特产，推动生态红利转化为产品溢价，带动返乡农民工家庭创业增收、脱贫致富，实现留守儿童父母的真正回归。

项目启动以来，助推精准扶贫的数年之积淀，结出了累累硕果，铺设出一条电商助阵精准扶贫之路。这不仅是电商助力农村、农业、农民，更是学校将精准扶贫、校内外实训教学和专业内涵建设有效结合的积极尝试，对山西省电商扶贫工作起到了一定的示范引领和促进作用。

在本次创业报告书的撰写和答辩过程中，学生们始终面对团队知识匮乏和经验不足所带来的挑战。比如说，市场分析如何更科学、成本分析和利润计算如何更翔实、商业计划如何更详细、风险分析如何更客观等。这些都是需要系统的学科知识和创新理论来支撑的。但全体团队成员凝心聚力，敢于创新、勇于实践，构建起一种全新的电子商务运营模式，项目所迸射出的创意火花，令老师们倍感欣慰与骄傲。

通过这次比赛，项目组尝试解决真实社会问题，深入乡村、了解国情，聚焦痛点、构建平台，增加了社会阅历、工作经验以及动手能力，在强化创业精神和创业能力的同时，学生心中的社会责任感也得到了极大的提升。

6.2 专家评析

“庄户人精选农业”项目选题符合国家脱贫攻坚战略的需要，以“互联网+精准扶贫”为发力点，通过“第一书记+农户+消费者+大学生志愿者”的组织模式创新，实现“互联网+生态富农+特产精选+社交营销”的经营模式创新，借助第一书记、志愿者的精选严选，发掘推广老区的地标特产，给予贫困地区优质农产品一个广阔的直接对接市场的销售平台，为中高端消费人群提供源于绿色环保的放心农产品，形成造血式的扶贫公益模式，带动返乡农民工家庭创业增收、脱贫致富，用生态扶贫带动精准扶贫。

项目具有“不以牺牲环境为代价，绝不破坏绿色生态，只做环境友好型”“对接‘第一书记’，引导精准帮扶”“坚持科学发展模式，庄户人的生产更具合理性”“项目组织协会运营，多个相关协会加盟”“线下扶农，精益农业养成”“线上销售，百分之百正品安全放心”六个特色。同时，项目组还开发了农情会、去中心化、晒农友圈、直播还原、数据可视化等技术和营销手段运营平台。

经过同学们和指导老师的不懈努力，以及所有团队成员持续不断的拼搏，在宏观创业环境继续利好的背景下，在坚持移动化、社交化、视频直播化等发展方向情况下，庄户人平台一定会变得越来越好。

评析专家：西南财经大学　李忠俊　副教授

α-梦之队——扎染魅力

参赛团队:西安翻译学院　α-梦之队
参赛组长:白恩宇
参赛队员:张旭阳　罗淏文　赵欢
指导教师:支侃买　马永辉
关 键 词:非物质文化遗产　环保节约　纯手工　纯天然　创新时尚
摘要:云南扎染魅力有限公司致力于传承发扬国家级非物质文化遗产,宣传特色扎染产品,融合传统与时尚的理念,对扎染产品进行创新,将时尚产品带给消费者,把经济效益带给扎染的传承者。我们结合大理州白族人民一起创作扎染产品,走纯手工、纯天然、生产化道路,以互联网、移动互联网为基础将线上交易和传统经营方式相结合,建立和完善产品销售渠道,开拓出一条"政府支持+高校宣传+公司品牌+旅游产业+生产基地+扎染门户"的新型商业模式,形成以销定产、批量销售的渠道和统一下料、统一印样、分散扎花、统一浸染、分户拆线、统一漂洗、统一销售的独特产销模式,把原生态、纯手工、纯天然的健康扎染记忆及其深加工一系列生活产品销售给不同层次受众群体。力求把云南省大理州传统手工扎染工艺的资源优势转换为经济优势,帮助当地人民脱贫,做到把所获得的部分收益带给那些真正拥有扎染手艺的人们,推动当地经济发展,有效保护云南大理白族扎染工艺。同时让更多人认识、了解中国的这种民族纯天然工艺文化,也对云南大理州白族扎染遗产和传统扎染文化进行更深层次的挖掘和保护。

1　项目简介

1.1　项目社会经济意义

长期以来,我国纺织服装出口产品的中低档定位,使我国现代扎染成衣行业不太注重市场细分,没有形成属于该工艺应该有的特色品类和明确的目标市场定位。进入品牌时代的现代扎染成衣产品,应该充分发挥自身工艺比较优势,努力发掘手工文化蕴涵,针对不同的目标市场和消费群体,诠释现代时尚生活方式的变化,感受消费市场多元化、个性化和艺术化时尚脉动。

通过对国内外时尚产品市场的分析,我们的扎染产品分为衣、食、住、行四大类,大致有古典优雅、怀旧自然等多种风格。扎染丰富的艺术染整技法,无限的视觉创意和柔性化的生产流程,正是形成全新目标市场并完善现代扎染品牌不可或缺的重要因素。

1.2　项目达成目标

1)初期(1~4年)

公司初期主营产品主要为扎染布料设计的有关衣食住行的产品,做好公司产品的宣传,根据受众人群来选择广告的播放形式及平台。树立良好的行业口碑,扩大品牌知名度和影响力;与各大公司、工艺品售卖点、服装店、旅游景区、政府高校建立合作关系,加强品牌创意;稳定手工艺人的收入,提高生产积极性,为进一步扩大生产做准备;成立扎染产品设计中心,打造潮流扎染产品。

第一年:产品进入除去大理之外的云南市场,提高产品知名度,树立品牌形象;采用线上线下同步进行的销售渠道,形成良好的销售机制;立足云南省,跟踪消费群体,做好消费群体的意见记录,并跟上当年的潮流趋势,不与时尚脱轨,提高品牌服务。

第二年:扩大产品在消费者中的影响,市场逐步向全国主要城市扩张,前期先逐渐扩宽品牌的知名度及产品的种类,发扬扎染文化,让更多的人喜欢扎染,了解扎染。

第三年:提升品牌形象,增加无形资产;研发更多的创意产品,拓展新市场;市场逐渐向邻国发展,如越南、泰国等国家。

第四年:加固品牌在市场的地位,市场向国外大国扩展,集中于欧洲一带,打造国际品牌;在全世界立足,也让国外人深入了解扎染文化,传承中国文化的独特性。

2)中后期(5~7年)

产业模式基本成熟,重点打造中高端扎染产品,与国内外知名品牌建立合作关系,提倡潮流时尚;扩展扎染设计研发中心研发出更多染色原料以及更多特色产品。扩大公司规模,使公司更正规化、系统化、具体化,保证产品用料,色泽的优质。

第五年:公司在第五年开始重点打造中高端扎染产品,加大扎染产品的研发力度,通过市场调查了解各个群体的需求。开发家庭、学校、旅游、餐饮、婚礼的扎染产品;与一、二线城市的知名服装店、工艺品售卖店、知名餐饮店展开合作,将不同风格的扎染服装在服装店进行售卖,一系列扎染工艺品进行展览售卖以及生产配套扎染系列餐具用于知名餐饮店。在服装店设立 VR 体验,可深入试穿设计的服装。

第六年:系列扎染产品已经走入市场,公司将扩大市场范围,与各家公司进行合作,直接将产品发到合作公司,合作公司可用扎染服装作为工作服以及使用扎染系列产品进行装修。

第七年:公司第七年占领一定的市场份额,扩大公司规模,开阔各大品牌实体店,使公司更正规化、系统化、具体化,保证产品潮流时尚,并且与国内外的知名企业合作,扩大市场。

1.3 项目主要内容

本公司主要销售富有民族特色的大理扎染产品，具有三大特点：纯手工、纯天然、原产地。本公司目前经营的产品主要分为常规扎染产品、特色扎染产品、特定人群定制产品、扎染扩充产品四个大类。

1.4 项目技术路线

周城白族扎染所用到的工具主要有用于提取植物染料的大木桶、浸染用的木制大染缸、搅拌染料的木染棒，还有用木棍、竹竿或钢材等搭成的晒架。过去，还有压平布料的石碾。现在，多用烘干机、脱水机、熨烫机等现代机械工具。目前，传统扎染产品市场因为市场初具规模，市场上销售的扎染产品种类单一，所以公司打造多种产品路线，主要产品包括：大众产品、小众产品、创意产品、定制产品、改造产品和手工 DIY 产品。

1.5 项目特色

扎染具有的三大特点：纯手工、纯天然、原产地。扎染一般以棉白布或棉麻混纺白布为原料，主要染料来自苍山上生长的寥蓝、板蓝根、艾蒿等天然植物的蓝靛溶液，尤其是板蓝根。扎染的制作方法别具一格。扎染采用植物染料，最为核心的染料是板蓝根，我们采用板蓝根自己种植、其他染料从农户购进的模式。大理市璞真综艺染坊已经有自己的板蓝根种植基地。并且我们是纯手工制作，没有用到任何机器加工。综上，我们项目的核心竞争力是扎染产品的品牌以及产品的独特时尚化、环保化。

2 项目分析

2.1 市场需求分析

扎染艺术不仅在我国有悠久的历史传统，而且深受各国人民喜爱。许多国家和地区都有扎染的生产和制作。据国际市场信息，云南大理白族扎染织品在日本、韩国、新加坡等地很受欢迎，全省出口额在每年 200 万美元左右，产品供不应求，缺口很大。因此，对大理白族扎染织品进一步认识，有助于民族经济的发展。

周城扎染的发展也与当地及周围村寨织布业的发达相辅相成。过去，村民染布所需的布料有一部分来自本村、系自织的土布。村里也有不少经营织布的农户。据统计，新中国成立初期，村里共有 58 户织布，有 450 多架织机。时至今日，周城村中自己织布的人家已很少见，据我们调查，村中只有两、三家的老妇人还在用古老的织机自织土布，但这些土布已非用于浸染，而只是作为妇女服饰中某些部位的装饰了。村民染布所需的布料还有一些来自周围村寨和集镇。当时大理、喜洲一带织布业十分兴盛，周城村周围的喜洲街、狗街、头铺街等乡村集市成为当地土布销售的集散地。喜洲的四方街、三天一集，曾有“上午卖布，下午买纱”“日中为市”的古老遗风。周城一部分经营染布的人家每遇街期便去销售染好的布，散集时又购回一批批白布，如此反复，以谋生计。

据了解，当年大理一带的女孩子出嫁，嫁妆里一定要有周城村扎染布做的衣服、头饰、床上用品，不然就很没面子。“文革”期间，扎染作坊几乎全部被毁，但还有人甚至是县里干部偷偷拿着白布到周城请工匠私下染布。1987 年，张仕绅当上扎染厂厂长。他买了地，大面积种植板蓝根，盖厂房，自己创出近百种花招。就那么一个小厂，1995 年的净利润就到达 140 多万元。他把厂子经营得红红火火，产值最高的一年达 800 万元。云南省外贸进出口公司带了几个日本商人到厂里。他们想订货，又怀疑扎染厂用的不是植物染料。张仕绅把他们带到染色车间，当着所有人，拿瓢舀起桶里的染液“咕噜咕噜”就喝。喝完了，他还对日本人说：“没毒！”事后，日本人就订了货。凭着纯植物染料的“招牌”，周城的扎染打入了国际市场。张仕绅作为代表，曾多次去过日本、韩国。每次展销的布料，第一天就全部卖空。

2.2　市场定位分析

目前，我国现代扎染处于健康成长和发展时期，当今社会越来越追求“简洁、朴素、自然、精湛、舒适”的风格，而扎染也最符合这一风格，一定会得到广大消费者的青睐！

本公司以互联网、移动互联网为基础，将线上交易和传统经营方式相结合，建立和完善产品销售渠道，开拓出一条“政府支持+高校宣传+公司品牌+旅游产业+生产基地+扎染门户”的新型商业模式，把原生态、纯手工、纯天然的健康扎染记忆及其深加工一系列生活产品销售给不同层次受众群体。做到把所获得的部分收益带给那些真正拥有扎染手艺的人（大多为大理当地的白族），在帮助大理白族手工扎染的人脱贫增收的同时，也对云南大理州白族扎染遗产和传统扎染文化进行更深层次的挖掘和保护。并且我们做出了相应的策划与具体的实施，根据相关的数据（包括我们公司产品设计）考察与推测，作出以下的预测，如图 1 所示。

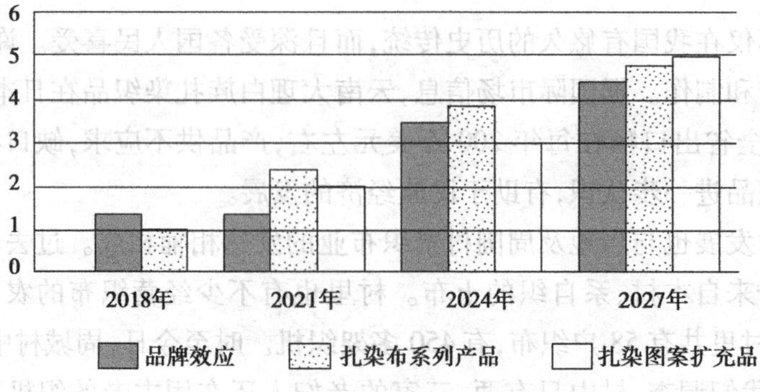

图 1　扎染发展战略时间预测

2.3 可行性分析

SWOT 分析见表 1。

表 1 SWOT 分析表

Strengths(优势)	Weaknesses(劣势)
1.传统的少数民族技艺和时代思想相结合,在不失去传统内涵的前提下,赋予更多时代的内容。 2.独具白族风采,与时俱进,将民族产品做出人文情怀,满足现代人的审美需求。 3.合作商掌握扎染正宗传统制作技艺,历史悠久。 4.扎染图案自然、典雅、古朴,别具韵味。白族扎染价值不仅反映在图案上,而且还反映在染色工艺上,天然染色对皮肤有积极的保护作用,可以滋润皮肤,促进毛孔的扩张和血液的循环等。布料是纯棉、麻织品,具有吸汗功能。 5.质量保证:为了公司的长期发展,我们对所有产品的质量都严格把关,绝对不以次充好,损害消费者的权益,让消费者放心。 6.公司生产的扎染产品的样式也是多种多样的,给顾客提供一个更广阔的选择空间。	1.影响力不高:由于产品推出初期,公司规模小,品牌知名度难以打响,承担能力风险较小。 2.缺乏经验和人脉、创业资金少:成员实践经验不足,缺乏工作经验,社会人脉较少,而且我们创业者所拥有的资金不多,而贷款的金额又很有限,可能会导致企业经营不善,造成公司亏损。
Opportunities(机遇)	Threats (挑战)
1.少数民族特色能与时代元素相结合,产品能较好地适应市场。 2.公司利用资源优势,将制作扎染的少数民族加入合作社与企业真正联系起来,增加当地人民的收入。 3.中国创新不断深入推动大众创业、万众创新。 4.云南省对扎染保护工作已经起步。 5.现在社会有追求古代和民族物品的强大趋势。在科技越来越发达的今天,人们追求的返古情怀却更加浓烈。	1.市场竞争大,彝族扎染、现代扎染与蜡染市场占有率较高。 2.产品制作工艺复杂,周期较长,可能会导致低产或产品数量下降。 3.扎染这项非物质文化遗产缺乏传承保护,易流失。 4.扎染产品知名度较低,市场进入难度较大。 5.扎染的灵魂和生命在于图案创造和设计,现在潜心愿意埋头搞设计的很少,但搞仿制的很多。一旦市场上出现受欢迎的新图案,廉价的复制品立即一哄而上。

3 服务产品及其特色

3.1 产品设计

本公司主要销售富有民族特色的大理扎染产品,具有三大特点:纯手工、纯天然、原产地。本公司目前经营的产品主要分为常规扎染产品、特色扎染产品、特定人群定制产品、扎染扩充产品四个大类。传统扎染产品市场因为市场初具规模,市场上销售的扎染产品种类单一,所以公司通过走打造多种产品路线,主要产品包括:大众产品、小众产品、创意产品、定制产品、改造产品和手工 DIY 产品。

3.2 经营设计

1)全面与顾客建立稳定关联

公司确立了以顾客需求为导向的研发体系。针对不同顾客的不同需求,推出了上千种产品,可以最大限度地满足顾客的各种需求。公司始终把自己的产品与顾客的需求联系在一起,从而与各地区的消费者建立了牢固而长久的关联。

当前竞争性市场下,顾客忠诚度是变化的,他们会被吸引转移到其他企业。要提高顾客的忠诚度,赢得长期而稳定的市场,必须通过某些有效的方式在业务、需求等方面与顾客建立关联,形成一种互助、互求、互需的关系,把顾客与企业联系在一起,减少顾客流失的可能性。

2)提高市场反应速度

公司的每一位产品研发人员不仅是新产品的设计者,更是市场调查者。他们会走近消费者,发现他们的需求,时刻聆听顾客的需求,并对这些需求迅速做出反应以达到新产品的快速问世,既满足了消费者需求,又使公司得到进一步提升。

公司一线工作人员每天都仔细收集消费者对产品的建议,从颜色、款式到价格,然后汇总回公司。设计部门会立即进行检索与讨论,并安排采购与生产,不断与顾客双向沟通,满足其个性化、差异化需求。

在今天的相互影响的市场中,对经营者来说,最现实的问题不在于如何控制、制订和实施计划,而在于如何站在顾客的角度及时地倾听顾客的希望、渴望和需求,并及时答复和迅速做出反应,满足顾客的需求,吸引并打动顾客。

3.3 技术设计

本公司目前经营的产品主要分为常规扎染产品、特色扎染产品、特定人群定制产品、扎染扩充产品四个大类。

1)常规扎染产品

目前传统扎染产品市场因为市场初具规模,市场上销售的扎染产品种类单一,所以公司打造多种产品路线,主要产品包括大众产品、小众产品、创意产品、定制产品、改造产品和手工 DIY 产品,如表 2 所示。

表 2 公司产品路线分类

大众产品	通过互联网互动平台以及市场调查了解大众的一个喜好以及消费风向,做一些固定的大众产品,尽最大力度避免我们的产品滞销
小众产品	同样通过互联网互动平台了解到一些非大众的商品,做到有人需求我们就卖的服务特点,这和大众商品一样属于固定生产

续表

创意产品	我们会定期设计推出新产品(设计来源于设计师或者互动平台上给的各类建议),鼓动激发扎染艺人的一些设计灵感,涉及衣食住行各个方面。我们将以限量的方式售出,观察市场销售情况
定制产品	这类产品属于专享定制,你可以想好要做的东西,要做的图案,通过互联网与我们的制作艺人沟通,做自己产品的一个设计师
改造产品	一方面,我们所制造的产品将会实行定期回收改造,推陈出新,既做到让滞销产品能有更好的出路,同时也保障市场的需求,赶上时代的潮流。另一方面,我们公司支持依旧换新,譬如说你在我们公司买了一块桌布,过两天你想改成一个抱枕,那么你可以通过互联网与我们联系。我们的宗旨是竭尽全力为消费者服务

DIY 手工产品我们将与大理扎染厂合作,在大理建立我们的公司。大理的游客或者当地居民可以到我们的公司进行手工 DIY 产品,将由专业人员带领顾客做一些扎染饰品,抱枕之类的物件。一方面可以为我们的产品做宣传,另一方面,也让顾客感受到扎染工艺的魅力。没有在大理的顾客可以通过互联网和我们购买材料包,我们将在材料包中放入产品制作教程。

2)特色扎染产品

公司通过深层次研发,将扎染产品制作成潮流时尚产品(精品家居、原创服饰等),面对不同层次人群进行销售。由于扎染产品目前在市场上的占有率较低,所以公司将重点放在产品的研发和销售上,解决消费人群追求时尚潮流的需求。

随着社会进程的推进,社会上出现很多热衷于非物质民族文化的人,他们会选购很多可以体现民族传统文化的装饰品来进行家居装饰。根据目前市场上消费者的这一特点,结合大理扎染本身的风格,我们推出适合家居装饰的产品,用于室内的装饰。

3)特定人群定制产品

针对学生,可推出扎染消费系列。针对结婚人群,可推出扎染装修系列家居以及扎染系列婚礼服饰。针对服务类产业,可推出扎染系列餐具、扎染主题装修。

4)扎染扩充产品

推出扎染图案相关的扩充产品,如扎染字画、扎染鞋袜以及扎染灯饰等产品,扩大市场方向。

3.4 组织管理设计

本公司在创业初期采取类似矩阵型的组织结构。人员分为管理层、技术骨干、员工等大类。采用总经理负责制,下设人力资源部、创新部、营销部、财务部等八大部门。市场营销采用临时项目组的形式,每名业务人员具体负责 3~4 款产品。

3.5 财务管理设计

1)融资方案

根据公司的经营情况判断,初期主要是自筹资金;随着公司的发展,资金来源会多样化,筹集资金的渠道变宽。

2)资金用途

①人员的相关费用。主要包括应付职工薪酬、职工福利以及产品研发的营业外支出。

②购买原材料的相关费用。主要包括原材料或在途物资、短期借款、应交税费等。

③扎染产品制作的相关费用。主要是生产过程中的管理费用。

④新品研发的相关费用。直接相关的设计费计入管理费用,与特定产品设计相关的费用计入生产成本,如形成专有技术先计入研发支出,达到预定用途时转入无形资产成本并在预计使用年限摊销。

⑤营销售卖的相关费用。销售所得应计入主营业务收入科目,非销售所得计入其他业务收入(售后服务、材料转让),结转成本时要用到主营业务成本科目。

⑥宣传推广的相关费用。主要是做广告时所需要的销售费用、人工费等。

⑦文化宣传的相关费用。文化宣传的销售费用、人工费用等。

3)成本费用核算

表 3 成本费用核算表 单位:万元

总成本				
主营业务成本		期间费用		
直接人工费用	0.1	销售费用	运输费	1.5
直接材料费用	0.3		销售人员工资福利	0.3
			保险费	0.5
直接其他费用	0.2		广告费	1
制造费用	0.3	管理费用	办公用品	0.1
			业务招待费	0.3
			存货跌价准备	0.3
			坏账损失准备	0.3
			人员培训费	0.1

4)盈利业务分析

公司主要通过销售扎染来获取利润,由于选择的布料的质地以及外部装饰包装不一样,所生产的成品对应的价格也不一样。公司的盈利渠道(产品直销、加盟合作、私人订制、团购)如图2所示。

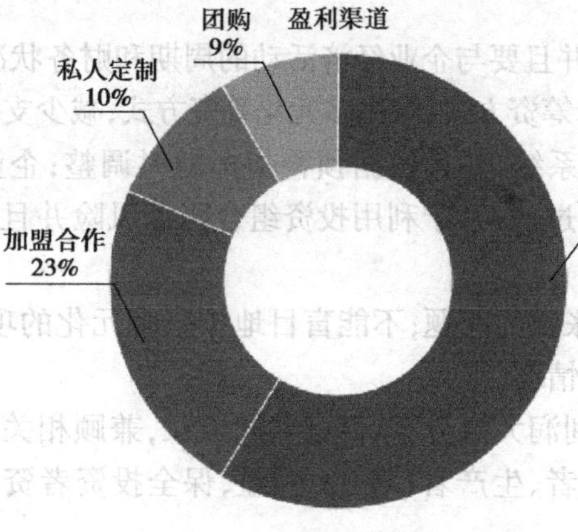

图2 盈利模式图

3.6 风险控制设计

1)技术风险

目前,有关网站开发的技术已经非常成熟,所以在制作网站和搭建微信平台方面风险比较低。虽然在数据库方面有一定良好的基础,但是还没有经过实战,所以在搭建数据库和数据库信息匹配方面存在一定的风险。其次,互联网本身会由于其不确定性而导致很多风险。就扎染魅力的具体情况而言,主要表现在用户个人信息安全风险、交易风险、电子商务安全风险等方面。针对技术开发风险,组建一个技术过硬且有着丰富经验的技术团队。对数据库的建设进行专业评估,对数据库的技术进行专业把关,确保公司及时获取客户信息快速提供服务等。要加大技术方面的投资,包括设备和人员,确保在资金上给予技术方面的支持。

2)市场风险

在产品和品牌宣传推广中有一定的困难,如何进行有效的推广,如何让消费者知道我们的公司,关注我们的微信和登录我们的网站,是一个很困难的问题。可以通过发传单、张贴海报、搞一些娱乐活动让大学生了解我们的公司,还要通过搜索引擎、竞价排名、做广告等方法提高大学生对我们公司网站和微信的关注度。同时,完善网站和微信平台的内容,吸引更多的人气也是一种推广方式。

3)财务风险及对策

①筹资风险:若企业理财不当,无力及时偿还债权人的本金及利息,从而造成支付危机。

②投资风险:投资不合理,使企业的投人资本不能产生预期经济效益甚至出现投资无法收回的可能性。

③资金回收:资金链不稳定,加大财务风险和降低控制现金流的能力。

④收益分配:没有照顾到企业的利益,给企业的后续经营和管理带来不利影响。

财务风险对策:

①选择适当的筹资时机并且要与企业经济活动的周期和财务状况相匹配、要与企业未来现金流量相匹配;正确选择筹资方式,采用多元化筹资方式,减少支付危机出现的概率。

②构建合理的投资预警系统,并且根据预警指标随时调整;企业集中财力,杜绝“钓鱼”工程项目,避免战线拉得过长;善于利用投资组合降低风险并且顺应行业发展潮流进行投资。

③及时解决存货、应收账款的问题;不能盲目地扩张多元化的项目或产品;全方位加强监控企业内部的现金流的情况。

④制定收益共享原则,利润大家分享,促进共同成长,兼顾相关利益者的长期利益和短期利益;兼顾投资者、经营者、生产者(职工)利益,保全投资者资本,保障劳动者权益,保证经营者积极性。

4)人事管理风险

“扎染魅力”的队员们都很年轻,虽然有过参加比赛的经验,但是市场实战的经验不足,可能在突发状况下不能熟练地处理,在制定制度时不够精准严格,在决策公司的方向上掌握不好方向,目光短浅。因此,聘请有经验并且在电子商务方面资深的人才来管理公司便需较早提上日程,但是在整体思想和公司文化上不能偏离创业团队的想法。同时注重营销与市场公关,加强网站形象建设,尤其是公益形象,使其在公众或企业中都有良好的声誉。除此之外,公司会定期向学校申请一些评优名额,用来奖励有突出贡献的员工,提高员工工作的积极性;或定期组织员工组织活动,增强员工的凝聚力,提高整个公司的工作效率。

5)法律风险

受当前电子商务相关立法不完善的影响,相关各方有无法可依的状况。因此需加强国家相关政策法规的关注,及时了解相关法律规定,并及时调整公司规定。加强网站硬件软件安全防范,确保用户信息的保护。加强网站工作人员的业务素质对市场风险的适度预期,防止合作过程中的违约行为发生。遵守国家有关电子支付的《中华人民共和国电子签名法》的规定,确保用户支付安全。加强公司内部商业秘密保护,严格遵守《中华人民共和国劳动法》及《中华人民共和国劳动合同法》的相关规定处理公司内部劳务合同关系。加强公司内部人员对知识产权的认识和保护力度,避免侵犯他人知识产权的现象和被他人侵权的现象发生。

4 项目建设

4.1 组织机构建设

我们团队成员都是在校大学生,知识结构互补合理,其专业领域覆盖市场营销、电子商务、人力资源管理等专业。大家性格各异,各有特色和所长,恰好在性格和专业知识上很好地形成互补,我们五个人结合每个人自身的优点,配合默契,相信这样一个充满朝气和力量的团队一定会将扎染魅力打造得分外灿烂辉煌。

4.2 技术建设

扎染艺术在自身图形风格及文化传达的发展过程中通过借鉴、综合现代染整科技、绘画艺术和平面、立体、色彩构成的表现手段。根据市场最新的流行预测迅速反馈并利用互联网获取全球性资讯、应用计算机辅助设计系统进行最新配色方案和图形创意;运用现代扎染绞、褶、浸、注、绘、喷、拔、刷等独特工艺技法,借鉴平面构成和现代绘画艺术的表现手法,与面料相关的图形、标志、字体、摄影照片、肌理效果等数码资料输入到电脑中,然后再运用各种应用软件对其进行各种特技处理,创造出有意味的形式,对面料进行面料再造和艺术再现,显现出别开生面、兼容东西方文化的艺术个性。现代扎染技术在图形创意上吸取数码技术的优势,与传统扎染图案设计方法相比较,采用数码技术进行现代扎染图形设计,有时仅需在绘制过程中稍稍改动一个参数便会生成无数种新的效果,对现代扎染图案的创意和设计有着方便、快捷、直观的优点。

4.3 经营系统建设

①高效的经营团队——聘请有经验并且在电子商务方面资深的人才来管理公司,但是在整体思想和公司文化上不能偏离创业团队的想法。注重营销与市场公关,加强网站形象建设,尤其是公益形象,使其在公众或企业中都有良好的声誉;建立完善的信息采集与反馈机制;建立完善的现代化企业管理制度;全面分析、科学决策,尽量避免投资失误。

②高质量的服务产品——公司设立扎染设计中心,在产品上保证了时尚潮流,且我们持续跟踪消费者,根据消费者的需求打造出消费者最想要的产品。

4.4 营销推广建设

本公司的推广以线上推广为主,线下推广为辅。

1) 线上推广

建设扎染魅力官网,申请微信公众号,开办微店,开办淘宝店,后期入驻唯品会、天猫、京东等知名购物平台。

具体的流程如图 3 所示。

(1) 品牌策略

在互联网上建立并推广企业的品牌"扎染魅力"并快速树立品牌形象,达到提升。网络品牌建设以企业网站建设为基础,通过一系列的推广措施,达到顾客和公众对企业的认知和认可。在一定程度上说,网络品牌的价值甚至高于通过网络获得的直接收益。

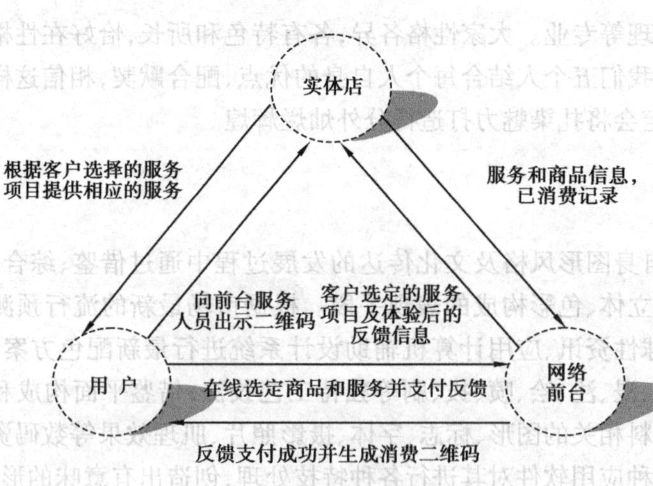

图 3　业务流程图

(2)高校网站论坛推广

“扎染魅力”在校园内的推广是极其重要的。在各大高校的官方论坛上发布有关“扎染魅力”微信小程序的消息，将起到一个非常好的效果，具体做法如图 4 所示。

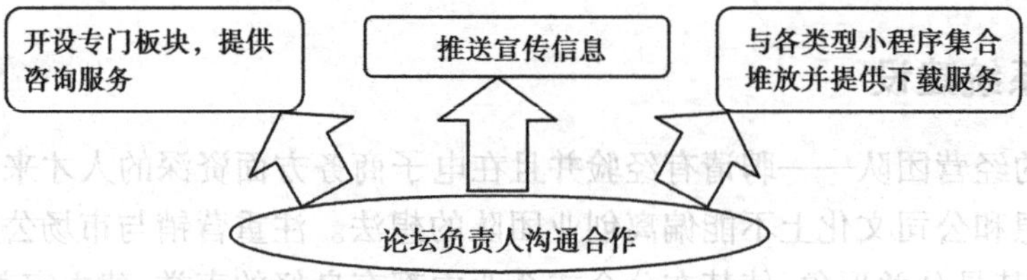

图 4　学校网站推广示意图

(3)校园 App 推广

完美校园微信小程序是高校学生下载覆盖率较高的软件。我们可以和校园 App 合作，增加有关“扎染魅力”微信小程序的相关消息，并对“扎染魅力”程序的内容功能进行简单的描述。在使用我们的应用的同时，会为用户推荐同类的协同软件，以供选择对比。

具体做法如图 5 所示。

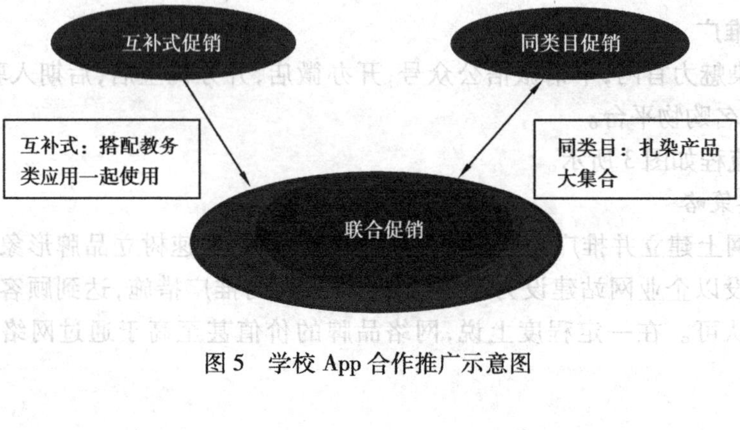

图 5　学校 App 合作推广示意图

(4)LBS(基于位置服务)营销

建立扎染实体店后,在百度地图、高德地图等导航软件上添加实体店的位置,人为增加搜索量,使之成为路标,增加在导航软件上的曝光率,实现推广的目的。

(5)数据库营销

通过网络收集、数据库搜寻和市场调研收集与扎染有关的客户信息,整理建立客户数据库,根据客户数据库的各种原始数据,可以利用"数据挖掘技术"和"智能分析"在潜在的数据中发现客户的需求,建立与客户的稳定联系。

(6)H5推广页

H5在互动、视觉和体验上不断有新的突破。我们在画面中讲扎染故事,由背景和情节作为基础,让用户更有代入感,特别是加入交互技术,让用户自己来控制情节的发展,真正地实现了以用户为主体。但我们认为场景型H5若能细节取胜,那么将会更加赢得用户的好感。

2)线下推广

①事件营销。

②校园推广。

③成立展览中心、成立巡回展览馆(公益展览)。

④实体店策略。

⑤挑选合作伙伴,增加品牌价值。

⑥国际扎染文化交流,大理扎染文化输出。

⑦成立扎染课堂,取得当地政府的支持。

"扎染魅力"项目来自非物质文化遗产白族扎染,依靠学校力量,借助各大旅游业的发展,获取政府的支持,与服务类行业(餐饮、酒店)对接,与相关企业合作,保证了整个产业链的完整,具有进入中高端市场的客观条件。

未来公司计划积极与国内外知名品牌建立合作关系,为此品牌或企业量身提供中高端扎染产品服务。

5 项目运行与维护

5.1 运行与维护过程

云南扎染魅力有限公司制定了员工薪酬福利管理制度和员工管理考核制度。提倡奖大于罚制度,只要有新的创新思路,有新的设计思路,有新的销售思路,均可对提出者进行奖励。公司将定期举办创意大赛,包含产品创意设计、包装设计。"创新"的精神归根结底是基本的学术研究的精神:广泛接纳意见,尤其是消费者的意见。从各领域摄取精华,大胆研发实践,严谨地探讨求证。创新型公司的各个部门及活动理念必须渗透着这些文化,才可以保持持久不衰的发展地位。

同时,公司在线下市场上结合线上线下的传统营销模式,以公益展览、顾客亲自体验、扎染时装秀等特色活动为辅助对产品进行销售,以传承和发扬扎染技艺为宗旨,打造最亲民的市场。

5.2 运行与维护效果

1) 市场影响

公司初期主营产品主要为扎染布料设计的有关衣食住行的产品,做好公司产品的宣传,根据受众人群来选择广告的播放形式及平台。树立良好的行业口碑,扩大品牌知名度和影响力;与各大公司、工艺品售卖点、服装店、旅游景区、政府、高校建立合作关系,加强品牌创意;稳定手工艺人的收入,提高生产积极性,为进一步扩大生产做准备;成立扎染产品设计中心,打造潮流扎染产品;在中后期时,公司产业模式基本成熟,重点打造中高端扎染产品,并与国内外知名品牌建立合作关系,提倡潮流时尚;扩展扎染设计研发中心,研发出更多染色原料以及更多特色产品。此时的公司,便已占据部分中高端的市场份额,并逐步壮大。

2) 运营业绩

在线下,我们于 2017 年 9 月成立云南扎染魅力有限公司,结合扎染坊已经在周城建立线下实体店铺,申请了营业执照,于 2018 年 5 月完成第一批扎染民宿装饰工作,正在建设中的 VR 扎染体验室。在 2017 年 11 月与致爱婚礼合作完成扎染户外婚礼装饰,我们在云南商场和西安部分学校开展了 DIY 扎染体验活动。在线上,已经开通淘宝店铺、微博和微信公众号,并发展代理商 40 余人,并注册了抖音账号。通过这些,我们的营业额已达到 85.6 万元,并在持续上升。

5.3 经济效益和社会效益

1) 经济效益

我们的产品制造基地设立在大理州喜洲镇周城村,处于扎染产业区。周城村现有农户 2 292 户,乡村人口共 9 592 人,其中男性 4 603 人,女性 4 989 人。其中农业人口 9 592 人,劳动力 6 169 人。该村的主要产业为农业,主要销售往本县。2017 年主产业全村销售总收入 34 680 万元,农民收入以第二、三产业等为主。该村目前正在发展扎染、刺绣特色产业,计划大力发展农业产业。公司将利用多种手段让更多人了解扎染文化以及扎染产品。

2) 社会效益

在社会效益方面,我们主要响应国家十三五规划中所提及的中国创新——大众创新、万众创业,通过我们的项目能够把艺术欣赏和实用价值带给大众,把收益留少数民族,帮助他们脱贫、增收、致富,以及对云南国家级非物质文化遗产大理白族扎染进行更深层次的研发和保护。在公司发展到一定规模后建立“扎染基金”,用于国家级非物质文化遗产白族扎染的保护,实现白族扎染技艺的传承,还将部分基金用于当地扎染艺人的补贴。该基金由第三方机构托管。

6 分析与评价

6.1 指导老师点评

对于创业项目的选择,小组成员选择了健康、环保、有市场、高效益、低风险的植物染料系列,并且已经找到了支持者,可以持续发展,可以说做出了正确的选择,因为这样的项目创业成功的机会比较大。在本次创业报告书的书写过程中,我们发现了学生的优点与问题。优点在于学生能够准确地把握市场热点,提出有效可行的推广策略,而问题在于对市场潜力认识不足,预算方面也太过乐观。该创业计划书最大的亮点,在于集合了全体成员的力量,创造了“扎染”的运作模式。学生能提出这样的想法,是超出老师的预期的,它是一种较为新奇的想法,毕竟扎染这个东西我相信还是有很多人不太了解的。

通过这次比赛,学生们不仅学习到了怎样写好一份创业计划书,也对创业有了一个更加清醒的认识。此外,在整个项目的实践中,他们的团队合作意识、竞争意识都有了很大的提升,而我们也从他们身上感受到了年轻学子创业的激情与多彩的创业想法,可以说是教学相长了吧。

6.2 专家评析

该方案致力于通过互联网渠道宣传、推广和销售具有云南地方特色的大理州白族扎染产品,项目在宣传地方特色产品、提高当地居民收入、弘扬传承国家级非物质文化遗产等方面都具有很强的现实意义,体现了当代大学生敏锐的商业意识和社会责任感。

从产品定位而言,该项目针对当代社会不同消费者的需求,对传统的扎染产品进行了创新,赋予传统非物质文化遗产新的形式和使用场景,形成了大众产品、小众产品、创意产品、定制产品、改造产品和手工 DIY 产品等多元化的产品线。

从销售模式而言,项目通过官网、微信公众号、微店、淘宝店等多种渠道进行产品的推广和销售,设计了“政府支持+高校宣传+公司品牌+旅游产业+生产基地+扎染门户”的商业模式。

该设计方案中还存在着一些问题,主要是对于扎染产品的应用场景、需求群体和市场规模分析不足,对不同扎染产品的生产方描述不清晰,对公司、生产基地和项目团队之间具体的合作关系阐述不清晰。

评析专家:北京联合大学 李立威 副教授

“身临企境”——企业游学参访就找“身临企境”

参赛团队：厦门大学　“身临企境”团队

参赛组长：侯子龙

参赛队员：厚牧君　胡沛君　蒋晓洁　马传永

指导教师：彭丽芳　许梅恋

关 键 词：企业参访　预约平台　校企　人才匹配　就业　工农业旅游

摘要：目前经济增长持续缓速，而大学毕业生日益增多，就业问题仍然严重。有关数据显示，大学生在毕业半年内的待业率大约是人均失业率的两倍，说明大学生在找工作过程中遇到了很大阻力。我们的平台努力寻求与全国大中小企业的合作，指导规划游览过程，组织消费者前往参观企业，以对企业的文化、工作环境等平时难以接触到的信息有一个更深刻的了解，让校企招聘的匹配度更高。同时促进工业旅游、农业旅游等新形势旅游方式，我们的目标是为消费者提供种类丰富、安全舒心的企业参访服务。

1　项目简介

1.1　项目主要社会意义

扩招政策实施以来，高等教育每年向社会输送各专业、各层次的人才越来越多。与此同时，我国经济增长自 2010 年后逐渐减缓，每年新增的岗位正在逐渐减少。目前大学生难找工作已经是一个重要的社会问题，考虑到毕业生增加、经济增长继续缓速的预期，在未来一段时间内，预计大学生失业问题还会加剧。在此背景下，我们在劳动市场上发现了一个非常普遍的现象：企业通过面试、实习等多种方式来考察自己的潜在员工，而求职者却缺乏一个有效且低成本的方法来了解自己有意向的岗位。这种单向选择和信息不对称加剧了劳资双方的不平等、延长了毕业生找工作的观望时间、加大了求职者入职后再次离职的可能，增加了摩擦性失业。目前，虽然提供各种求职服务的软件花样繁多，但是却没有哪一家提供企业实地游访服务。我们相信，通过和各类企业合作，组织求职者前往心仪的公司实地考察，我们能很大程度地缓解劳资市场的信息不对称问题，促进大学生就业。

1.2 项目目标与定位

具体而言,从主要群体到次要群体,我们将市场定位于以下四个方面:

①为应届毕业生提供了解心仪公司的工作环境、企业文化、工作事宜等信息的机会;促进毕业生与公司平等对话、双向选择;帮助毕业生少走弯路,避开不适合自己的岗位;缩短毕业生对公司的观望时间,加快他们融入社会的步伐。

②为在读大学生提供了解未来职场的机会,以便于大学生在读期间提前做好自己的职业规划,学习未来可能有用的工作技能。

③为企业提供宣传企业形象、招揽优秀员工的机会,这点对中小型企业尤为关键。

④为普通消费者提供了解自己消费的产品与服务生产过程的机会,尤其是食品业,以便于他们对优劣产品进行甄别。

1.3 项目理念

①坚持以人为本,相信每个人都有自己特殊的才能与价值,每个有才能希望能为社会贡献一分力量的求职者都应得到一份适合的工作,我们会尽我们所能地将更多的企业拉入我们的合作网,为求职者提供更多可供选择的参访。

②坚持劳资平等,我们的服务致力于解决求职者与公司的不对等地位,让求职者也能有尊严地选择自己的岗位。

③坚持尊重个人隐私与选择,我们在服务过程中会保护所有可能涉及的企业与个人的信息安全;我们不会有意地筛选信息以影响求职者的游览选择。

④公平对待中小企业,尽管求职者可能对中小企业的游览需求较小,我们仍会积极寻求与中小企业的合作,在帮助求助者入职的同时,也帮助小企业解决招人难的问题。

1.4 项目技术路线

本平台以现在最实用的平台与技术为主导,有网页网站、微信公众号、微信小程序、App 等,尽可能地实现企业参访预约简约,易实现,好操作。

微信公众号:产品服务的宣传平台,其推广深度较广、范围较大,效果明显。

App:目前使用意向和反馈效果并不高,故大力发展和规划还是小程序和公众号。

微信小程序:展示参访信息,实现在线交易。

PC 端:为了方便广大用户而推出的 PC 端官方网站,PC 端官方网站的功能和 App 相同,网站建设和网页投入使用,相比之下效果较好。

1.5 项目特色

从以下商业模式简图中可以清晰明了地看出我们团队的特色,即以线上信息中心与线下参访服务两方面为基础,围绕参访游学这一核心,以互联网为载体,以人才产业为导向,打造一体化 O2O 综合服务平台,如图 1 所示。

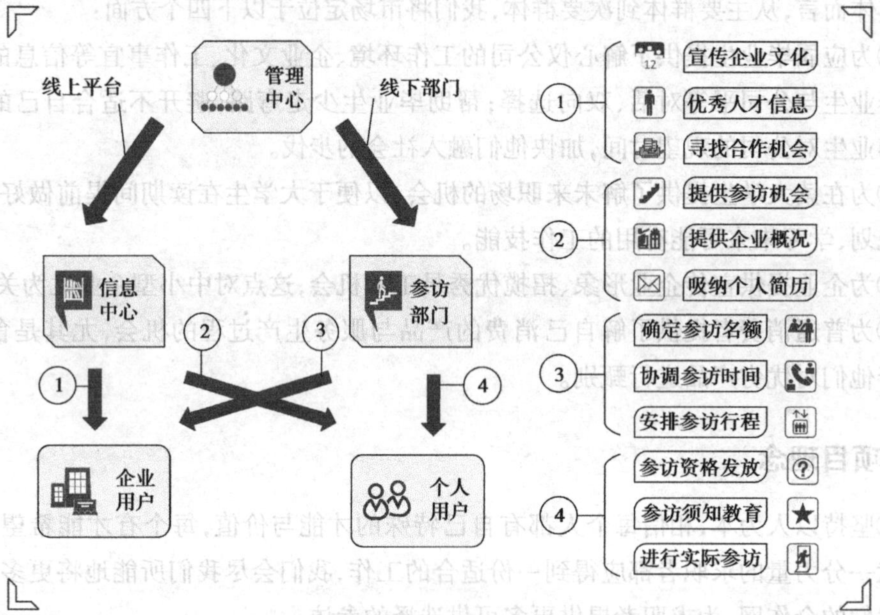

图 1　平台商业模式简图

前期运用互联网技术搭建网络信息平台,推出企业开放日、参访游学服务,以服务为核心利用互联思维进行推广。线上通过互联网社区、自媒体等多种方式,展开营销活动。线下与企业展开交流合作,按照企业特色设计参访流程及具体活动,并安排实际参访。

中期,通过搭建资料库,以云计算方式,对人才信息、企业信息市场进行开发,对品牌进行延伸,推出企业及人才推荐、服务伙伴推荐等对企业用户招聘人才与个人用户寻找职位更加方便、快捷的服务。

当注册人数达到五十万,活跃用户超过十万,合作企业数量达到两百家时,开放企业用户自主入驻平台的服务,新生企业与小微企业有机会宣传企业文化、招揽合适的人才。最终实现线上线下同步发展,建立起企业参访、企业与人才信息交流服务提供的知名品牌。

2　项目分析(创新)

2.1　市场需求分析

随着我国经济增速放缓,产业结构进入优化调整阶段。而高等院校毕业生人数仍维持在较高水平,就业形式面临严峻考验。有关数据显示,大学生在毕业半年内的待业率大约为人均失业率的两倍。另外,在求职成功的毕业生中,三年内跳槽的比例接近九成,人均两次以上。这一现象表明,毕业生的第一份工作与他们的期望不符,因此需要多次跳槽来找寻更适合他们的职位,这便是宏观经济学中的术语"摩擦性失业"所描述的状况。对于企业的信息掌握不充分,使得毕业生为找到合适的工作需要付出额外的精力与时间。

如今的求职过程中,绝大多数情况下只存在企业对求职者的单向面试,而求职者获取企业信息的渠道较为单一,因此存在很严重的信息不对称问题。我们认为,通过组织求职者前往企业游览,真实地了解企业面貌有助于解决这个问题。

现在的市场上,确实已经存在了提供同类产品的平台,但是这些平台并非针对求职者,而多为企业的管理者提供,组织小企业的管理人员去一些发展较完善的企业参观交流,并且大多捆绑管理类课程。因此,我们认为,在针对求职者这片目标群体,目前没有竞争对手,适合我们进入市场。

2.2 市场定位分析

经过调查与分析,我们发现,在企业参访信息交互这一领域,目前国内的市场中并不存在专门为应届毕业生提供企业参访的平台。而市面其他类似服务存在以下问题:

①受众人群少,现存服务产品局限性大。

②相关信息传递与服务提供大多散乱零落、周期短、不稳定。

③企业的需求与参访人群的需求并不对称。

这些问题导致待业人群、在校学生等群体的参访意愿难以满足,企业招揽人才的意愿也难以实现。综上,本行业目前尚处于未开发整合的状态。鉴于此,我们可以认为市场需求庞大,前景极为可观。在很大程度上,我们提供的服务能解决目前劳资匹配关系中的问题。

2.3 可行性分析

1) SWOT 分析

表 1 SWOT 分析表

内部分析 / 外部分析	优势-S	弱势-W
	1.产品技术领先,有专业的研发和活动规划团队 2.产品服务模式新颖,存在巨大市场潜力 3.与各类企业建立合作关系,上游合作方范围广泛,消费者选择面广	1.企业成立初期,公共关系薄弱 2.市场经验不足,缺乏有效的营销渠道 3.创业初期资金不足

续表

机会-O	SO 战略	WO 战略
1.中国就业形势严峻 2.目前市场上的同类产品及服务的空白 3.国家政策扶持	1.抓住新的市场机遇,提供质优价廉的服务及产品 2.积极开发新产品,开发新服务,扩大产品服务范围,为公司产业链延伸做准备	1.加大风险投资 2.拓宽融资渠道 3.充分开发本公司产品及服务的延伸价值
威胁-T	TO 战略	WT 战略
1.新进入者的威胁和已有产品的压力 2.替代品的压力 3.人们旧有的传统观念习惯	1.提高技术堡垒,做好保密工作,防止产品服务模式的复制 2.建立与上游参观方企业的牢固合作关系,努力搭建与知名企业的合作关系 3.加大产品宣传力度,拓宽适用人群,扩大市场规模	1.大力推广本公司产品及服务 2.积极开展公共关系,树立良好的企业形象

2) 目标群体

具体而言,从主要群体到次要群体,我们的目标群体可分为以下四个方面:

①为应届毕业生提供了解心仪公司的工作环境、企业文化、工作事宜等信息的机会;促进毕业生与公司平等对话、双向选择;帮助毕业生少走弯路,避开不适合自己的岗位;缩短毕业生对公司的观望时间,加快他们融入社会的步伐。

②为在读大学生提供了解未来职场的机会,以便于大学生在读期间提前做好自己的职业规划,学习未来可能有用的工作技能。

③为企业提供宣传企业形象、招揽优秀员工的机会,这一点对中小型企业尤为关键。

④为普通消费者提供了解自己消费的产品与服务生产过程的机会,尤其是食品业,以便于他们对优劣产品的甄别。

市场潜力:使用需求推算法,结合付费意愿调查问卷,进行市场容量估计:市场规模=目标需求人群数量×购买率×目标行业产品均价,在每年目标需求人数为1 200万的情况下,市场容量约为8亿元。

3 项目设计(创意)

3.1 产品形态设计

1) 产业布局

通过对于市场背景与问卷调查结果的分析,我们通过反复探讨和研究,提出了“身临企境”的核心业务模式。依托互联网平台、新媒体运营方式建立起快捷、便利的企业参访信息交换平台。计划从以下几方面着力,以实现产业布局:

(1)互联网方面

建立网络综合平台,提供企业、公司介绍、人才信息与交流环境,宣传企业文化的平台的同时,也让一般用户可以表达对企业的看法与意见。

(2)目标群体方面

为求职者、毕业生与对企业文化感兴趣的人提供更加详细具体的企业介绍,创造让这些人前往他们心仪的企业与公司进行参访活动的机会。

(3)合作企业方面

与企业进行合作,将他们的理念与企业文化宣传出去,与此同时也在每年一度的招聘季之外增加了企业对人才的发现发掘机会。

(4)长远发展方面

通过对用户受教育情况与工作经验等数据的整合与处理,建立起全面细致的人才资料库,为各企业寻找合适的人才提供便利。通过这几个方面的发展与完善,建立起基于厦门与云南一些企业的参访信息提供平台与人才数据储存中心,然后通过洽谈合作的方式逐步扩大合作的企业范围。我们最终将在促成企业与用户之间的参访与交流这一市场,搭建起具体而微的综合服务系统,涵盖线上线下,运用互联网思维,为用户提供了解企业的途径,也为企业带来更加优质的人才。

2)发展规划

(1)第一阶段

①发展目标。

与企业进行初步联系与沟通,开发App与小程序,进行企业参访方案的规划与预演,选择志愿者进行试运行。

②时间节点。

2018年3月—2018年5月。

③规划方案。

a.与企业进行沟通:经过前期筛选结合调研分析,确认初始合作的企业。前往企业或与企业相关部门负责人沟通,经过洽谈,达成初步合作关系。

b.规划参访方案:当合作关系达成后,收集并整理企业的相关信息,准备线上投放。同时规划企业参访活动的具体流程及细节,与企业相关负责人确认无误后确定参访方案。

c.程序开发:在决定初始提供的服务范围后,请专业团队进行App与微信小程序的开发与测试,并在企业沟通完成后上线试运行。

d.试运行:通过线上以及线下平台征集志愿者,安装App或小程序,在程序中申请企业参访活动,对企业进行实际参访,及时做出反馈调查,发现并解决这一系列流程中出现的各种问题。

(2)第二阶段

①发展目标。

验证业务的可行性,发现并解决参访预约与实际参访流程中会出现的各种问题,并对这些问题进行解决。扩大合作企业的范围,升级网络服务平台承载能力,宣传推广,吸引更多用户。

②时间节点。

2018年6月——2019年5月。

③规划方案。

a.对服务的改进:经过第一阶段的试运营,发现并解决我们提供的一系列服务在实际运行过程中出现的各种问题。在企业方面进行回访,获取企业方面对于参访活动的意见和建议,对参访计划和参访流程结合实际状况进行修改。在用户方面,对参与了试运行的用户进行调查,参考他们对于企业参访活动的满意程度,并从用户意见出发,对App与小程序、参访申请过程、参访活动的具体流程进行改良。综合两方面的意见,对于企业和用户意见存在的矛盾与冲突进行调和与折中处理。

b.扩大合作范围:经过试运营后,对商业计划进行适当调整,并进行业务拓展,与更多的企业、公司进行商谈。此时的重点应当放在新兴的企业和中小型企业上,因为这些企业处于成长期,需要吸引人才,也需要将自己的企业文化传播出去,让更多的人了解他们。与他们进行商谈的成功可能性更大。

大型企业与高端人才在整个市场中处于顶端,但工作岗位的供给量与需求量比起这些中小型企业与新兴企业的总和来说还是九牛一毛。在中小型企业中间建立起良好的口碑与优质的参访服务生态系统,是我们在这一阶段实现高速发展的关键。

c.宣传推广:从志愿者的参访活动中获得对我们提供服务的反馈与评价之后,先对各部门的工作进行重新评估与分配,再升级网络平台的承载能力,准备进行正式的推广与运营。

宣传与推广分为线上推广与线下推广两部分,线上推广主要通过各大平台的自媒体功能,建立起求职信息分享与企业参访活动的宣传公众账号。通过不定时地发放一些对在校学生、应届毕业生、求职者等人群有用信息的内容来增大流量;通过定期放出企业参访免费体验资格的方法来让更多的人对我们的服务投以更多的关注。

线下部分,通过与高校、招聘会等机构的合作,通过分享企业信息的方式,同步进行我们的服务宣讲会。据调查显示,很多的在校大学生对企业参访活动了解不多,这样的宣讲会对我们业务的开展有着一定的促进作用。

(3)第三阶段

①发展目标。

通过提升知名度与口碑,建立企业自由入驻平台的方式提升与企业合作的便利性。

建立起基于注册用户受教育情况与职业经历的人才库,为企业提供便捷的人才信息服务。

②时间节点。

2019 年 6 月—未来。

③规划方案。

a.建立企业自助入驻平台:在拥有一定的合作伙伴、获得足够的参访服务提供经验后,我们身临企境这个品牌已经建立起了一定的知名度,所以我们可以提供企业自助入驻服务,让愿意开放参访服务的企业自行申请平台服务,并提供企业宣传材料与参访流程规划,之后与我们协商具体细则。这一方案旨在利用品牌效应来让我们的合作范围扩大,同时也提升了我们与企业两方面的工作效率。

b.建立企业、人才信息库:参访企业前,用户需要填写关于他们受教育情况与职业经历的信息,在积累了大量的此类信息后,我们的人才信息库已经基本成型。通过对这些信息进行处理后,我们可以以企业的需求为目标对人才进行筛选,并向相关企业推荐相关人才。

我们也可以对用户的需求与资历情况进行分析后向用户推荐适合他们的企业,并提供相关的企业资料。这一方案旨在通过大数据与互联网平台的使用,对企业和用户进行针对性的推荐,大大提升了求职的效率。

3.2 经营模式设计

我们团队的核心商业模式,即以线上信息中心与线下参访服务两方面为基础,围绕参访游学这一核心,以互联网为载体,以人才产业为导向,打造一体化 O2O 综合服务平台。

前期运用互联网技术搭建网络信息平台,推出企业开放日、参访游学服务,以服务为核心利用互联思维进行推广。线上通过互联网社区、自媒体等多种方式,展开营销活动。线下与企业展开交流合作,按照企业特色设计参访流程及具体活动,并安排实际参访。

中期,通过搭建资料库,以云计算方式,对人才信息、企业信息市场进行开发,对品牌进行延伸,推出企业及人才推荐、服务伙伴推荐等对企业用户招聘人才与个人用户寻找职位更加方便、快捷的服务。

当注册人数达到五十万,活跃用户超过十万,合作企业数量达到两百家时,开放企业用户自主入驻平台的服务,新生企业与小微企业有机会宣传企业文化、招揽合适的人才。

最终实现线上线下同步发展,建立起企业参访、企业与人才信息交流服务提供的知名品牌。

3.3 技术方案设计

1) App 平台、企业参观流程介绍

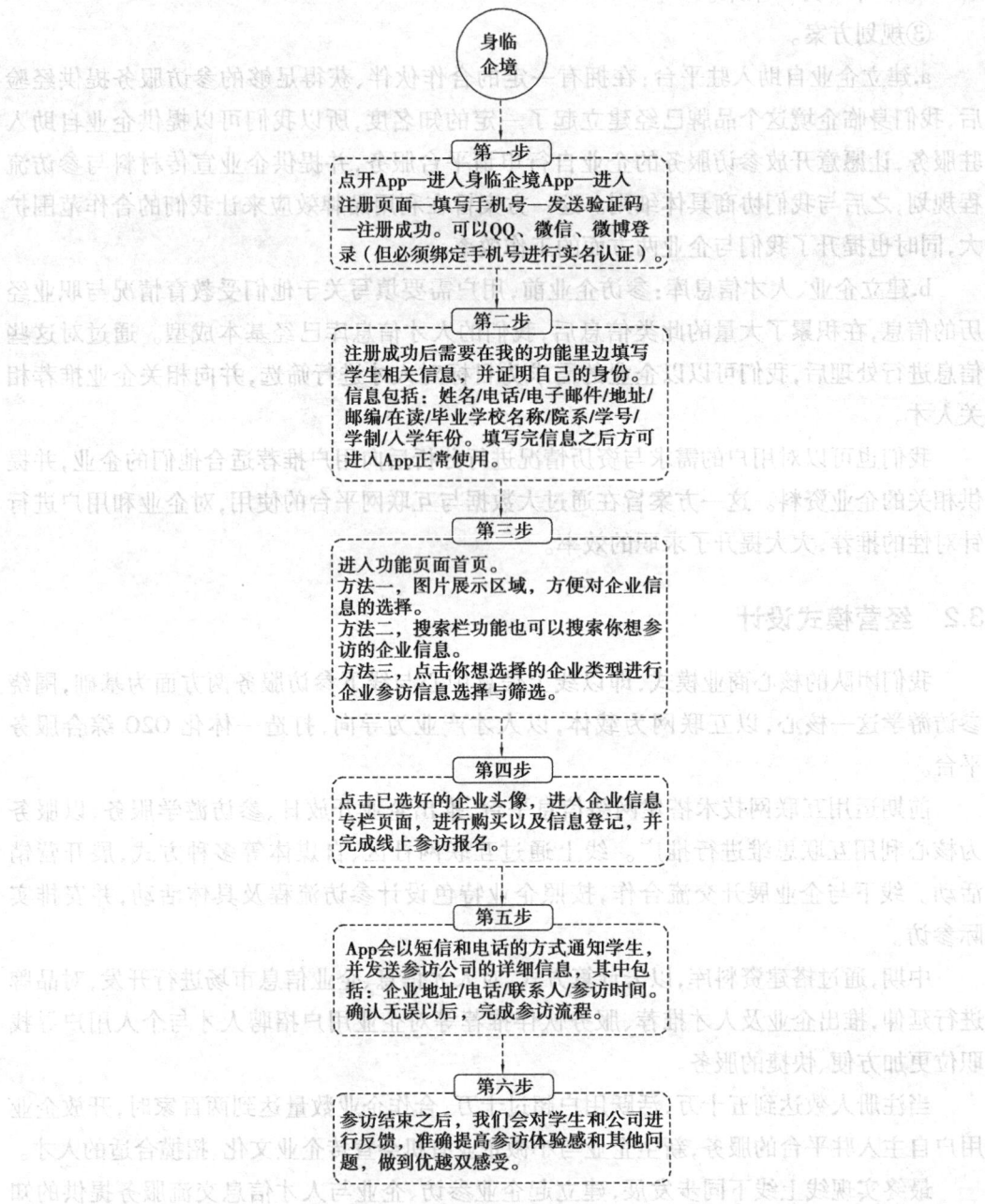

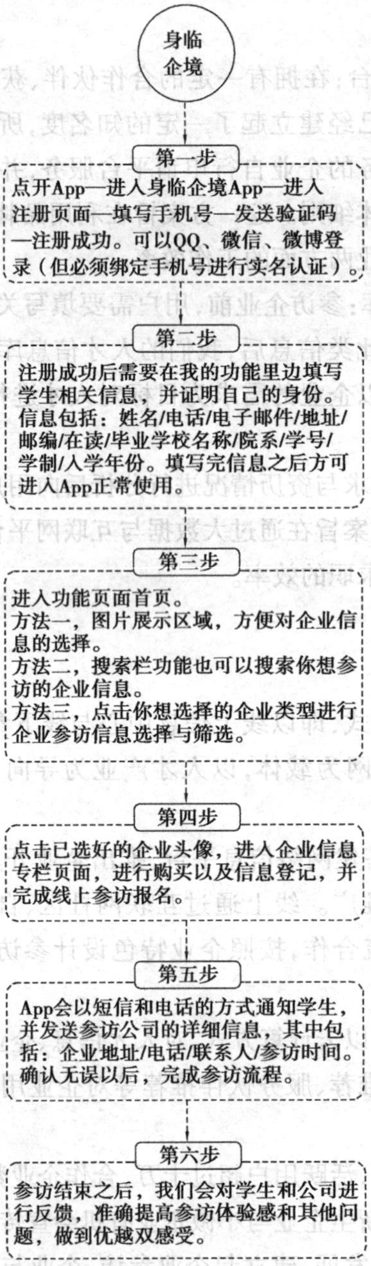
身临企境
第一步
点开App—进入身临企境App—进入注册页面—填写手机号—发送验证码—注册成功。可以QQ、微信、微博登录（但必须绑定手机号进行实名认证）。
第二步
注册成功后需要在我的功能里边填写学生相关信息，并证明自己的身份。信息包括：姓名/电话/电子邮件/地址/邮编/在读/毕业学校名称/院系/学号/学制/入学年份。填写完信息之后方可进入App正常使用。
第三步
进入功能页面首页。
方法一，图片展示区域，方便对企业信息的选择。
方法二，搜索栏功能也可以搜索你想参访的企业信息。
方法三，点击你想选择的企业类型进行企业参访信息选择与筛选。
第四步
点击已选好的企业头像，进入企业信息专栏页面，进行购买以及信息登记，并完成线上参访报名。
第五步
App会以短信和电话的方式通知学生，并发送参访公司的详细信息，其中包括：企业地址/电话/联系人/参访时间。确认无误以后，完成参访流程。
第六步
参访结束之后，我们会对学生和公司进行反馈，准确提高参访体验感和其他问题，做到优越双感受。

图 2　App 平台流程图

2) App 介绍

身临企境 App 是一款企业参访资源整合性类 App，主要展示全国以及国外各大企业的参访信息，目的是让大学生更好地去了解各行各业，更好地把握未来职业方向，寻找求职目标的一款 App。

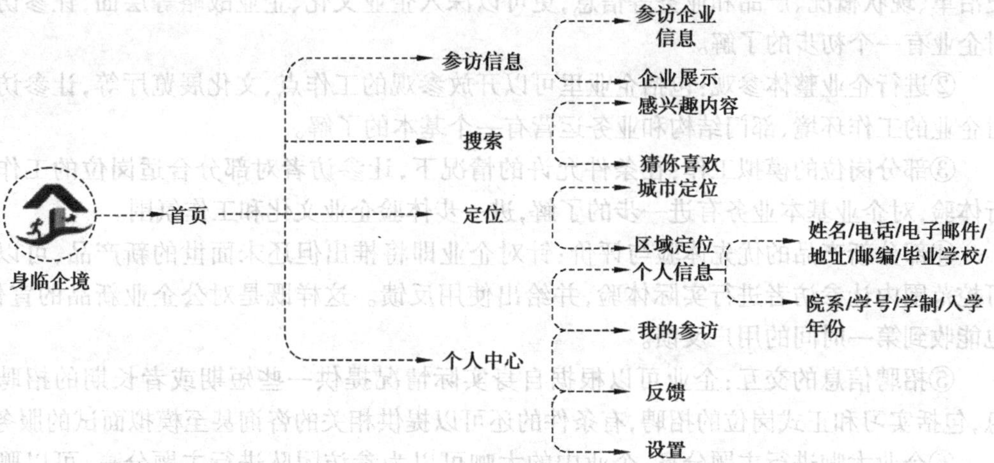

图 3　系统功能结构图

3) 网络平台介绍

身临企境参访网络平台是为了方便广大用户而推出的 PC 端官方网站。PC 端官方网站的功能和 App 相同，即展示全国以及国外各大企业的参访信息，以及身临企境的核心观念。

4) 推广平台介绍

平台宣传主要利用微信公众账号、App、PC 端官方网站来进行综合推广，其推广深度较广，范围较大，效果明显。

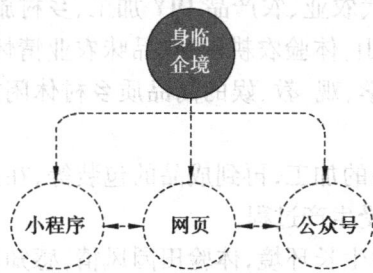

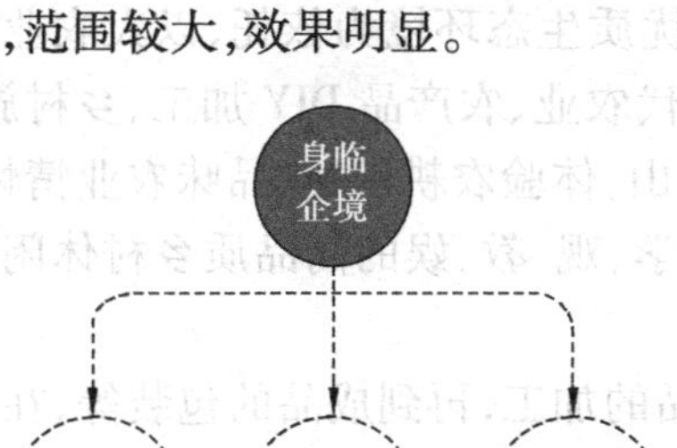

图 4　关系说明图

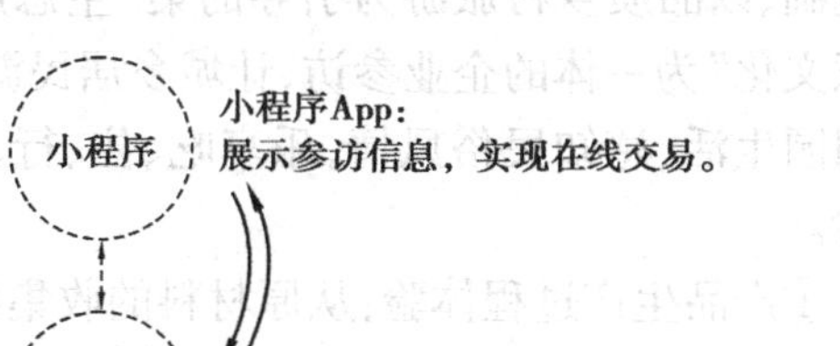

图 5　推广平台

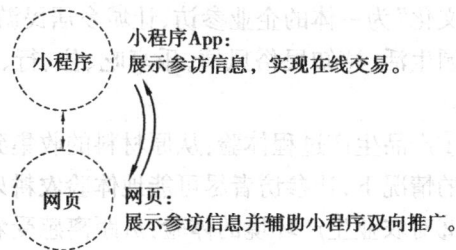

3.4 参访流程

1)统一流程

①介绍企业基本信息:由专人为参访者进行一个较为精练的企业介绍,包括企业历史沿革、现状概况、产品和业务等信息,更可以深入企业文化、企业战略等层面,让参访者对企业有一个初步的了解。

②进行企业整体参观:包括企业里可以开放参观的工作点、文化展览厅等,让参访者对企业的工作环境、部门结构和业务运营有一个基本的了解。

③部分岗位的模拟工作:在条件允许的情况下,让参访者对部分合适岗位的工作进行体验,对企业基本业务有进一步的了解,进一步体验企业文化和工作氛围。

④部分新产品的优先体验与评价:针对企业即将推出但还未面世的新产品,可以在可控范围内让参访者进行实际体验,并给出使用反馈。这样既是对公企业新品的宣传,也能收到第一时间的用户反馈。

⑤招聘信息的交互:企业可以根据自身实际情况提供一些短期或者长期的招聘信息,包括实习和正式岗位的招聘,有条件的还可以提供相关的咨询甚至模拟面试的服务。

⑥企业大咖进行主题分享:企业中的大咖可以为参访团队进行主题分享,可以聊公司的历史和未来,聊企业的人才战略,聊对自己行业的理解和前景展望,等等,目的是丰富参访流程,让参访者加深对企业及其行业的理解。

⑦主题座谈会:针对参访者感兴趣或者企业乐于交流的一两个主题,进行一个小规模座谈会,让参访者可以提一些自己的问题,说一些自己的想法,也让企业可以获得一些用户和来访者层面的信息,丰富信息渠道。

2)特色流程

(1)农产品生产加工企业

随着新型农业的兴起,“绿色农业”理念的广泛传播,农产品体验生产加工企业的参访也就变得更加多样化和生态化,我们旨在提供以优质生态环境为依托、以大农业资源为基础、以品质乡村旅游为引导的集“生态产业、现代农业、农产品 DIY 加工、乡村旅游、创意文化”为一体的企业参访,让城乡居民游绿水青山,体验农耕乐趣、品味农业情怀、享受田园生活、感知民俗风情,乐享吃、住、行、游、购、学、观、教、娱的高品质乡村休闲旅游体验。

①产品生产过程体验:从原材料的收集到半成品的加工,再到成品的包装等,在条件允许的情况下,让参访者尽可能地体验农耕乐趣,感受生产过程。

②对农业生产环境的体验:近距离感受农作物的生长环境,体验田园风情,感知民俗风情。

③品尝企业产品:提供有企业特色的食品组合与配套服务,让参访者对产品进行品尝,最大限度地展现产品的特点和价值,其中尤为重要的是可以体现产品内在文化。

④特色餐体验:可以提供具有企业特色的餐饮,有条件的还可以在企业的特色餐厅用餐,也为参访行程增色不少。

(2)工业制造业企业

在互联网“工业4.0”时代,传统制造业是否就失去了生机呢?当然不会,我们的制造业企业参访将致力于提供最真实的工程见学和最前沿的产品体验,让用户感受到亲自参与流水线生产的乐趣,挖掘各具特色的产品价值,这样传统制造业的魅力才得以体现。

①生产工程见学:实地学习体验部分生产过程,加深对公司产品的理解。

②手工制作体验:针对部分合适的企业,可以脱离流水线生产,提供一些体验手工制作产品的机会。

③产品体验:让参访者实地体验企业一些比较前沿的产品,同时收集用户的第一反应和反馈,有条件的还可以在专门的体验厅进行体验,这样有更好的使用感受。

(3)网络、科技企业

中国经济面临转折,中国企业正在突破瓶颈,互联网、大数据、高新技术,各种理念不断涌现,那么在改革潮流中该如何找到互联网的本质?该怎样把握前沿科技的发展方向?又该怎样建立适合自己并且快速突破的商业模式?对网络和科技公司的参访将很好地回答这些问题。同时,打造全新的内部产品体验也是我们追求的目标。

①主题分享:就整个行业的现状和前景进行企业视角的分析,对企业战略进行宏观展望和微观剖析,列出一系列企业愿意也有能力分享的专业主题,供参访者进行选择,每次做一到两个主题分享活动,这对公司核心理念的传播是一个很好的机会,也为参访者提供了深剖互联网和科技发展浪潮的平台。

②产品体验:在专人引导下,让参访者体验企业部分新产品和新功能。高技术企业和互联网企业的新产品由于其更新换代迅速,每一种新产品往往会有新的使用规范,也会给人新奇的产品体验。因此在参访中提供特定的使用环境,并由专人来引导,更能展现产品的核心功能,同时接收第一时间的用户反馈。

(4)金融保险企业

在全球经济形势急剧动荡的当下,金融行业的抗风险能力受到了极大的挑战。对于个体投资者来说,了解金融行业的组成结构和运营理念,熟悉基本金融业务和金融产品,把握金融市场变化规律及时规避风险,这些都是极其重要的。我们的参访活动将为用户提供一个近距离接触金融机构和金融大咖的机会,了解和学习关于金融市场和经济形势的前沿观点,获取专业有效的金融知识,接收理性成熟的理财建议。

①专题讲座:就全球经济形势变化,金融市场与金融机构的运行,金融业务的分类和介绍,以及金融理念的展开等话题进行专题讲座,每次参访可选一两个子课题进行交流,既展现了企业的理论和业务水平,又普及了金融知识。

②专题座谈:金融行业中新兴业务众多,大量业务的优劣性和发展前景还有待研究,可以就这些问题展开展系列座谈会,大家交换意见,参访者能多学习理论话和专业化的见解,企业也能获取客户角度的看法。

(5)服务类企业

如今第三产业正在如火如荼地发展,服务类企业的理念也正在由过去的满足需求转向现在的创造需求,同时,服务的安全性受重视程度也达到空前的高度。我们的服务类企业参访将致力于提供一流的企业管理理念分享活动和真实独特的服务享受体验。

3.5 组织机制设计

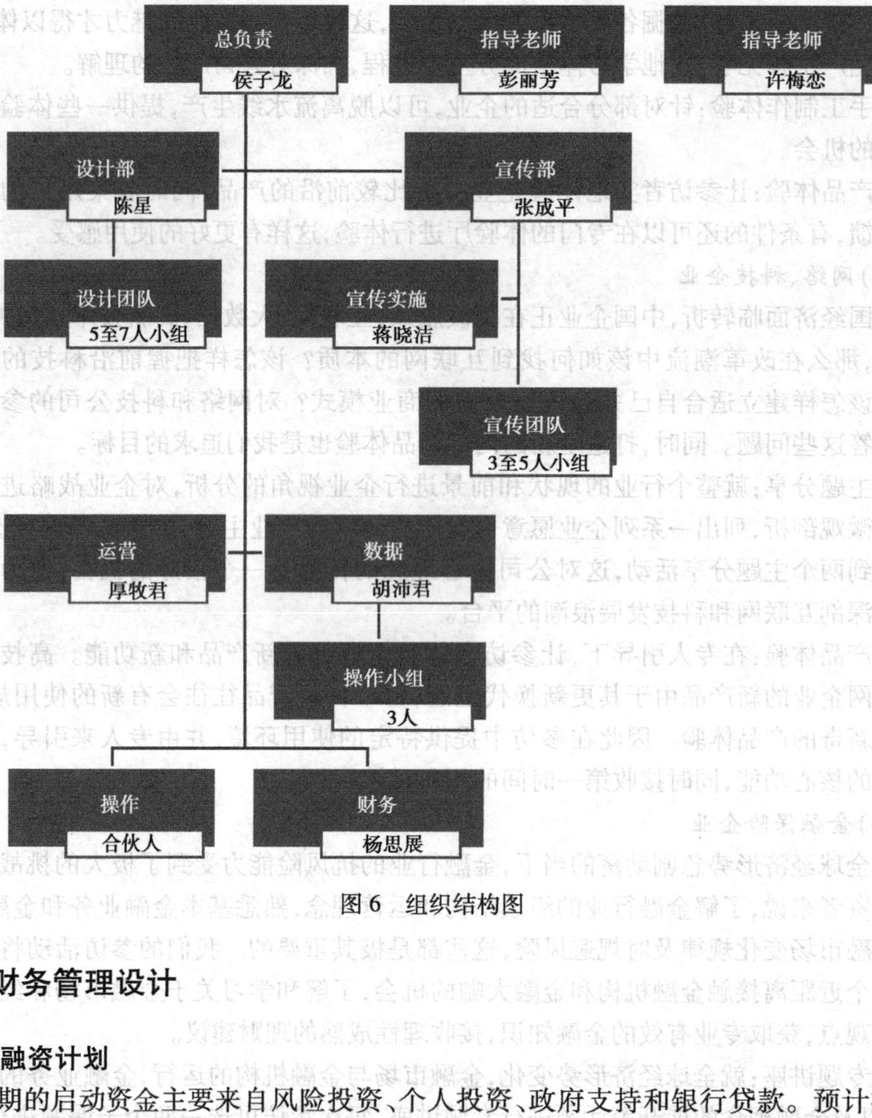

图 6 组织结构图

3.6 财务管理设计

1）融资计划

早期的启动资金主要来自风险投资、个人投资、政府支持和银行贷款。预计初始资本需求为 25 万元人民币，其中外来投资 8 万元，个人投资 2 万元，政府相关资金申请 5 万元，银行贷款 10 万元。

2）资金投入计划

预计第一期用于网络服务开发(网页开发、微信小程序)15 万元，微信公众号运营推广 5 万元，线下推广 3 万元，运杂费和劳务费 2 万元，流动资金 5 万元。

3）财务报表预测分析

由于我们团队没有真正开始运营，因此我们会在一些合理的框架下预测未来的报表：

①合作企业数在前4年呈指数增长,第5年开始增长速度减慢;

②投资呈指数增长;

③学生创业可以得到50%所得税的减免,且服务业收取5%的营业税,因此,税收=5%×主营收入+10%×利润总额;

④融资的利率为8%;

⑤固定资产折旧率按5%计算;

⑥不考虑对收入再投资。

我们可以实现的利润率如表2、表3、表4、表5和表6所示。

表2 利润预测表

年数	固定资本投资	合作企业数	平均成本	要实现40%利润率的单位定价	平均定价	利润率
1	￥200 000	100	￥23.3	￥32.7	￥38.0	62.86%
2	￥200 000	200	￥23.3	￥32.7	￥48.0	105.71%
3	￥200 000	400	￥23.3	￥32.7	￥48.0	105.71%
4	￥200 000	800	￥23.3	￥32.7	￥48.0	105.71%
5	￥200 000	1 200	￥24.4	￥34.2	￥48.0	96.36%

表3 销售收入预测表

年　份	第一年	第二年	第三年	第四年	第五年
平均参访费(万元)	38	48	48	48	48
参访人次(万人次)	6	12	24	48	72
总收益(万元)	228	576	1 152	2 304	3 456

表4 现金流量表 单位:万元

	第一年	第二年	第三年	第四年	第五年
一、主营收入	228	576	1 152	2 304	3 456
减:主营成本	140	280	560	1 120	1 760
二、总利润	88	296	592	1 184	1 696
管理费用	10	30	30	40	60
财务费用	3	8	10	10	10
三、利润总额	75	258	552	1 134	1 626
减:税收	20.2	58.4	116.8	233.6	342.4
四、净利润	54.8	199.6	435.2	900.4	1 283.6

表 5　资产负债表　　单位:万元

	第一年	第二年	第三年	第四年	第五年
一、资产					
货币资金	55.8	201.6	378.2	824.4	1 188.6
短期投资	0	0	0	0	0
应收账款	0	0	0	0	0
存货	0	0	0	0	0
流动资产合计	55.8	286.6	676.2		
长期投资	0	0	0	0	0
固定资产原值	20	40	60	80	100
减:累计折旧	1	2	3	4	5
固定资产净值	19	38	57	76	95
无形资产	0	0	0	0	0
递延资产	0	0	0	0	0
其他长期资产	0	0	0	0	0
固定及无形资产合计	19	38	57	76	95
资产总计	74.8	239.6	435.2	900.4	1 283.6
二、负债					
短期借款	10	20	0	0	0
长期借款	0	0	0	0	0
应付账款	0	0	0	0	0
预收账款	0	0	0	0	0
应付工资	0	0	0	0	0
其他应付款	0	0	0	0	0
应交税费	0	0	0	0	0
一年内到期的长期负债	0	0	0	0	0

续表

	第一年	第二年	第三年	第四年	第五年
负债合计	10	20	0	0	0
三、所有者权益					
实收资本	10	20	0	0	0
资本公积	0	0	0	0	0
盈余公积	0	0	0	0	0
其中:公益金	0	0	0	0	0
未分配利润	54.8	199.6	435.2	900.4	1 283.6
所有者权益合计	64.8	219.6	435.2	900.4	1 283.6
负债及所有者权益	74.8	239.6	435.2	900.4	1 283.6

表6 财务报表分析

	第一年末	第二年末	第三年末	第四年末	第五年末
流动比率	5.58	14.33			
流动资产周转率	22.8	28.2			
净资产收益率	98.2%	99%	115%	109.2%	107.9%

为了对公司的财务状况进行客观分析和评价,从而为投资者、经营者及其他利益相关者提供了解公司过去、评价现状、预测公司未来发展的信息,现对公司的偿债能力、营运能力及盈利能力等进行分析,我们分别选取了它们的相关指标,分析如下:

结论:

①公司偿债能力较强,预期在第二年还清所有短期债务。

②公司的资产周转率高,说明资产使用效率高,运营能力强。

③公司资产增长率高,投资回报高且增长较快,盈利能力较强,在未来三到五年发展良好。

3.7 风险控制设计

1)财务风险

(1)情况分析

公司面临的财务风险主要是指资金风险。公司的资金主要用于四个方面,第一是线上平台的开发与维护，第二是线上线下推广营销的费用，第三是公司内部员工的工资开支以及维系公司日常运营的经费，第四是与各大企业合作的费用成本。公司现阶段还未实现大规模盈利，处于扩张期，前期投资比较大，所以资金链断裂是一个很大的风险。

(2)应对方案

①要节约每笔开支，公司每一笔开支都要经过严格的预算，并且由公司财务统一审核批准，减少每一笔不必要的开支。

②对于线上平台的维护与开发，公司成立技术部门，招纳专门的技术人员进行线上平台的开发维护，在这方面的资金压力就会减小。

③对于线上线下推广营销的费用，采取严格的成本预算和成本控制，按照生意的发展规模进行推广宣传，避免盲目扩大。

④随着公司业绩和规模的增长，公司对上游企业的议价能力将得到提高，公司会继续寻找更优质的上游资源，稳固与现有企业的合作关系，发展更优质的合作。

2)用户信息风险

(1)情况分析

公司线上交易平台采取实名注册制，虽然公司对所有用户信息都实行严格的保密制度，但是仍然有可能出现由于各种原因导致客户信息泄露的风险。

(2)应对方案

①公司应当加大投资，购买第三方安全解决托管服务，并定期委托国家信息安全测评中心测评，建立安全巡检制度，保障用户信息安全。

②公司应当建立严格的规章制度，保证只有少部分高素质优秀人员能直接接触用户信息，防止其泄露。

③公司应当加大对员工素质培训以及进行法律安全普及，让员工了解信息泄露的后果，从而防止公司内部人员泄露用户信息。

3)企业参访服务可能引发的风险

(1)情况分析

由于信息的不对称，公司无法知晓用户的详细信息，参访用户素质良莠不齐，因此在组织用户参访企业过程中用户可能对企业的正常工作产生影响，其中也可能会有部分与上游企业竞争的公司职员报名参与，从而导致参访企业的信息泄露。

(2)应对方案

①在用户登记环节，尽量收集较为全面的用户信息。

②在与上游企业协商合作环节，应建议上游企业合理开放时间，既不影响日常工作，也让参访人员有一个全面细致的了解，不虚此行。

③带队人员应组织好行程，参观时尽量避免企业经营敏感方面。

4)平台运营风险

(1)情况分析

由于整个线上项目依附于微信平台、微信小程序、网页网站等互联网平台，而互联网平台具有一定的不稳定性。一旦腾讯对于公众平台的政策有变动,或者是网页依托服务器等有所变化,都会对公司产生很大影响。

(2)应对方案

多平台全面运作,避免项目的依从风险,目前公司已经开始对新浪微博、腾讯空间等多个平台进行建设,升级微信平台,对微信平台后台进行二次开发,避免风险;以公司官网为纽带,建立多维一体的互联网经营平台。

5)商业机密泄露风险

(1)情况分析

商业机密泄露风险指的是公司的成本概算、上游企业或公司资源、客户信息、核心技术、网络平台密码等泄露造成的风险。

(2)应对方案

①公司的核心技术严格保密,设立公司邮箱,工作内容只能用公司邮箱传输,监管内容。

②加强员工教育,强调涉及商业机密的内容不得泄露,不得私自复制,公司的公共电脑设立个人文件夹,设立加密文件夹。

③加强公司邮件的管理和建设,定期安全检查,定期更改所有网络平台的管理员密码,杜绝此类风险。

6)合作企业信用风险

(1)情况分析

公司的服务存在合作企业信用风险,具体表现为合作企业违反合同规定,达不到承诺的要求。或因故变动参访时间、时长、参访项目等问题,对公司产生巨大影响并造成巨大损失。

(2)应对方案

①公司要努力发展自身经营状况,随着公司业绩和规模的增长,对于上游企业的自主选择能力将得到提高,与知名公司合作的机会将大大增强。

②公司应深谋远虑,做好完整的活动策划,能做到在此类事情发生时有二类选择,尽量减少损失。

③在与上游企业签订合同时,通过制定合理条例,保障公司权益。

3.8 与同类项目的差异化分析

1)行业内竞争者竞争能力

(1)情况分析

值得指明的是,就企业参访信息交互平台来说,市场上并不存在这样的专门针对大众企业参访这一需求的相关平台(经查询,无有关资料显示),行业内竞争比较小。随着毕业生和待业人口数量的不断增加，市场上存在着一大批想要前往企业参访，但苦于没有切实有效渠道和途径来获取相关信息的群体。然而由于市场空缺，这一群体的迫切需求无法得到满足。就目前市场上关于企业参访相关服务的提供，主要存在以下三个问题：

①受众人群少。市场上提供的类似服务主要有四种形式。一是，诸如中国标杆企业考察培训中心和游学天下等企业，其针对对象仅仅局限于企业管理者和高层人员，收费普遍较高，并不能满足市场的巨大需求。二是，出于参访企业自身的需要，由企业本身单一进行参访消息宣传。这一形式并不能很好地将消息准确传递到目标受众人群，绝大多数有参访意愿的人员并不能通过这样的途径满足自己的需求。三是，学校或社团等机构出于非营利的公益目的，通过海报、网站等途径传播消息，组织学生参访。这一形式获益人群少，仅仅局限于本校学生，无法满足巨大的市场需求。四是，通过私人关系等原因获取相关消息。这一途径更是绝大部分人不具备的条件。以上四种形式均存在目标受众少的问题。

②有关企业参访的消息传递或服务提供多是零星散乱、短期不固定的。企业自身或者学校等发布的参访消息仅仅是零散短时的，不具备满足长期拥有参访需求群体的条件。没有一个固定专门的平台供具有参访意愿的群体满足其需求。

③企业的需求与参访人群的需求并不对称。比如有些时候，企业希望通过参访吸引高素质人才，而参访人员并不能与之很好匹配。

这些就导致既不能满足待业人群、在读学生或消费者这类群体的参访意愿，也不能满足企业招揽人才的意愿。此外，本行业目前还处于没有被互联网整合的阶段，甚至可以称为无专门商业平台的状态。鉴于此，可以说，本企业不仅是本行业中的有力竞争者，而且还是这一空白行业的领先者。

(2)应对方案

①建立信息完备的专门网络平台，为待业人群、在读学生和消费者提供体验心仪公司环境和观摩产品流程的机会。利用互联网的便捷性和全球性，借助网页网站、微信公众号和微信小程序等方式，快速扩大受众人群，使有关企业参访的信息得以大范围传递。

②将企业参访的信息整理集合，发布在固定网络平台上，并及时更新，以便有参访意愿的人群能有效获取信息。积极联络有意进行公司参访的企业，并与之达成共识，尽可能多地与更多数量、更高层次的优质公司达成合作，完善参访信息系统。

③根据参访人员的不同层次，与不同需求的企业相匹配，使双方都能得到一个满意的结果，能更好地实现共赢的局面。

2)潜在竞争者进入能力

(1)情况分析

如果单纯就企业参访信息的收集和传达来看，由于其市场准入门槛较低，可复制性强，因此潜在竞争者进入能力强。可以预见在短时间内将会涌现出许多同样类型的项目,对我们的市场形成一定的冲击。但是由于多个业务具有很强的关联性,而且与较多数量、较高层次优质企业达成合作具有很强的门槛,加之我们致力于促使大众通过企业参访提升自我的理念,从程序的开发、网站的建立到与企业达成合作再到获取用户信任都有很长的路要走,并且真正多方面达到一个相对完备的状态是相对比较困难的一件事情,因此就公司目前业务类型来看,公司具备较强的应对潜在竞争者的能力。

(2)应对方案

公司将努力扩大市场新进入者优势,充分利用好空白行业的机遇,努力拓展市场;发动多方面资源,宣传吸引更多的用户,提高用户体验好感度,增加用户黏性;完善信息系统,致力于与更多数量、更高层次的优质企业的长期合作,提高市场的进入壁垒,降低同类竞争者造成的直接市场冲击。

3)购买者议价能力

(1)情况分析

由于市场上并没有出现针对各层次有偿参访企业的活动,处于市场空白,消费者可能并未形成相关的消费习惯,这需要给予消费者一定的时间来适应这种转变。因此就公司目前而言,购买者的议价能力不可忽视。但由于消费者获取有关企业参访的讯息较为困难,缺乏相关信息渠道,因而愿意对此以较高的价格支付,价格敏感度并不强。

(2)应对方案

①本公司将努力树立自身品牌形象,致力于核心理念的推广,使消费者逐渐接受到积极参与这样的有偿企业参访,发动各方面的资源,寻找更多、更优质的上游企业。通过提高消费者消费体验与满意度,降低消费者在消费过程中的价格敏感度,进而增加消费黏性,快速提高公司的竞争力。

②在保证服务质量的同时减少人力成本、运营成本和营销成本,与优质的上游企业达成长期稳定的合作,减少不必要的费用,实现服务的价格优势,吸引更多的消费者,扩大市场份额。

③利用移动互联网深度整合企业,根据参访人员的不同层次,组织不同的、相契合的个性化企业参访活动,与不同需求的企业相匹配,使双方都能得到一个满意的结果,为客户提供量身定做的特定服务,为消费者提供高性价比的消费服务体验。

4)企业议价能力

(1)情况分析

与优质的上游企业达成长期稳定的合作,是本公司持续健康运营的基础。因此对于公司的发展运营而言,对上游企业的掌控能力十分关键,企业的议价能力不容忽视。若上游企业因担心影响日常工作的正常进行,那么要想获得参访企业的机会,势必就要做出价格上的让步。这对公司的利润将产生直接影响。但同时也应该注意到企业参访活动对企业招揽人才大有裨益,这将在一定程度上削减企业的议价能力。

(2)应对方案

①公司将完善用户的信息,根据消费者的不同层次,与不同要求的企业相匹配,力争

共赢的局面,解决企业的后顾之忧,从而降低企业的议价能力。

②公司将努力拓展市场,增长业绩和扩大规模,通过宣传吸引更多的消费者,力争通过市场占有份额的绝对优势来增强对上游企业的自主选择能力,拥有更多的话语权和选择权,从而获得更强的议价能力。

4 项目建设

4.1 组织机构建设

(1)目标管理

目标管理的具体做法可以分三个阶段:第一阶段为目标的设置;第二阶段为实现目标过程的管理;第三阶段为测定与评价所取得的成果。

①设置目标:目标制定后,要授予下级相应的资源配置的权力,实现权责利的统一。最后把每个团队成员的目标汇总,以便参考和总合。

②实现目标:目标管理重视结果,强调自主、自治和自觉。在此过程中,要强调上下级通力合作,共同努力,以期将目标实现到预期水平。

③总结评估:达到预定的期限后,下级首先进行自我评估,提交书面报告。汇总整理后,整个团队逐级考核目标完成情况,决定奖惩。之后决定下一阶段目标,展开新的目标循环。如果目标没有完成,就分析原因总结教训,切忌相互指责,保持团队内部互信互助的气氛。

(2)流程化管理

流程化管理,是一种以规范化的点对点的卓越业务流程为中心,以持续提高组织业务绩效为目的的系统化方法。它是一个操作性的定位描述,指的是流程分析、流程定义与资源分配、时间安排、流程质量与效率测评、流程优化等。

流程化的管理减少了团队成员盲目与重复的工作,提高了团队的工作效率。同时也提高了团队管理者的效率,为管理提高了一个便捷的管理工具,所以一个高效团队的打造,离不开流程化的管理,方便和加强团队的效率。

(3)有效管理

针对职能不同的各个团队,或团队中的具体个体,在适当的时机做出正确的决策,以提高管理效率。

(4)绩效管理

通过团队组织制订绩效计划、绩效监控、绩效考核、绩效反馈与改进,以促进团队成员业绩持续提高,并最终实现团队目标的一种管理过程。在每一个阶段,团队管理者需要制订出下一阶段关于团队成员职业发展的计划,在时间、资源等方面给予团队成员支持,使团队成员的能力与能够承担的责任在工作中稳定提高。

4.2 技术支持建设

前期运用互联网技术搭建网络信息平台,推出企业开放日、参访游学服务,以服务为核心利用互联思维进行推广。线上通过互联网社区、自媒体等多种方式,展开营销活动。线下与企业展开交流合作,按照企业特色设计参访流程及具体活动,并安排实际参访。中期,通过搭建资料库,以云计算方式,对人才信息、企业信息市场进行开发,对品牌进行延伸,推出企业及人才推荐、服务伙伴推荐等对企业用户招聘人才与个人用户寻找职位更加方便、快捷的服务。当注册人数达到五十万,活跃用户超过十万,合作企业数量达到两百家时,开放企业用户自主入驻平台的服务,新生企业与小微企业有机会宣传企业文化、招揽合适的人才。最终实现线上线下同步发展,建立起企业参访、企业与人才信息交流服务提供的知名品牌。

4.3 商业运作建设

1)第一阶段

(1)发展目标

与企业进行初步联系与沟通,开发 App 与小程序,进行企业参访方案的规划与预演,选择志愿者进行试运行。

(2)规划方案

①与企业进行沟通:经过前期筛选结合调研分析,确认初始合作的企业。前往企业或与企业相关部门负责人沟通,经过洽谈,达成初步合作关系。

②规划参访方案:当合作关系达成后,收集并整理企业的相关信息,准备线上投放。同时规划企业参访活动的具体流程及细节,与企业相关负责人确认无误后确定参访方案。

③程序开发:在决定初始提供的服务范围后,请专业团队进行 App 与微信小程序的开发与测试,并在企业沟通完成后上线试运行。

④试运行:通过线上以及线下平台征集志愿者安装 App 或小程序,在程序中申请企业参访活动,对企业进行实际参访,及时作出反馈调查,发现并解决这一系列流程中出现的各种问题。

2)第二阶段

(1)发展目标

验证业务的可行性,发现并解决参访预约与实际参访流程中会出现的各种问题,并对这些问题进行解决。扩大合作企业的范围,升级网络服务平台承载能力,宣传推广,吸引更多用户。

(2)规划方案

①对服务的改进:经过第一阶段的试运营,发现并解决我们提供的一系列服务在实际运行过程中出现的各种问题。在企业方面,进行回访,获取企业方面对参访活动的意

见和建议,对参访计划和参访流程结合实际状况进行修改。在用户方面,对参与了试运行的用户进行调查,参考他们对企业参访活动的满意程度,并从用户意见出发,对 App 与小程序、参访申请过程、参访活动的具体流程进行改良。综合两方的意见,对企业和用户意见存在的矛盾与冲突进行调和与折中处理。

②扩大合作范围:经过试运营后,对商业计划进行适当调整,并进行业务拓展,与更多的企业、公司进行商谈。此时的重点应当放在新兴的企业和中小型企业上,因为这些企业处于成长期,需要吸引人才,也需要将自己的企业文化传播出去,让更多的人了解他们,与他们进行商谈的成功可能性更大。

大型企业与高端人才在整个市场中处于顶端,但工作岗位的供给量与需求量比起这些中小型企业与新兴企业的总和来说还是九牛一毛。在中小型企业中间建立起良好的口碑与优质的参访服务生态系统,是我们在这一阶段实现高速发展的关键。

③宣传推广:从志愿者的参访活动中获得对我们提供服务的反馈与评价之后,先对各部门的工作进行重新评估与分配,再升级网络平台的承载能力,准备进行正式的推广与运营。

宣传与推广分为线上推广与线下推广两部分,线上推广主要通过各大平台的自媒体功能,建立起我们的求职信息分享与企业参访活动的宣传公众账号。通过不定时地发放一些对在校学生、应届毕业生、求职者等人群有用信息的内容来增大流量;通过定期放出企业参访免费体验资格的方法来让更多的人对我们的服务投以更多的关注。

线下部分,通过与高校、招聘会等机构的合作,通过分享企业信息的方式,同步进行我们的服务宣讲会。据调查显示,很多的在校大学生对企业参访活动了解不多,这样的宣讲会对我们业务的开展有着一定的促进作用。

3)第三阶段

(1)发展目标

通过提升知名度与口碑,建立企业自由入驻平台的方式提升与企业合作的便利性。建立起基于注册用户受教育情况与职业经历的人才库,为企业提供便捷的人才信息服务。

(2)规划方案

①建立企业自助入驻平台:在拥有一定数量的合作伙伴、获得足够的参访服务提供经验后,“身临企境”这个品牌已经建立起了一定的知名度,所以我们可以提供企业自助入驻服务,让愿意开放参访服务的企业自行申请平台服务,并提供企业宣传材料与参访流程规划,之后与我们协商具体细则。这一方案旨在利用品牌效应来让我们的合作范围扩大,同时也提升了我们与企业两方面的工作效率。

②建立企业、人才信息库:参访企业前,用户需要填写关于他们受教育情况与职业经历的信息,在积累了大量的此类信息后,我们的人才信息库已经基本成型。通过对这些信息进行处理,我们可以以企业的需求为目标对人才进行筛选,并向相关企业推荐相关人才。

我们也可以对用户的需求与资历情况进行分析后向用户推荐适合他们的企业,并提供相关的企业资料。这一方案旨在通过大数据与互联网平台的使用,对企业和用户进行针对性推荐,大大提升了求职的效率。

4.4 网络营销建设

公司在发展布局方面主要有以下想法：首先，建立网络综合平台，提供企业介绍、人才信息与交流环境，宣传企业文化平台的同时，也让一般用户可以表达对企业的看法与意见。其次，为求职者、毕业生与对企业文化感兴趣的人提供更加详细具体的企业介绍，创造让其前往他们心仪的企业与公司进行参访活动的机会。再次，与企业进行合作，将他们的理念与企业文化宣传出去、与此同时也在每年一度的招聘季之外增加了企业对人才的发现发掘机会。最后，通过对于用户受教育情况与职业经验等数据的整合与处理，建立起全面细致的人才资料库，为各企业寻找合适的人才提供便利。

公司在营销策略方面以顾客对企业参访服务的需要为出发点，根据市场调查获得顾客需求量以及购买力的信息、商业界的期望值，有计划地组织各项经营活动，合理运用现代企业 6Ps 市场营销策略，积极主动为顾客提供满意的商品和服务从而实现企业目标。然后，在网络营销方面也主张积极在网络各大平台进行推广，扩大公司市场影响范围。

4.5 其他

①为应届毕业生提供了解心仪公司的工作环境、企业文化、工作事宜等信息的机会；促进毕业生与公司平等对话、双向选择；帮助毕业生少走弯路，避开不适合自己的岗位；缩短毕业生对公司的观望时间，加快他们融入社会的步伐。

②为在读大学生提供了解未来职场的机会，以便于大学生在读期间提前做好自己的职业规划，学习未来可能有用的工作技能。

③为企业提供宣传企业形象、招揽优秀员工的机会，这一点对于中小型企业尤为关键。

④为普通消费者提供了解自己消费的产品与服务生产过程的机会，尤其是食品业，以便于他们对优劣产品的甄别。

5 项目运行与维护

5.1 运行与维护过程

前期运用互联网技术搭建网络信息平台，推出企业开放日、参访游学服务，以服务为核心利用互联思维进行推广。线上通过互联网社区、自媒体等多种方式，展开营销活动。线下与企业展开交流合作，按照企业特色设计参访流程及具体活动，并安排实际参访。

中期通过搭建资料库，以云计算方式，对人才信息、企业信息市场进行开发，对品牌进行延伸，推出企业及人才推荐、服务伙伴推荐等对企业用户招聘人才与个人用户寻找职位更加方便、快捷的服务。

当注册人数达到五十万,活跃用户超过十万,合作企业数量达到两百家时,开放企业用户自主入驻平台的服务,新生企业与小微企业有机会宣传企业文化、招揽合适的人才。

5.2 运行与维护效果

1)市场影响

我们将市场定位于在读大学生、大学毕业生、企业和普通消费者,通过保守需求推算,每年目标需求人群数量约1 200万,平均支付报价在95元左右,市场容量有潜力每年新增8亿元。而目前企业参访活动相关市场呈现空白景象、大学生毕业三年内摩擦性失业情况严重且企业也受其负面影响,预计未来企业参访活动需求会进一步上升,公司将努力扩大市场新进入者优势,充分利用好空白行业的机遇努力进行自身拓展。

2)运营业绩

公司目前已与包括万科、汇源等30余家大中小企业达成合作协议,企业覆盖地区包括且不限于厦门、深圳、上海、北京等地。现正处于项目发展的第二阶段,目标在一年内对商业实践进行适当调整并进行业务拓展,着重关注成长型企业;第三阶段旨在未来通过精细化管理、海量企业与客户数据库建立及匹配真正实现快捷的人才与企业服务。

3)社会效益和经济效益

扩招政策实施以来,高等教育每年向社会输送各专业各层次的人才越来越多。与此同时,我国经济增长自2010年后逐渐减缓,每年新增的岗位正在逐渐减少。目前大学生难找工作已经是一个重要的社会问题,考虑到毕业生增加、经济增长继续缓速的预期,在未来一段时间内,预计大学生失业问题还会加剧。在此背景下,劳动市场上出现一个非常普遍的现象:企业通过面试、实习等多种方式来考察自己的潜在员工,而求职者却缺乏一个有效且低成本的方法来了解自己有意向的岗位。这种单向选择和信息不对称加剧了劳资双方的不平等、延长了毕业生找工作的观望时间、加大了求职者入职后再次离职的可能,增加了摩擦性失业。我们相信,通过和各类企业合作,组织求职者前往心仪的公司实地考察,我们能很大程度地缓解劳资市场的信息不对称问题,促进大学生就业。

6 分析与评价

6.1 指导老师点评

指导老师彭丽芳:该项目抓住了企业招聘和高校毕业生找工作的双向痛点,通过到企业旅游方式将企业和求职者联结起来,努力促使双方形成双赢结局,有效解决劳动力市场中的关键问题。该项目将求职与企业游学跨界结合,创新、创意与创业三方面意义显著。目前项目已成型,创业环节也在积极推进中,团队具有较好的执行力,表现良好。希望项目团队在项目运营中注重面向大学应届毕业生学习专业与企业类型匹配上的细致对接。我相信通过同学们对项目的逐步推进,将使项目方案更完美,更有助于项目市场推广。

指导老师许梅恋：关于项目的选择，参加“三创”赛之前，团队成员根据自身参访企业的经历发现了大学生和企业之间普遍存在信息不对称的问题，萌生了以此为创业项目解决此社会问题的想法，期望为企业和其潜在员工、顾客彼此之间提供更为透明、全面的信息，提高彼此的匹配度。此创意与现有的招聘、实习或广告宣传渠道相比，环节前移，信息了解更为充分，可以实现以较低的时间成本和金钱成本为企业和人才、顾客之间进行更精确的匹配，降低日后企业重新招聘员工以及员工重新寻找就业的风险，社会效益值得期待，也体现了该项目的创新性。

计划书的写作过程中，团队成员们充分发挥了各自学科的优势，互相补充，互相改进，历经多次修改、讨论，使计划书专业、到位，充分展示了该项目的创新性、可行性、经济效应和社会效益，使该项目得到了各级评委的高度认可。在此过程中，不同专业的团队成员也都从其他队员身上学到了不同的专业知识和许多优良品质。

比赛历时漫长，在此过程中，团队成员们秉持百折不挠、博采众长、精益求精的精神，克服众多困难和障碍，一路过关斩将，闯进全国总决赛并获得特等奖，充分展现了青年学子的激情和风采！在此过程中，学生们也对社会现实有了更广泛、深入的了解，对创业艰辛有更真切的体验，也对服务社会、奉献社会有更坚定的决心，实现了能力与品质的双重提升，这是奖杯之外更重大的收获！

6.2 专家评析

作为比赛，厦大“身临企境”这个参赛团队给评委们留下了深刻的印象。能一路攻坚克难，走到全国总决赛并获得特等奖，这是对项目本身和团队呈现能力的肯定。能参加一个高强度、长时间的赛事并走到最后，队员的收获和对其人生的影响是非常巨大的。

项目从大学生就业和企业招聘这两个痛点入手，运用游学参访这一核心形式，充分用大平台的思维，于创新、创意、创业各个方面都有突出特点。

对本项目从公司运作和市场的角度提几点建议。作为创业项目，最重要的是要在活下去的基础上求发展。团队要在企业的阶段性目标、团队的成长发展、资金链的合理规划三个方面做到更加精准，在产品的附加价值上要更加多元。比如：

项目目标和初始投入不相匹配的情况下怎么办？一个在大互联的背景下做信息平台的项目所需资金是较大的。

任何项目关键是人，初始的大学生兼职团队和真正走上市场必需的正规化、经理化团队建设如何协调过渡？项目中对团队的发展所述不多，初始投入中也没有对团队运营成本作出更多规划。比如在上述资金、团队先天不足、初期防止可复制的前提下，市场拓展包线和阶段性目标该如何界定？

在产品设计上，比如已经成团了，人招过来了，而且是做了精准分类的人群，那这群人除了企业参访，还有什么附加价值？项目的题目是企业游学参访，就找“身临企境”。游学在前面，项目的产品设计围绕游学的社会意义和经济效益也可以多一些思考。

市场是现实和公平的，从宏观到实操，从目标、团队、资金三者协调上有更多的思考，那么企业才会有更大的概率度过它的初始期，可持续发展下去。

评析专家：央视微电影记录中国频道运营总监/长江师范学院特聘教授　陈　晔

艺归巢

参赛团队:江苏师范大学　艺归巢团队
参赛组长:王徐瑶
参赛队员:邹国昊　丁思雨　姜鳕珊　周洁雯
指导教师:周显洋　吴夏蓉
关 键 词:空巢老人　民间手工艺　双引擎　非遗文化　银发经济
摘要:艺归巢团队致力于关爱空巢老人与传承民间手工艺的结合,让空巢老人在展示手艺技能的过程中得到个人精神的满足感,真正实现“老有所为、老有所乐”,同时让传统的手工艺文化得以传承与回归。

本团队主要通过线上、线下两种途径来提供服务。线上创建了艺归巢平台网站,集“识、学、议、访、记”为一体。线下主要通过走访,与老人面对面交流学习。此外,我们创新性地在每个产品上贴注了二维码,带领我们追溯传统文化之源。

本平台宗旨:传承非遗文化,共筑银丝春天

1　项目简介

1.1　项目主要意义

通过产品展示与特色服务,为处于社会弱势地位的空巢老人提供精神支持,给予空巢老人接触社会、感知人情的机会,使老人们也能在生产劳动中实现自我价值的再创造,从而减少其在心理上产生的与社会疏离的主观心理感受,缓解老年孤独的情绪。与此同时,借助老人手工艺技能的传播,吸引更多人关注、学习我国的非物质文化遗产,以实现传承的目的。

非物质文化遗产承载着历史记忆,延续着文化血脉。它不是死去的历史,需要活态传承。现在艺归巢提供的服务正是活态传承的体现,它的意义不仅在于展示和弘扬,更在于促使非遗“长生不老”地活下去。此外,这也给社会弱势群体——空巢老人提供了物质生活与精神生活的双重支持。

1.2 项目达成目标

目前,本平台已经走访调查了10座城市,与20余支志愿者团队开展了合作。团队成立至今,发掘了大量有技艺的空巢老人,吸引了大批对传统手工文化怀有兴趣的群众,受到广泛好评。为了传承机构宗旨,坚定公益之路,实现社会价值,帮助到更多空巢老人,更好地传扬传统手工艺,本机构对未来工作做出如下展望:扩大团队规模、推广区域特色产品、走向国际市场,加强多方合作、提升企业公信力、发掘有技艺的空巢老人群体与受众群体。

1.3 项目主要内容

艺归巢将通过线上线下两种渠道,借助互联网平台,结合线下活动,建立空巢老人与用户学习交流、沟通情感的桥梁,同时推广传统手艺文化。

1.4 项目技术路线

区别于传统公益活动单一的运行模式,艺归巢秉承"传承非遗文化,打造银丝春天"的项目宗旨,通过围绕"两要素"、搭建"两平台"、辅以"三结合"的多元化服务模式,有效缓解了空巢老人的精神孤独感、非遗文化亟待传承的问题。"两要素"即空巢老人与非遗文化两个服务要素。"两平台"即线上搭建集"识、学、议、访、记"等功能为一体的综合类平台,线下成立互动学习组、产品交流会、课程教学堂等平台。"三结合"即实际工作与科研相结合;平台与学校、企业相结合;全面弘扬与私人定制相结合。

1.5 项目特色

1)多元化公益项目,实现最大效益

相较于传统的救助补助服务,艺归巢着眼于空巢老人的自我价值的实现,让空巢老人切实地体会到自身价值的实现,从根本上解决老人们的心理问题。相较于单纯的手工品售卖网站,艺归巢更注重追溯产品背后的渊源。通过展示老人亲手制作的手工艺品,让人们了解到空巢老人与传统手工艺的故事与处境,让大众与空巢老人成为传承传统手工艺的参与者,实现资源的合理配置,扩大影响力,达到社会效益的最大化。

2)紧跟时代发展,利用技术宣传

随着互联网技术的发展,传统的实体店销售模式已经不能满足广大用户的需求。艺归巢网站紧跟时代发展,运用现代互联网技术,已经建立形成了艺归巢官方网站。对产品的跟进,设计出产品专属的二维码,用户通过扫描二维码,可以追溯到产品背后的信息,方便广大用户更直观地感受到产品背后的文化积淀,对传统文化感兴趣的用户通过此种方式能够更加高效地获得学习渠道。

3)秉承全新理念,打造人文关怀

产品附加值高,相对于机器生产出的冷冰冰产品,艺归巢的每一个作品都出自老人

之手,饱含老人的专注与热爱,代表的是一种情感,一种精神的传承。顾客购买的不只是产品,更是一种文化,一种信念,一种关怀。

2 项目分析

2.1 市场需求分析

市场需求一部分来自空巢老人。空巢老人孤单寂寞,精神上缺少关爱,其所拥有的技能也无法得到传承与发展。他们需要社会的关注,渴望通过自己的手艺来实现自己的价值从而获取满足感。另一部分则来自社会大众。经济的持续发展使人们的消费能力也将有进一步上升的空间,同时,国人的消费习惯与观念正在发生转变。根据马斯洛需求理论,国人正在由低层次(物质)需求层次转变成为高层次(精神)需求层次,艺归巢项目所提供的产品不只是单纯的传统手工艺品本身,更重要的是希望通过产品来传递背后空巢老人的状况与传统手工艺的处境。相较于物质需求,艺归巢项目更注重提供精神需求,这与国人的消费行为习惯趋势相吻合。而目前,一个能同时做到帮助空巢老人和传承手工艺品的平台对社会大众有着较大的需求。

2.2 产品市场定位

艺归巢平台主要目标市场为空巢老人及对传统手工艺感兴趣的人们,通过售卖老人手工制品以及提供向老人当面学习的机会,满足老人的物质精神需求与人们的购买学习需求。同时,我们会为其提供与部分企业、公益组织对接的机会,在未来有一定的发展后会进一步开辟国际市场。现如今人口老龄化不断加剧,空巢老人数量不断增加,老人所拥有的传统手工艺也无人继承。在国家政策支持下,越来越多的人关注了解到了这两个问题,也愿意去为解决问题贡献力量。艺归巢项目着重于这两个问题并将它们结合起来,因此其目标市场具有较强的针对性。同时,将目标市场中的两方结合对接的成本较低,具有良好的社会效益。此外,目标市场具有广阔的发展空间,未来的需求量会不断扩大。

2.3 可行性分析

1) PEST 分析

为了给艺归巢平台项目在宏观总体上有一个更加清晰的轮廓,以下运用 PEST 分析工具对其分析如下:

图 1　PEST 模型

(1)政策(Political)因素

根据国务院印发《十三五"国家老龄事业发展和养老体系建设规划的通知》提出的目标,到2020年,老龄事业发展整体水平应明显提升,养老体系应更加健全完善,及时应对、科学应对、综合应对人口老龄化的社会基础应更加牢固。养老服务和产品供给主体更加多元、内容更加丰富、质量更加优良,老年文化体育教育事业更加繁荣发展。同时,2017年3月24日,国务院网站发布了《中国传统工艺振兴计划》,欲通过全方位的政策支持实现传统手工艺的产业化振兴,最终促使传统手工艺在产业经济的发展中得以有效的传承和发展。艺归巢将空巢老人养老问题与传统工艺振兴相结合,符合政策大方向。

(2)经济(Economic)因素

从经济角度来看,中国的经济大环境目前来看非常好,国人的财富收入也会逐步增加,这表明国人的消费能力也将有进一步上升的空间。良好的经济因素可以很好地助力"艺归巢"平台的发展壮大,这无疑是非常有利的。

(3)社会(Social)因素

在"老龄化社会"背景下,我国空巢老人的数量也在日益增长。至2020年,独居和空巢老年人预计将增加到1.18亿人左右。社会的发展和传统家庭模式的分解,使得越来越多的老年人步入了"空巢老人"的行列。对于空巢老人,除去物质方面的不足,精神上的问题更为突出。他们中相当一部分在生活和精神方面需要得到关爱、帮助和慰藉。作为一个社会热点问题,研究"空巢老人",具有十分重要的理论和现实意义。

同时,国人的消费习惯与观念正在发生转变。根据马斯洛需求理论,国人正在由低层次(物质)需求转变成高层次(精神)需求,艺归巢项目所提供的产品不只是单纯的传统手工艺品本身,更重要的是希望通过产品来传递背后空巢老人的状况与传统手工艺的处境,与国人的消费行为习惯趋势相吻合,推动艺归巢项目的发展,在这样的社会因素条件下,项目的前景非常广阔和光明。

(4)技术(Technological)因素

随着信息技术的飞速发展,其在社会和经济发展中占据着越来越重要的地位,俨然已成为推动技术产业的引擎,并极大地影响着人们的工作方式和生活方式。信息传播方式的多样性与快速性、信息覆盖的普遍性、良好的用户体验性等特点使得电子学习成为可能,传统学习模式的改革也在推进中。目前,信息技术应用在养老服务产业大体上来说集中在几个方面:云计算、物联网、数字出版、移动学习,此外还包括硬件平板技术和新兴操作系统,艺归巢项目将综合运用这些技术,使平台更加完善,使空巢老人更加直观地展现自己所掌握的手艺,使对传统手工艺品感兴趣的人以更加高效的方式寻求学习渠道或购买渠道,同时利用信息技术更为广泛而快速地将项目推广出去。

2)竞争优势

由于本平台由大学生打造,社会责任感较强,必定在具体操作过程中格外注重社会效益。而且我们会将空巢老人与公益组织进行对接,不断致力于为每个客户提高自身价值;将手工艺品销售与相关企业进行对接,形成盈利点。

同时,我们打破传统对接模式,基于艺归巢平台成熟形成的数据库,使空巢老人更加直观地展现自己所掌握的手艺,使对传统手工艺品感兴趣的人以更加高效的方式寻求学习渠道或购买渠道,提高双方效率,传播正能量。

主要产品价格对比优势如表1所示。

表1 渗透定价法

主要产品	定价标准(艺归巢)	市场价格(竞争对手)
剪纸定制	20元/个	25元/个
福字	0.55元/个	0.7元/个
喜字	0.55元/个	0.7元/个
京剧脸谱	1.75元/个	2元/个
中国结	1.55元/个	1.8元/个
针织玫瑰花	4.5元/枝	5元/枝
竹垫	1.75元/个	1.9元/个
水果篮	8.4元/个	8.56元/个
收纳筐	17元/个	18.06元/个

3) SWOT分析

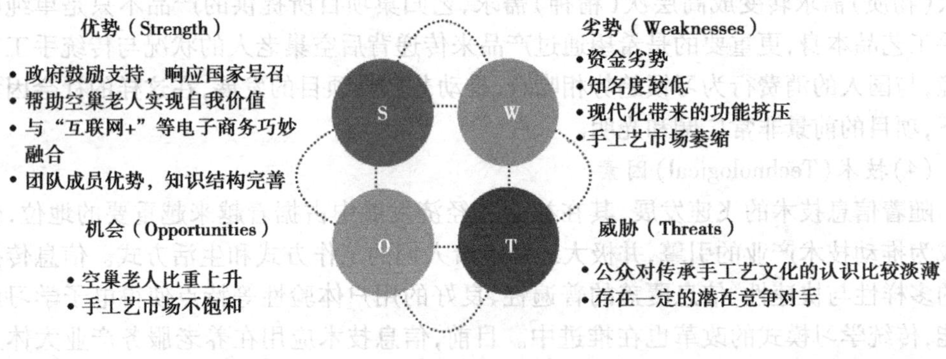
优势(Strength)
• 政府鼓励支持,响应国家号召
• 帮助空巢老人实现自我价值
• 与"互联网+"等电子商务巧妙融合
• 团队成员优势,知识结构完善
劣势(Weaknesses)
•资金劣势
•知名度较低
•现代化带来的功能挤压
•手工艺市场萎缩
S
W
O
T
机会(Opportunities)
• 空巢老人比重上升
• 手工艺市场不饱和
威胁(Threats)
•公众对传承手工艺文化的认识比较淡薄
•存在一定的潜在竞争对手

图2 SWOT模型

3 服务产品及其特色

3.1 产品设计

1)记载历史的"活化石"——剪纸

剪纸是中国最为流行的民间手工艺之一,具有广泛的群众基础。其传承剪纸的视觉形象和造型格式,蕴涵了丰富的文化历史信息,表达了广大民众的社会认知、道德观念、实践经验、生活理想和审美情趣。传统的剪纸艺术,凝聚着中华民族几千年来的历史和文化。它不仅寓意丰富,是一种喜庆、欢乐的表现形式,更多是取材于历史典故、人物故事、民间传说,记录着中华文明的历史脉络。

作为一种镂空艺术,它能给人视觉上透空的感觉和艺术享受,用剪刀将纸剪成各种各样的图案,如窗花、门笺、墙花、顶棚花、灯花等。每逢过节或新婚喜庆,人们便将美丽鲜艳的剪纸贴在家中窗户、墙壁、门和灯笼上,节日的气氛也因此被烘托得更加热烈。在农村,剪纸通常是由妇女、姑娘们来做。在过去,剪纸几乎可以说是每个女孩必须掌握的手工艺术,并且作为人们品评新娘的一个标准。中国南北方的剪纸艺术,通过一把剪刀、一张纸,就可以表达生活中的各种喜怒哀乐。

2)“记忆中妈妈的千层底”——布鞋

布鞋在我国有着3 000多年的悠久历史。据考证,最早的手工布鞋是在山西侯马出土的西周武士跪像所穿的布鞋。2009年,“千层底手工布鞋制作技艺”被文化部列入国家级非物质文化遗产名录,从而将这项古老的手工技艺保护起来。如今,布鞋正在时尚转身成为“中国鞋”的代表,回归到每个国人的日常生活当中。

千层底布鞋是一种中国古老的手工艺技术,做工复杂、工序繁缛、难度大、耗时长、要求极其严格,但穿起来轻便舒适,具有保健养生、养脚护脚之功效。千层底布鞋每道工序都有严格要求,尺寸、手法、力度要求干净、利落、准确,而且工艺复杂,每双鞋的制作都要经过打袼褙、剪裁鞋底、捻麻绳、沿边组合、纳底、焖底锤平、剪裁鞋帮、鞋帮缝制、绱鞋、打楦修整、烘烤成型、风冷定型、质检包装等十三道工序,制作一双鞋往往要花上四五天的工夫。手工纳底要求一双鞋至少2 100多针,并且麻绳粗、针眼细,加工时得用手勒紧,针码还得分布均匀。

可以说,布鞋和中国女性有着紧密的联系。据调查,在很多女性眼里,布鞋是一种时尚和传统的产物。穿上布鞋,那种舒适惬意,无法用言语所形容。而中国女性一旦穿上布鞋,则更添了性感和妩媚、与众不同的气质和品位。布鞋的柔和,自然的美丽,简洁的风格,在女性穿上布鞋后尽现无遗。而美丽清纯的白底黑布鞋,更能带给你美好的永恒回忆。

3)最古老又最接地气的手工艺——竹编

传统竹编工艺有着悠久的历史,富含中华民族劳动人民辛勤劳作的结晶,竹编工艺品分为细丝工艺品和粗丝竹编工艺品。2008年6月7日,竹编经国务院批准列入第二批国家级非物质文化遗产名录。竹编经过悠久的历史演变,从日常生活用品到工艺品再到收藏品,它们的造型多变,装饰特色富有形式感和节奏感,带给我们独特的审美体验。竹编日用品能在民间广为流传,材料易得是一方面,更重要的是传统竹编的实用性,这是传统竹编最初兴起的原始动力。

3.2 经营设计

1)艺归巢平台网站

在“艺归巢”网站首页,我们设置五大区域,即展示区(图文)、学习区(视频)、交流区

(论坛)、专访区和公益区,集“识、学、议、访、记”为一体,满足用户的各种需求。

图3 艺归巢网站

2)线下

①定期组织一些感兴趣的用户拜访老人,进行直接的互动学习。主要是联系同城的老人与用户,让用户直接去老人家中学习,在强化学习效果的同时增进与老人的感情,缓解老人的孤独感。目前平台已经与一些志愿服务队达成合作,结合公益服务队所提供的丰富资源,邀请更多的人参与活动,并以志愿服务的形式体验活动,同时对项目进行第三方综合评估,进行科学调研和分析,比照项目设计的目标,客观地检视实施的效果,进一步改进和完善公益与关爱空巢老人、传承非物质文化遗产的结合。

②对空巢老人进行现场手工艺品的教学,开设课程。通过这种方式来提高教学效率,让更多的人有机会有时间体验教学,提高参与度。每次课程后,团队也会对空巢老人进行采访,体会其心路历程;对上课者进行了解,询问课程效果等等,结合多方面的反馈信息,做出阶段性数据分析,以此来加强与空巢老人的互动交流,更好地为他们提供便捷服务。

③未来我们会和企业及学校洽谈,设立产品体验店。通过线下实体店展示各类手工艺品,形成规模化销售。等积累到一定的资金后,再向徐州周边地区延伸,最后覆盖整个江苏省。

3.3 财务设计

1)基本假设

财务管理假设是根据财务活动的内在规律和理财环境的要求所提出的,具有一定事实依据的假定或设想,是进一步研究财务管理理论和实践问题的基本前提。本团队对财务分析相关的基本假设如下:

①国家宏观政治、经济环境无重大变化。

②本团队运作及发展所需资金、人力等条件均已具备,经营决策无重大失误。

③如无特别注明,本财务分析中各表数据以人民币为计量单位。

④会计制度:本团队执行《企业会计准则》及其补充规定。

2)融资计划

本项目前期自筹五万元启动资金,均来自团队内部自筹,主要用于项目前期的走访调研以及网站维护费用。

由于本项目目标人群较为集中，推广方面易于操作，因此成本相对较低，所占资金比例也相对较小。网页的运作维护以及实地走访的差旅费是我们的主要开销，所占比例相对较大。

项目后期本团队计划在积累了一定品牌影响力的基础上，吸引风投，扩大融资规模；与当地民俗馆等进行合作，获得政府资金支持。在制订融资计划时将遵循以下原则：选择可行的融资方式，为达到项目持续快速的发展和实现价值最大化，结合各种融资渠道的特点和自身的发展状况，实现最佳融资方案的选择。

3）预计利润表

表2 前五年预计利润表

项　目	2019	2020	2021	2022	2023
一、主营业务收入	163 908.00	180 298.80	216 358.56	237 994.42	261 793.86
减：主营业务成本	4 917.24	5 408.96	6 490.76	7 139.83	7 853.82
主营业务税金及附加					
二、主营业务利润	158 990.76	174 889.84	209 867.80	230 854.58	253 940.04
加：其他业务利润					
减：销售费用	25 065.00	20 345.00	19 680.00	21 648.00	23 812.80
管理费用	112 980.00	124 278.00	136 705.80	150 376.38	165 414.02
财务费用					
三、营业利润	20 945.76	30 266.84	53 482.00	58 830.20	64 713.22
加：投资收益					
营业外收入	243 470.00	297 246.00	355 680.50	391 248.55	430 373.41
减：营业外支出	46 926.00	56 311.20	67 573.44	81 088.13	97 305.75
四、利润总额	217 489.76	271 201.64	341 589.06	368 990.63	397 780.88
减：所得税	5 236.44	7 566.71	13 370.50	14 707.55	16 178.31
五、净利润	212 253.32	263 634.93	328 218.56	354 283.07	381 602.57

3.4 风险控制设计

1）销售管理风险

本项目所打造的品牌“艺归巢”传承中国手工艺文化，是一种无形品牌，尽管已对市场做了初步了解,但手工艺种类繁多,交换价格也不确定,预估在经营过程中会出现手工艺品需求不稳定的风险。因此本项目会先对市场做好大量调研,提供有大量需求、有针对性的手工艺品,销售价格也会逐步锁定。销售价格越稳定,销售收入就越稳定,那么未来的经营收益就越稳定,经营风险也就越小。

2)人力资源管理风险

在"艺归巢"项目运营过程中,人员的招募、培训和工作安排等都是必须考虑的问题。人力资源管理风险会直接影响机构的长期发展,本项目的人力资源管理风险主要有以下三个方面:

①志愿者的数量及质量:由于目前主要的活动范围以及宣传力度局限在江苏省内部,志愿者多是各大学在校学生,其中仍有部分志愿者的能力还有所欠缺,这将直接影响公益项目的完成质量。

②管理质量:管理质量直接影响管理层的市场运行。本团队管理层都是在校的大学生,社会经验不足,创新创业能力有限,这些都会影响到管理质量,从而进一步导致人力资源管理风险。

③志愿者专业范围:志愿者团队目前的成员所处的专业比较集中,但随着项目的不断发展和壮大、服务模式的不断完善和优化,可能需要诸如法律、设备工程等专业的大学生志愿者来进一步充实服务队伍。为了保证项目的长期发展,本项目将跨院、跨专业招募更多具有专业优势的志愿者,加强与学校或社会中其他志愿者团队的合作并对招募的志愿者进行面试,同时,适当招聘专业人士担任顾问,建立培训与考察机制,提高志愿者的服务质量。管理者也应该深入志愿服务第一线,不仅扮演管理角色,也应该是志愿者和榜样角色。管理者只有深入老人群体中,才能更好地挖掘社会需求和更好地带领志愿者开展活动。

4 项目建设

4.1 组织建设

团队成立至今,发掘了大量有技艺的空巢老人,吸引了大批对传统手工文化怀有兴趣的群众,受到广泛好评。为了传承机构宗旨,坚定公益之路,实现社会价值,帮助到更多空巢老人,更好地传扬传统手工艺,本机构对未来工作做出如下展望:

1)扩大团队规模

目前,本平台已经走访调查了10座城市,与20余支志愿者团队开展了合作。随着后续服务规模的扩大,仅仅依靠现有团队成员是不够的。为了确保后续工作的展开,机构将继续扩大志愿服务规模。在前期工作的基础上,利用报刊、网站、电视进行宣传推广,扩大知名度,吸引更多志愿者;同时,与各大学生团队展开合作,不断提升公益的规模与影响力;与青协、敬老院及社会其他公益组织展开合作,促进项目形式创新。项目已在徐州市铜山区,扬州市广陵区、泰州市兴华市、南京市浦口区、淮安市淮阴区,苏州市常熟市等地区实施推广。随着项目规模的扩大,实施地区将逐步扩大至全国乃至国际。积极吸收全国各地以及世界范围内的志愿者,帮助其实现自身价值,让传统文化在世界各个角落传承发展。

2)推广区域特色产品

有着区域化特色的传统手工作品在独特的历史背景下得到沉淀,有其不同特色。为了更好地发扬地域特色与传统手工文化,机构将划分地区特色文化,如兴化匾额、宿迁木雕、苏州苏绣、苏扇、南京云锦、徐州马庄香包等。网站上将对各地区传统手工文化进行分块介绍,突出地域特色,为体验者营造出独特的时空效果。与各地民俗文化馆展开合作,推出相关专项展览。制作展示册、纪念物等吸引受众,获取利润为空巢老人解决经济问题。出售区域特色产品,促成产品差异化,加强区域间交流,推动地区特色文化产业的发展。

3)走向国际市场,加强多方合作

机构将与国际学院合作。在与国际学院展开的民俗文化交流活动中发现许多国际友人对中国传统文化有着极大兴趣。鉴于我校留学生团体较为庞大,对传统手工的积极性较高,他们回国之时会携带很多传统手工艺品。加强与国际学院的合作不仅可以宣传中国传统的手工文化,也可以发掘出民间传统文化在国外的巨大市场。与学校及相关企业洽谈,设立相关产品体验店,通过线下实体店展示各类手工艺品,让更多群体直观、深入地了解传统手工文化。非遗不是死去的历史,而是需要活态传承。与企业合作中,将拥有技艺的空巢老人与企业对接,并对企业员工进行培训。了解走访更多的空巢老人,扩大服务对象,使服务过程更加规范化、人性化、高效化。

4)扩大推广渠道

目前我们已经建立了PC端的网站论坛以及通过扫描二维码来进行推广和宣传,后期有了一定的资金后我们会开发出App进行更广泛的宣传。在App中投放老人制作产品的视频,形成线上教学课堂。不定期进行平台直播,优化课堂设计,增加互动。更新文章记述对空巢老人的采访,线下用户们和空巢老人的互动过程,空巢老人参与平台后的生活改变等,使用户获得满足感,扩大影响力。为用户提供反馈渠道,及时了解用户需求,方便未来长期体验,达到义利并举。线下联系老人与用户,面对面交流学习,强化学习效果的同时缓解老人的孤独感。

5)提升企业公信力

公信力是影响公益组织发展的关键因素。在今后的项目运行过程中,要不断提高项目的公信力。收集相关志愿活动及教学活动的反馈报告,力保活动的完整性与真实性,同时为下一次活动的展开做好准备;保证募集、捐赠及使用善款信息的透明度;进行定期的社会反馈及曝光,通过将空巢老人们的作品在产品交流会上展示,获得社会大众的广泛关注,从而形成社会公信力。

6)发掘有技艺的空巢老人群体与受众群体

随着科技的不断发展,人类文明飞速前进,很多传统技艺也渐渐被人们忽略乃至遗忘。很多蛰伏在民间的传统手工艺人因为空巢而害怕技艺失传。机构将致力于发掘更多老人，更多技艺；壮大团队规模，发展志愿者，不断走访了解空巢老人的手工艺术。

在全球化不断加强的大环境下，各国之间联系更加紧密，越来越多的国际友人热衷于中国民间传统文化。网站、App进行不同语言的推广，消除文化交流壁垒，促进不同文化交流合作。在现有规模上，将传统手工作品带入到更广阔的舞台，让更多人了解、关注空巢老人，让绮丽精深的传统文化在世界绽放！

4.2 营销推广

1）线下宣传

①通过公益讲座等形式，邀请大学的专家教授围绕关爱空巢老人、传承非遗文化这一主题，面向各社区、学校等开展公益讲座。旨在让人们充分意识到关注空巢老人物质与精神生活的必要性，以及弘扬和传承非遗文化的急迫性。

②争取市团委、宣传部及老年健康机构的支持，筹办类似公益晚会、产品交流会等社会性活动，邀请机构领导企业家等来参加，通过作品制作、作品展示、作品销售来肯定空巢老人的社会价值，起到社会宣传作用。

③争取与社会公益爱心组织的合作，从而间接提升知名度和社会曝光度，扩大平台影响力。

2）线上宣传

①运用自媒体等新媒体平台，扩大受众群体。建立关爱空巢老人和传承非遗文化的微信公众号及微博账号，并定期发布活动的动态。内容可包括具体的活动报道、社会新闻等等。在社区、学校等帮助下，提高各学校、各企业对有手艺的空巢老人的关注，通过个人的微博或微信等自媒体来扩大影响。

②通过新闻报刊及社会媒体进行宣传，形成一定的社会影响力和公信力，让广大民众认识并且认可空巢老人帮扶项目。

③成立网络志愿者服务社区，并注册志愿者打卡器。这不仅有利于志愿者之间的互相交流与情感促进，还可以使活动得到更多的曝光度和关注度。

④视频媒体宣传。拍摄与空巢老人们制作手工艺品或志愿者服务相关的视频微电影，并将微电影上传到各视频网站及媒体网络，从而引发社会关注。

3）公共关系

众所周知，公信力是影响公益组织发展最为关键的因素。为扩大公信力，我们将采取如下策略：

①收集相关志愿活动及教学活动的反馈报告。在每一次公益活动结束以后，进行相关活动的图文报道，力求保证活动的完整性与真实性，也有利于促进下一次活动的更好开展。

②保证募集、捐赠及使用善款信息的透明度。在开展相关公益活动时，善款及资源的流向与使用情况要及时统计并经常性地对捐赠者公开，保证捐款的来源与去向的可追溯性，这也是关爱空巢老人和传承非遗文化能长远发展的关键要素。

③定期进行社会反馈及曝光。通过将空巢老人的作品在产品交流会上进行展示介

绍,获得社会大众的广泛关注,从而形成社会公信力。

5　项目运行与维护

1) 市场影响

①以团队成员的家乡为基点,走访了徐州、南京、宿迁、苏州、扬州等地,联系了一些当地有手艺的空巢老人并对他们做了一些了解,团队成员还学习了制作中国结、泥塑等,我们帮助他们销售手工艺品,倾听、诉说他们的故事。

②我们已经形成自己的技术团队,怀揣着对公益和对传统文化的热爱,搭建艺归巢网络平台。建立 PC 端的网站论坛以及通过扫描二维码来进行推广和宣传,后期有了一定的资金以后会开发出 App 进行更广泛的宣传。

③我们在国际学院也开展了几次民俗文化交流活动,得到了一些国际友人的支持与关注。后期我们会联系各地民俗馆与志愿服务队,让更多人了解老人的手艺与需求,提供当面学习的机会,并会进一步打开国际市场。

④与各个高校服务队进行合作,线上会有论坛交流,向四周辐射推广,同时有一些企业对我们感兴趣,希望通过我们联系到空巢老人,让员工向老人学习。

2) 运营业绩

本平台已经试运营 5 个月,且多次举办线下主题交流活动,实地走访空巢老人。

实施地域:徐州市铜山区;扬州市广陵区;泰州市兴化市;南京市浦口区;淮安市淮阴区;苏州市常熟市等。

受益对象:艺归巢平台会员(江苏部分高校大学生,约 500 人,主要参与线上活动和线下调研,预计调研花费金额约 1 000 元)、新风志愿者服务队队员(江苏师范大学学生,约 300 人,预计花费保险费、差旅费金额约 800 元)、空巢老人(会讲述民间故事、展示手工技艺等,约 600 人,预计花费礼品费约 1 000 元)。

3) 社会效益与经济效益

随着中国跑步进入老龄化社会,60 岁以上的老人数量快速增多,独居、孤寡的“空巢老人”也正以前所未有的速度增长。据相关新闻报道以及团队的走访调研,发现很多空巢老人都掌握一些民间传统的手工艺技能。老人们的手艺都是世代传承下来的,制作出来的工艺品精致轻巧,经久耐用,无锈无臭,而老人们因为常年独居,无人陪伴,都很欢迎拜访者的到来,更愿意把老祖宗的手艺交托给愿意学习的人,代代相传下去。

6　分析与评价

6.1　指导老师点评

该项目新颖独特,是当前热点问题和专业知识的结合。公益创业想法切实可行,有很强的落地性,前期研究基础较深,项目团队结构合理、创业意识较强,展现了团队成员良好的大学生风貌。在项目成立初期,团队成员有效开展了各项市场调研,把握了当下潜在的市场竞争,针对市场前景进行了有效的 SWOT 分析,有效地将书本知识与社会实践相结合,是当代大学生学习的典范。

通过此次比赛,团队成员对创业有了初步了解,这也为未来走上社会实现创业梦想奠定了基础,在两年的项目打磨过程中,他们身上体现了当代年轻学子创业的激情与朝气,这是难能可贵的。希望他们脚踏实地,为项目后期的落地孵化继续贡献力量。

6.2 专家评析

艺归巢团队提出"传承非遗文化,共筑银丝春天"的发展宗旨,积极关注社会与民生,能学以致用,充分体现了"三创"精神。

①创意:将关爱空巢老人、传承非物质文化遗产、文化消费、电子商务等概念很好地融合在一起,为空巢老人提供精神支持和实现自我价值的机会,也给目标客户更多的文化消费选择,项目具有很强的公益性。

②创新:不同于现有批量化、标准化的文化产品生产模式,也不同于政府资助的保护式非物质文化遗产模式,本项目试图通过市场方式,发挥电子商务能高效率汇聚更多小众消费人群的优势,克服本地消费群体过小的局限性,实现一定的规模经济效应。

③创业:项目组实地调研多座城市,筛选一批非物质文化遗产,访谈众多空巢老人,分析竞争对手及产品价格,将创意和创新转换为创业实践,开发了艺归巢平台网站,定期拜访老人和组织交流活动。

④建议:一是在作品中体现公司注册信息,营业额及净利润、帮扶老人及受益情况等经营数据。二是可进一步分析市场空间,判断本项目的可持续发展能力。众多非物质文化遗产的传承困难在于传承人无法获得足够的收益,被迫转行从事其他工作,只有通过政府资助实现保护和传承。从创业角度,具备生存和盈利能力后的反哺可能比公益与情怀更能持久。

评析专家:重庆工商大学　孟　伟　副教授

“乐球”足球训练仪及 App

参赛团队:太原理工大学　绘梦青年
参赛组长:田翰霖
参赛队员:梁　鹏　张睿雨　王思淇　王浩奇
指导教师:温芝龙　巴大志
关 键 词:足球　智能设备　体育
摘要:本团队以足球训练仪及其 App 为主要产品,打造国内平民化的体育智能设备。目前平台已经内测正常运作并有所成效。我们应用了体育智能的创新理念,将训练仪与 App 相连接,为足球运动辅助,并为使用者提供足球沟通平台。App 作为一个营利性平台,主要通过会员、合作商(国内体育公司和电商平台等)、广告商以及点击率和相关的链接进行收费。本平台的存在价值在于推广体育智能设备,利及多方,在行业内起到先导性作用。

1　项目简介

1.1　项目主要意义

本项目的足球训练仪应用了物联网电子芯片及传感器等智能硬件,结合手机 App 利用大数据进行数据分析,借助 VR 产业当下良好的发展前景,在其原有的应用领域借鉴并延伸,促进了新型产业的发展,同时将科技更加广泛地应用于体育行业,促进科技在体育行业的市场开拓。

该产品将各项科学技术相结合并很好地应用在了体育训练这样的实用领域,弥补体育训练实用项目的需求缺口,为广大足球爱好者提供了实用、专业、便捷的新型训练方式。

本产品有助于解决“师资短缺”“场地受限”“经费不足”“缺少专业训练”等在发展校园足球当中遇到的问题,响应国家政策,致力于促进足球的普及和发展壮大贡献自己的力量,这一款足球训练设备顺应了时代潮流,同时也将肩负着助力中国足球的振兴之路的伟大使命。

1.2　项目达成目标

我们团队未来的目标是成为国内最大、最权威、最专业的足球平台。目前乐球 App 正向以下方面发展:

普及智能设备,兼顾多种受众。

更新设备硬件,注重专业指导。

咨询信息全面,力争领跑行业。

1.3　项目主要内容

本训练仪以 STM32F103 为主控芯片,鞋上装有 6050 六轴传感器和 FSR402 压力传感器,传感器得到的数据通过 Nrf24L01 无线模块传输到腿上的单片机,然后单片机通过蓝牙将数据传到乐球 App 内,并采用改进的模糊层次分析法将各因素的数据进行量化整合。乐球 App 可以根据综合指标的大小来判定射门的水平和训练的质量,从而提出针对性的训练建议和评价,促使使用者能够以科学的方式达到训练效果。

"乐球 App"作为足球运动服务类平台,集足球训练装备研发、足球训练课程与数据分析、实时比赛咨询及同城球友论坛、足球装备电商平台等功能于一体,致力于建设一个为足球爱好者和足球培训机构等提供优质服务的体育平台。乐球 App 通过自有的技术平台为以大学生足球爱好者为主的用户提供用户需求,从而实现全面到位的服务。

1.4　项目技术路线

本平台以技术型、专业型为导向,创建运动、娱乐及购物于一体的平台,从运动指导、咨询获取到装备销售都能在 App 上实现。

1.5　项目特色

本项目开创足球价格平民化智能装备之先河,以智能装备训练为主,并辅之以运动指导、体育资讯、购物平台于一体,推动我国足球事业的进步。

2　项目分析

2.1　市场需求分析

1)宏观环境分析

电子商务行业所面临的宏观环境对企业的生存和发展,以及对市场经营活动起到间接的影响作用。多功能足球训练仪将采用 PEST 模型对以下四个因素展开宏观环境的分析,并从中挖掘出外部环境给企业带来的机会和威胁,如图 1 所示。

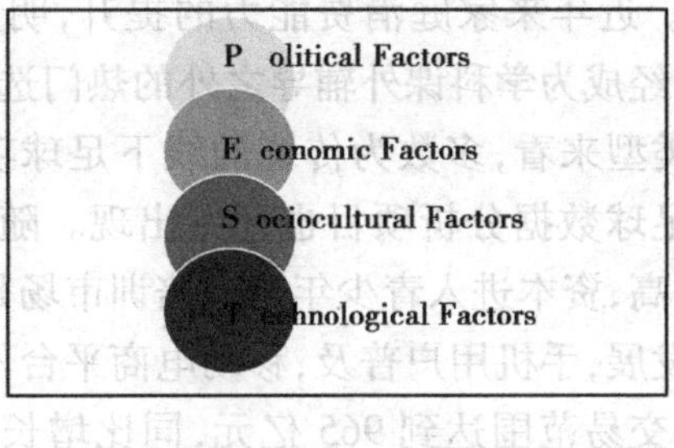

图1 PEST分析

(1)政策(Policy)

①2015年首届中国"互联网+"大学生创新创业大赛总决赛举行时,李克强总理曾批示:"大学生是实施创新驱动发展战略和推进大众创业、万众创新的生力军"。在2015年的4月21日和6月10日,有关扶持大学生创业的内容也两次被列为国务院常务会议议题。

②享受培训补贴:对高校毕业生在毕业年度内参加创业培训的,根据其获得创业培训合格证书或就业、创业情况,按规定给予培训补贴。

③《山西省扶持小型微型企业加快发展的若干政策措施》提出扩大财政扶持资金规模。2012年起,省级财政扶持中小企业发展专项资金增加到1.5亿元,主要用于支持创业型、创新型、小型微型企业的技术创新,以及小型微型企业集群发展、小企业创业基地建设等。

④2015年2月,习近平主持召开中央深改组第十次会议,审议通过《中国足球改革总体方案》,推动足球进校园,在全社会普及足球运动,改进足球专业人才培养发展方式。在习近平总书记的亲切关怀下,我国足球改革紧紧围绕改善足球发展环境、培养足球人才、扩大足球人口尤其是青少年足球人口规模,不断向纵深推进。

(2)经济(Economy)

①依托万物相联大时代背景,信息产业掀起新浪潮。据统计,全球每天约有550万新设备加入物联网,物联网设备增速远超传统设备。据IC Insights等机构研究,2016年全球具备联网及感测功能的物联网市场规模为700亿美元,2017年全球物联网市场规模达到798亿美元,2018年规模有望超千亿美元。物联网被认为是全球下一个蕴含有上万亿市场商机的新兴产业,被视为继计算机、移动通信、信息技术产业发展之后的又一次浪潮。我们可以更多地通过应用、实践、融合这些技术,共同推动信息技术发展。物联网的发展实现了与实体经济的深度融合,未来物联网必然是主要的应用实体,是一个大的热点领域。

②伴随校园足球持续推进,国内青少年足球培训相关项目投资逐年增长。2017年底,全国校园足球特色学校已经达到2.1万多所,预计2025年增至5万所,在校经常参与足球人数将超3 000万人,同时新出台的《中国足球协会职业俱乐部准入规程》(2018版)明确要求俱乐部青训费用不低于总支出的15%(按照这样的标准,参考2016赛季的数据,中超16支队一年用于青训的费用可高达16.5亿)。可预见的学员增量将带来校外足

球培训爆发式的市场需求。近年来家庭消费能力的提升,明显带动教育消费观念的更新,素质教育和体育培训已经成为学科课外辅导之外的热门选择。

从被投资项目的细分类型来看,多数为传统的线下足球项目,与青少年足球培训相关的足球智能装备项目和足球数据分析项目也开始出现。随着校园足球普及及持续推进,职业球队青训建设的提高,资本进入青少年足球培训市场是可预见的必然趋势。

③移动电子商务高速发展,手机用户普及,移动电商平台不断兴起。截至2012年12月,中国移动电子商务市场交易范围达到965亿元,同比增长135%,快速增长的趋势远远超过了原先的预期水平。手机用户数量和用手机上网用户数量的攀升,触屏手机及平板计算机的普及,上网速度的提升,无线宽带资费的下调,传统电子商务的转型,为移动电子商务的发展奠定了优良的基础。

(3)社会人文(Society)

①随着智能手机的迅速普及,基于智能手机的手机App近年来得到了迅速发展。与一般商业化App相比,与专业化智能训练设备相结合的App有其独特的特点。

②本项目为广大足球运动爱好者提供了专业、便捷、实用的新型训练方式,为推广足球运动,实现"足球梦"助力。一方面,多功能足球训练仪面向广大足球运动爱好人群,为其提供新型训练方式,对这部分人群具有持久的吸引力;另一方面,智能设备与手机App结合有利于扩大足球人口规模,普及足球运动及文化。

③新型训练模式的产生有助于改善校园足球遇到的现实问题。多功能足球训练仪可以有效改善师资力量缺乏、场地受限等现状,为我国青少年提供专业化训练,促进我国青少年足球的发展。

(4)技术(Technology)

①新技术的出现,让足球运动变得更加智能,科技与足球的结合点越来越多,带给行业新的体验。可穿戴式数据采集器EPTS、VR设备、智能足球、智能球场系统、足球大数据分析等新产品的出现,推动着足球行业的创新和变革。可穿戴式数据采集器EPTS(电子行为追踪系统)已开始进入职业足球俱乐部。

②目前对国内足球运动投入使用的App数量没有准确的统计数字,可以肯定的是由于开发App的技术门槛和成本要求都处于较低的水平,目前市面上关于足球赛事直播的App较多,并且已经有众多围绕智能球场的约球App,仅仅苹果的App Store上就有超过150个相关App。未来一段时间内,在相应需求的推动和国家鼓励大学生自主创新创业的政策引导下,投入使用的功能全面的足球运动App数量将进入一个快速增长的阶段。

2)行业竞争分析

"多功能足球训练仪"将运用波特五力模型,分析现阶段公司所处的行业环境,如图2所示。

(1)购买者分析

"互联网+足球训练仪"购买者大概分为以下几类:

①个体初学者及爱好者;

②足球俱乐部以及足球培训机构;

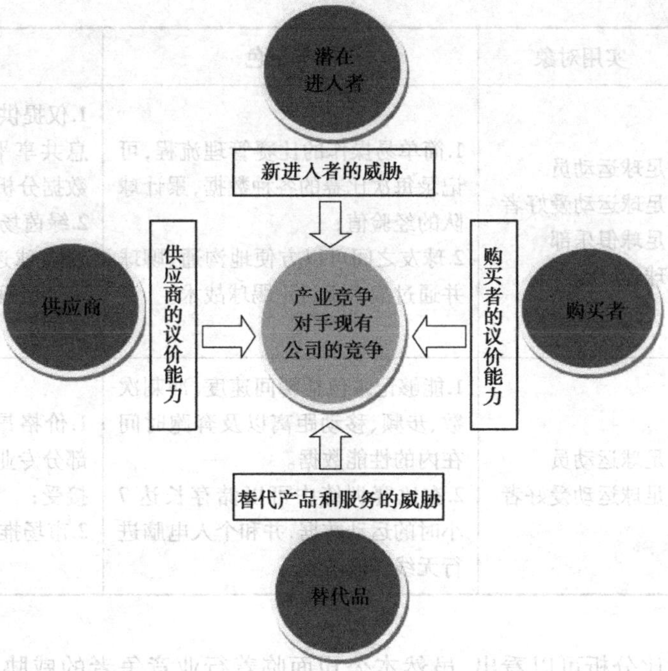

图 2 波特五力分析

③中小学和高校。

针对这些潜在的购买者,本公司进行以下分析:

①个体初学者及爱好者。作为初学者和爱好者,足球训练仪非必需品,但有较大吸引力,对足球训练仪价格承受有限,企业拥有一般议价能力。

②足球俱乐部及足球培训机构。足球俱乐部及足球培训机构对专业化足球训练设备的需求较大,且可为其带来经济利益,企业拥有较强的议价能力。

③各大院校。随着政策的推进,政府不断加大对校园足球的投资,并且各大院校在面临推广足球运动的现实问题时,多功能足球训练仪对其有较大益处,企业具有较强的议价能力。

(2)竞争对手分析

表 1 竞争对手分析

竞争对手	实用对象	服务特色	劣 势
Catapult Sports 公司开发的 EPTS(可穿戴式数据采集器)设备	职业足球俱乐部;职业球员	1.其集成了各式各样的传感器,同时也配置 GPS 系统,能够有效地记录球员的运动轨迹。 2.通过专业算法系统,能够大量收集球员在足球比赛和训练中的重要数据。	1.该产品针对的消费者范围较窄,仅仅针对职业的足球运动员和职业足球俱乐部。 2.与之配备的分析设备较为复杂,且价格较为昂贵。

续表

竞争对手	实用对象	服务特色	劣　势
绿茵场 App	足球运动员 足球运动爱好者 足球俱乐部 球迷	1.简单易操作的比赛管理流程,可记录每次比赛的各种数据,累计球队的经验值; 2.球友之间可以方便地沟通、聊球并通过战术板讨论踢球战术。	1.仅提供了比赛比分等信息共享平台,缺乏专业的数据分析; 2.绿茵场是一款更倾向于针对球迷的 App,缺乏对足球爱好者在训练方面的帮助。
阿迪达斯 智能足球鞋	足球运动员 足球运动爱好者	1.能够记录包括瞬间速度、冲刺次数、步频、移动距离以及奔跑时间在内的性能数据。 2.在比赛训练中可以储存长达 7 小时的运动数据,并和个人电脑进行无线传输连接。	1.价格昂贵,不能够被大部分专业训练需求对象所接受; 2.市场推广效果不佳。

通过以前对比分析可以看出,虽然本公司面临着行业竞争者的威胁,但是"互联网+多功能足球训练仪"具有自身强大的优势。手机 App 兼顾了专业的数据分析和赛事信息共享以及足球相关电商服务,面向足球运动的大部分相关对象,具有较广的受众群体。

2.2　产品市场定位

本产品市场定位于广大足球爱好者和初学者,以平民化价格推动智能体育设备普及。

2.3　可行性分析

1) SWOT 分析

(1)优势(Strength)

竞争优势:多功能足球训练装备相比于比较流行的智能球鞋和高端的 EPST,结合了手机 App,该设备适用的人群基数更大,更容易得到推广。

技术力量:多功能足球训练仪摒弃了传统的训练理念,对于一切基本动作可以进行检测,纠正错误。将教练从基本的训练项目中解放出来,可以针对个别球员进行有效指导。此项目有效地将单片机、App 和数学建模结合在一起,实用效果得到了大大提高,并且体积较小,可以直接戴在小腿上和鞋上,穿戴方便。

良好的企业形象:线上线下由学生做大力宣传,树立企业良好信誉。

价格控制合理:低廉的价格和精确的训练效果更容易得到足球爱好者欢迎。

(2)劣势(Weakness)

①资金短缺:资金欠缺,融资困难;

②缺乏专业技术人才:射门角度、力度数据的精确度等方面因为技术限制可能还有待加强;

③其他困难:没有可借鉴的商业模式,以及管理模式等都面临一些现实困难。

(3)机会(Opportunities)

①市场需求机遇:互联网技术已渗透到人们生活的方方面面,改变了人们的消费习惯和行为方式。互联网也在深刻地影响并改变着各行各业。继服饰、3C 数码之后,足球电子商务将成为下一个开发的市场。在互联网的大浪潮下,快速抓住时机,合理利用互联网思维,使足球运动真正成为全民运动方式为足球训练器的发展提供了良好的大背景。

②政策促进机遇:党的十八大和十八届三中、四中、五中全会精神,习近平总书记系列重要讲话精神推动落实“四个全面”战略布局,国家大力支持足球行业的发展。在相关规定中指出坚持遵循规律,持续发展。《国务院关于加快振兴装备制造业的若干意见》正式出台以后,无论政策环境还是舆论氛围,都发生了很多变化,这一点装备制造企业感受尤其明显,国家加强对装备的支持引导力度,为智能足球训练器的发展提供良好的大环境。

(4)威胁(Threats)

①竞争威胁:潜在竞争者可能会根据我们的产品,加大科研投入并且降低价格,打价格战,抢占一定的市场份额,因此我们要加强核心技术的保护以及开发,从而降低成本。

②资源威胁:项目的开发者和实施者都是在校大学生,实际掌握的社会资源以及自身所拥有的可使用资金数目都是有限的,可能在实际运营的过程中出现资金不足以及资金链断裂等情况。

2)STP 分析——市场细分

表 2　用户群体细分

产品功能	用户群体
足球训练数据分析	足球运动员、教练、足球培训机构、业余足球爱好者
模拟实地训练	业余足球运动员、中小学足球初学者
App 足球咨询共享平台	足球迷、足球运动员、足球俱乐部
App 足球训练视频课程	足球初学者、业余足球运动员、足球培训机构
App 足球设备电商平台	足球俱乐部、足球训练设备企业、足球运动员、足球爱好者

“互联网+多功能足球训练仪”的主要用户群体,一方面是校园足球中的足球初学者

和足球培训机构,另一方面是社会中的业余足球俱乐部以及业余足球运动员。

3) 市场推广

鉴于本公司产品的主要目标群体是青少年校园足球初学者以及相关的足球培训机构,还有社会业余足球爱好者以及业余足球俱乐部等,公司成立于太原市,所以公司在市场推广过程中,将分以下几个阶段:

第一阶段:在太原市校园足球试点、足球俱乐部等进行推广

据了解,截至当前太原市校园足球试点已有 49 个,足球俱乐部众多,本公司初步采取实地推广、与媒体结合推广、举办活动推广等方式在校园足球试点进行推广,使产品走进青少年的足球生活。

实地推广:进行人员实地推广,走进试点校园,在校园内对产品进行演示和解说,让青少年和足球教练等进行产品试用,使产品走近目标对象。

与媒体结合推广:与社会媒体沟通合作,利用媒体让更多人了解本产品。

举办活动推广:与一些足球俱乐部、足球培训机构等合作举办一些足球方面的比赛等活动,在活动中向目标群体进行产品推广。

第二阶段:在华北地区的校园足球试点、足球俱乐部、足球培训机构等进行推广。太原位于华北地区,且华北地区属于校园足球试点的密集分布区,利用在太原市成功推广的例子以及影响力,不断扩大合作范围,抓住机遇,实现华北地区范围的产品推广。

第三阶段:产品逐渐扩展到全国,形成全国型的网络 App 平台,并且不断完善多功能足球训练仪的不足,企业步入正轨,开始同网络公司建立合作关系,以及修补自身产品同法律相冲的部分,在各大校园足球试点建立营销点,设立招聘渠道,并着重设立奖学金招录新人。

2.4 市场潜力

随着物联网技术和 VR 技术的兴起及发展,物联网智能设备应用也越来越广泛。许多智能设备不断地应用到了体育业上,大数据及人工智能打开了体育业的新的发展市场,但是在足球行业却很少有一种可以大范围推广的智能体育设备。而且目前市场上尚未有广泛使用的智能体育训练设备能与 VR 技术相结合。优秀的电子产品必须在保证质量的同时最大限度地满足实际应用需求。同时,习近平主席近年来倡导大力发展足球,足球梦已经成为中国梦不可或缺的一部分。而面对“师资短缺”“场地受限”“经费不足”“缺少专业训练”等足球振兴道路上的绊脚石,一款实用、专业、方便的足球训练设备的产生是必然的。

3 服务产品及其特色

3.1 产品设计

本团队服务产品以“乐球”足球训练仪及其 App 为主体。目前为止,我们团队建立了

乐球 App 第三代(内测版),作为足球运动服务类平台,设置有足球训练装备研发、足球训练课程与数据分析、实时比赛咨询及同城球友论坛、足球装备电商平台等功能,致力于建设一个为足球爱好者和足球培训机构等提供优质服务的体育平台。乐球 App 通过自有的技术平台目前为以大学生足球爱好者为主的用户提供用户需求,从而实现全面到位的服务。

3.2 经营设计

本团队采取线上和线下并行的运营方式,在线上和线下同时推动足球训练仪的销售,并主打线上渠道推广其配套 App。此外,我们还与国内体育领域的先进公司和中小学、高校等建立合作关系,扩大贸易范围和 App 影响力。我们的目标是成为国内第一的足球类专业平台,培养并拥有一批忠实用户,推动整个足球行业的发展。

3.3 技术设计

乐球 App 主要有足球训练装备研发、足球训练课程与数据分析、实时比赛咨询及同城球友论坛、足球装备电商平台等板块。

3.4 组织管理设计

本公司采用董事会下 CEO 负责制,下设研发中心、制造中心、营销中心、人力资源中心、财务中心五大部门。我们这个团队核心共由 5 名在校本科生组成,涵盖了工科和管理学科中的三个专业,其中有三名男生、两名女生。男生主要负责技术研发,女生主要负责企业运营管理,可以有效地形成优势互补。加上团队成员的默契合作和不懈努力,定能发挥我们最大的优势去经营好。

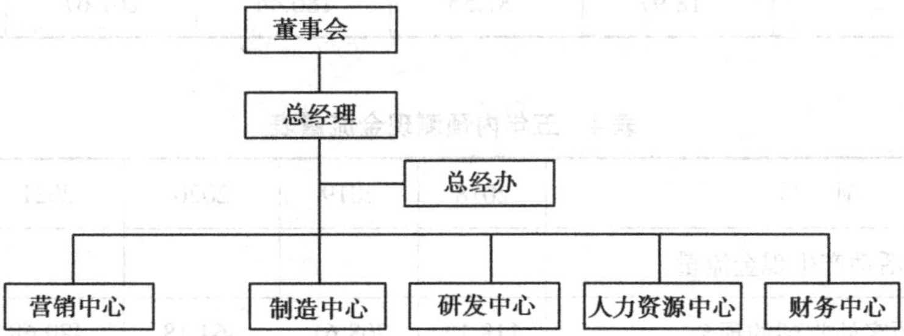

图 3 组织架构图

3.5 财务设计

1) 投资计划

本公司注册资本 100 万元人民币。未来将根据公司每年的资金需求,公司采用多轮融资作为筹集资金方案。未来五年,公司将进行首轮融资,融资金额为 320 万元,其中银行贷款50万元,通过股权融资吸引天使投资150万元,创业团队成员筹集资金将达到120万元。

2)成本来源

目前公司的运营主要是依靠志同道合的大学生进行,人员的工资几乎为零,目前及以后的成本主要来自固定资产的购买,App的建设和维护,App的宣传费用、管理费用,职员工资,硬件设备生产成本,公众平台及收费平台等的获取和长期待摊费用等。

3)项目收入概述

根据公司的发展战略,我们按5年一个计划,主要收入来自足球训练仪的销售和App的运营收入,预计利润表、现金流量表见表3、表4。

表3　五年内预测利润表　　单位:万元

	2018	2019	2020	2021	2022
一、主营业务收入	118.12	208.61	324.18	429.68	551.11
加:其他业务收入	0	0	40.00	60.00	80.00
减:营业成本	50.42	39.76	43.25	47.28	51.60
管理费用	32.40	41.00	68.22	80.05	96.71
销售费用	7.00	8.40	10.08	12.10	14.52
财务费用	3.00	2.72	2.04	1.36	0.68
二、营业利润	25.3	116.73	240.59	348.89	519.20
三、所得税	6.33	29.18	60.15	87.22	129.80
四、税后利润	18.97	87.55	180.44	261.67	389.40

表4　五年内预测现金流量表　　单位:万元

项　目	2018	2019	2020	2021	2022
经营活动产生现金流量					
从顾客处收到的现金	118.12	208.61	364.18	489.68	631.11
利息的现金支付	3.00	2.72	2.04	1.36	0.68
税款的现金支付	6.33	29.18	60.15	87.22	129.80
支付给职工的现金	14.40	17.60	37.80	40.50	45.30
购买或接受劳务所支付的现金	64.62	71.56	83.75	98.93	117.53
经营活动产生的现金流入(流出)净额	29.77	87.55	180.44	261.67	337.80

续表

项　目	2018	2019	2020	2021	2022
投资活动产生现金流量					
购置固定资产	10.80	13.40	16.50	20.40	24.50
投资活动产生的现金流入(流出)净额	-10.80	-13.40	-16.50	-20.40	-24.50
筹资活动产生现金流量					
新增借款	50.00	0	0	0	0
偿还债务	10.00	10.00	10.00	10.00	10.00
筹资活动产生的现金流入(流出)额	40.00	-10.00	-10.00	-10.00	-10.00

3.6 风险控制设计

1)技术风险

由于第三方平台在客户个人信息的安全保障方面要求比较高,所以整个运营过程中也会出现关于信息安全技术研究、开发与保护的问题;公司的核心技术可能会被复制,经过一定程度的改造后产生新的竞争对手;同行业其他企业可能会研发出更加先进的技术;由于公司起步阶段资金不足,雇用大批在校学生兼职开发 App 会使技术开发团队不稳定,容易导致 App 开发不能顺利进行。

2)市场风险

没有对产品的市场容纳程度进行准确调查分析,从而造成产品的供求与市场的实际供求不符,增加公司的投资风险;产品上市后用户的购买量及 App 的使用量达不到预期;对竞争对手的错误分析、估计,可能造成对本产品的市场竞争力高估,引发市场期望值风险。

3)财务风险

在融资、筹资过程中,由于市场变化,投资风险、多次高额融资等都会造成公司融资上的困难;企业的大部分成本将会发生在产品制造和 App 运营上,在前期不能被广大客户认知的情况下,获利较小,难以偿还投资人的借款,造成资金运转的困难;资金偿还过程中受利率的影响较大;资金回笼过程中可能出现坏账影响公司资金运转,在收益分配上可能会照顾不到企业的利益。

4)人事管理风险

关键人员的流动会给公司带来较大的负面影响,应建立人才管理机制和薪酬机制、提高员工的忠诚度,创造良好而独特的企业文化。

5) 经营风险

在经营过程中，可能由于外部环境的复杂性和变动性，进而导致运营失败或使运营活动达不到预期的目标；涉及产品在推广过程中的效率、信誉等问题；团队核心成员普遍年轻，相比行业资深人士缺乏实际管理经验；创业初期公司内部结构不完整，影响公司的效率发挥，可能会出现决策失误。

4 项目建设

4.1 组织建设

创业初期团队核心共由5名在校本科生组成，涵盖了工科和管理学科中的三个专业，其中有三名男生，两名女生。男生主要负责技术研发，女生主要负责企业运营管理，可以有效地形成优势互补，再加上团队成员的默契合作和不懈努力，定能发挥我们最大的优势去经营好。随着市场的开拓和企业技术的进步，我团队将扩大规模，完善用人和组织管理机制，走向高效化。

4.2 技术建设

对于足球初学者，平台为其提供丰富的训练指导和资讯信息；对于足球爱好者，平台为其提供学习资料和购物平台；对于体育资讯公司，平台提供软件信息发布、交易、选择合作伙伴、与用户沟通互动的平台；对于中小学和高校，平台帮助其发展校园足球、提高足球整体水平；对于电商和体育装备企业，平台提供其销售的机会和市场。

4.3 经营系统建设

我们的经营系统建设在于以下三点：

①高绩效的工作团队。

②高度专业的服务产品。

③高客户忠诚度。

4.4 营销推广

平台推广以线上推广为主，线下推广为辅。可分为四个阶段：

①培育期(2018—2019)：将内测 App 推向市场，多方吸收资金。

②策划及培养期(2020—2021)：构建中小学和高校网络，重点在于足球特色学校。

③扩张期(2022—2023)：根据积累的经验选择并采用更适用的推广方法，除了访问量的提升，还应考虑与实际收益的结合。

④稳步发展期(2023—)：访问量基本稳定，更重视实际收益而不是简单的数字。

5 项目运行与维护

5.1 运行与维护过程

本项目在运营过程中将针对风险预估和实时出现的问题及时解决,且设置有专人负责,聘请经济管理类高校教授和企业家做指导和筹划以应对,将着重于以下几个方面:

①训练仪本身的技术升级和更新换代;

②App 的测试升级和漏洞修护;

③"足球校园"网站的建设和维护;

④内部人事结构财务运营效果测试等。

体育将健康与娱乐融为一体,建设健康中国,智慧体育发挥着重要作用。随着网络营销手段的日益普及与成熟,公司也将逐步助推足球文化的传播发展。同时,足球训练设备具有较高的利润水平,且投资回收期相对较短,其发展前景令人看好,值得风险投资者投资加盟。

5.2 运行与维护效果

1)市场影响

本项目的足球训练仪应用了物联网电子芯片及传感器等智能硬件,结合手机 App 利用大数据进行数据分析,借助 VR 产业当下良好的发展前景,在其原有的应用领域借鉴并延伸,促进了新型产业的发展,同时将科技更加广泛的应用与体育行业,促进科技在体育行业的市场开拓。

2017 年底,全国校园足球特色学校已经达到 2.1 万多所,预计 2025 年增至 5 万所,在校经常参与足球人数将超 3 000 万人,同时新出台的《中国足球协会职业俱乐部准入规程》(2018 版)明确要求俱乐部青训费用不低于总支出的 15%(按照这样的标准,参考 2016 赛季的数据,中超 16 支队一年用于青训的费用可高达 16.5 亿)。可预见的学员增量,将带来校外足球培训爆发式的市场需求。近年来家庭消费能力的提升,明显带动教育消费观念的更新,素质教育和体育培训已经成为学科课外辅导之外的热门选择,而我团队正是针对这一契机切入,进入并扩大市场。

2)运营业绩

我国有 2 600 万足球人口,保守估计 App 注册规模可达 10 万,从多种途径(以网络宣传为主)登录 App 进行交流等活动,每年我们的 App 用户数量会以大于 5%的速度增长。3 年后我们的用户数量将达到相对稳定,争取达到 40%的市场份额。

3)社会与经济效益

该产品将各项科学技术相结合很好地应用在了体育训练这样的实用领域,弥补体育训练实用项目的需求缺口，为广大足球爱好者提供实用、专业、便捷的新型训练方式。

本产品有助于解决“师资短缺”“场地受限”“经费不足”“缺少专业训练”等在发展校园足球当中遇到的问题，响应国家政策，致力为促进足球的普及和发展壮大贡献自己的力量。这一款足球训练设备顺应了时代潮流，同时也将肩负着助力中国足球振兴的伟大使命。

6　分析与评价

6.1　指导老师点评

对于创业项目的选择，绘梦青年团队的成员选择了高科技含量、新创新创意点、有市场、高效益、低风险的乐球足球训练仪及其App，可以说做出了正确的选择，因为这样的项目创业成功的概率比较大。

在本次企业策划书的撰写过程中，我们发现了学生的优点与问题。优点在于学生能够准确地把握市场热点，提出有效可行的推广策略，而问题在于对市场潜力认识不足，整个融资及资金运营方面也太过乐观。该创业计划书最大的亮点在于，集合了全体成员的力量，以体育器材与App相结合，推动体育运动智能装备平民化。

通过这次比赛，学生们不仅学习到了怎样写好一份企业策划书，也对创业有了一个更加清醒的认识。此外，在整个项目的实践中，他们的团队合作意识、竞争意识都有了很大的提升，而我们也从他们身上感受到了年轻学子创业的激情与多彩的创业想法，可以说达到了教学相长的效果。

6.2　专家评析

本作品以足球训练仪及App为主要产品，集足球训练装备研发、足球训练教学、大数据分析、实时比赛咨询、球友论坛和电商平台等功能于一体，构造平民化的体育智能设备，平台测试正常并开始运作，取得了一定效果。该作品具有如下特点：

1）创意新颖、定位准确、意义重大

随着全民健身运动的普及，足球运动首当其冲，尽管有关足球训练的产品，但满足不了人们的需求。本作品把足球训练仪和手机App结合起来，受众面更广泛，对于提高我国足球的竞技水平意义重大。

2）技术先进，立足创新，特色鲜明

本作品应用了物联网电子芯片及传感器等智能硬件，结合手机App利用大数据技术进行数据分析，并借助VR手段，使之应用于足球训练中，相比已有的产品具有自己的特点。

3)应用广泛,便于推广,效益显著

该作品适用于足球爱好者、足球俱乐部及培训机构、各类层次的学校(中小学、高等学校)等,不仅能产生一定的经济效益,而且有较大的社会效益,有推广应用前景。

综上所述,该作品是电子商务"三创"大赛中的优秀作品。

需要指出的是:在足球训练仪与手机 App 有机结合上还要有进一步优化,使之真正做到训练、锻炼及娱乐于一体,真正发挥其作用。

评析专家:武汉工商学院　刘腾红　教授、副校长

基于电子商务的第五代健康即排节水马桶运营方案

参赛团队:肆零肆项目组

参赛组长:刘学通

参赛队员:周　雪　陈　娜　王　赛　陈　新

指导教师:高文海　谷　聪

关 键 词:第五代　马桶　健康即排　节水　马桶　运营方案

摘要:本项目响应国家新农村建设政策,针对农村旱厕卫生条件差、水资源短缺、居民健康的问题,借助第五代健康即排节水马桶,加快农村旱厕改造的步伐。该马桶利用仿生学原理设计,以复合硅胶密封带为核心技术来解决现有马桶存在的卫生、堵塞、异味、用水量大等弊端,并根据城镇及乡村不同的使用需求开发了一系列创新功能,让马桶的使用更加方便卫生,大大改善人们如厕环境,助力美丽乡村建设。在进军农村市场的同时,针对城市第四代马桶耗水量大的问题,利用本产品耗水少的特点,对城市厕所进行改造。

本项目致力于策划电商的运营方案,充分利用网络平台,创建多个关键词,在百度百科中建立多个相关词条,同时以撰写软文的方式营造网络经营环境,结合试点的媒体宣传和口碑宣传,让更多的人知道、了解本产品。同时靠项目的自身优势吸引联合国儿童基金会成员来井陉矿区参观考察马桶,将厕所改革无水马桶推向世界。

1　项目简介

1.1　项目社会经济意义

"厕所问题不是小事情",小厕所连着大民生,关系大文明。就推进"厕所革命",习近平总书记于2015年、2017年多次作出重要指示,要求"努力补齐这块影响群众生活品质的短板"。2018年2月,中共中央办公厅、国务院办公厅印发《农村人居环境整治三年行动方案》中提到开展厕所粪污治理。各省政府纷纷出台农村厕所改造的相关政策。"厕所革命"已经成为一项国家文明工程,得到社会各层面的高度重视。本产品具有微水、防味、抗寒、子母的特点,有效解决农村旱厕改造难的问题。我国是一个严重缺水的国家,本产品节水的特点可很大程度上节约水资源。本项目利用互联网将产品推广出去,打造自己的品牌让更多的人知道、了解本产品,让本产品为人类造福。

1.2 项目目标与近期效果

项目目标:本公司产品为替代型产品,理论上讲,所有使用厕所的场所都是需要开拓的市场。主要面临以下三类市场:农村旱厕改造、工程类厕所改造(城市机关事业单位、旅游景区等)、家庭住户厕所改造等。据调研,全国需要进行改造的农户厕所预估共14 743.25万,市场前景广阔。据测算,工程类厕所改造市场的规模约千亿元级,远远大于农村厕所改造市场。该家庭住户厕所改造市场规模约在千亿元级。本公司目前针对农村旱厕改造,因改造情况而定,其他类型市场在后期会逐步进行。

近期效果:项目运行自2017年9月开始到目前为止,共推出3种产品,即蹲便器、普通型坐便器、母子盖型坐便器;截至2018年4月,本项目在河北省石家庄市正定县和河北省承德市隆化县设置了多个试用点,每月月末随机采访5~10名村民使用者;同时在河北省石家庄美旅河北旅游开发有限公司和××大学设立试点,利用在马桶上已安装好的用水计量仪统计用水量,与第四代马桶的用水量进行对比。根据各项记录显示,自试用点设立以来,各村村民试用体验反映良好;公司和学校蹲便器用水量大大减少,节水效果明显,由此可见本项目具有很好的市场潜力。

已投试用点:东升村、北铺子村、三家村、美旅河北旅游开发有限公司、××大学(5个试用点),各区试用点的蹲(坐)便数量见表1。

表1 试用点坐(蹲)便数量

区 名	东升村	北铺子村	三家村	美旅河北旅游开发有限公司	××大学
蹲便(坐便)数量	4	5	4	18	12

图1 三家村厕所改造前

图2 三家村厕所改造后

在美旅河北旅游开发有限公司一、二楼建立试点，共 18 个蹲便器（男厕 8 个，女厕 10 个），每月月末统计改造厕所（一、二楼）和未改造厕所（三、四楼）的蹲便器用水量。图 3 为美旅河北旅游开发有限公司试用点用水量（2017 年 1 月到 10 月）对比图。

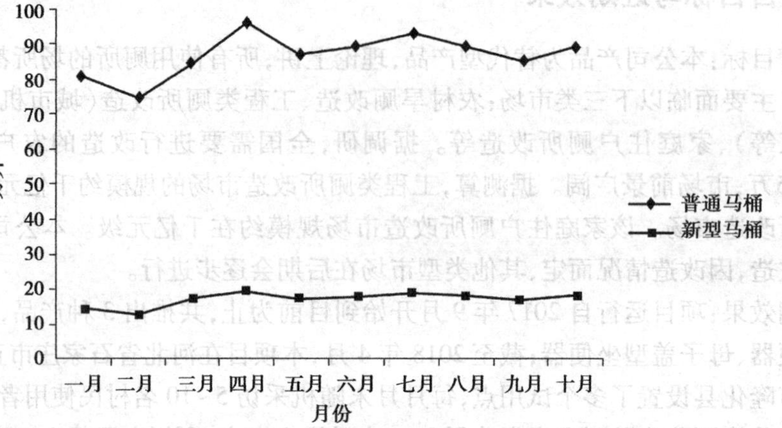

图 3　蹲便器用水量改造前后对比

在××大学××楼二楼建立试点，共 12 个蹲便器（男厕 4 个，女厕 8 个）。每月月末统计改造厕所（二楼）和未改造厕所（三楼）的蹲便器用水量。以下为××大学××楼厕所改造前后蹲便器用水量统计图（2018 年 3 月到 5 月）：

表 2　学校蹲便器改造前后用水量

月份	改造后（L/月）	改造前（L/月）	节水量（万升）	节水率
三月	15.8 万	53.1 万	37.3	70.24%
四月	16.7 万	52.2 万	35.5	68.01%
五月	16.2 万	51.2 万	35.0	68.35%

仅××大学××楼的厕所平均每月节水约 69.5 万升，若整个学校都采用该蹲便器（马桶），每年将节水约 2.87 亿升；若河北省所有高校都采用该蹲便器（马桶），每年将节水约 374.2 亿升；若全国高校都采用该蹲便器（马桶），每年将节水约 10 846.3 亿升，相当于节约 75.8 个西湖的水量。

1.3　项目主要内容

现阶段项目运营的主要目的：通过创建信息源和树立网络品牌来营造良好的网络环境，寻找示范村建立试点并在当地招募代理，来逐步开拓农村市场。

根据现阶段项目运营的主要目的，借助电子商务工具及渠道，确定如下运营任务：

①创建有效信息源，就是从核心技术、如厕观念、产品社会效益、使用场景、试点反馈、营销活动等不同视角准确介绍第五代健康即排节水马桶，形成有效信息源。以创建

网站、博客、微博、微信群、百度知道、知乎、视频、音频、各类论坛等信息源,作为项目运营的基础任务。

②锁定受众群体。根据主要开拓的市场为农村市场,我们对受众进行详细划分,其中包括农户和老家在农村的城镇人。不同的信息源辐射不同的受众群体。

③确定传播渠道。根据锁定受众群体获取信息的方式,选择确定的信息传播渠道。面向农村政府相关部门的人员采取搜索引擎、直播工具、QQ微博微信等新媒体、邮件、短视频软件等渠道;面向农户采取农村大喇叭广播、电视、广播等渠道。

④树立网络品牌。通过网络宣传渠道进行有效的传播,树立网络品牌——"莱昂利福"之即排健康节水马桶,使得产品深入人心,得到良好的推广。

⑤设计需求场景。从受众群体痛点出发,设计需求场景。比如,农村政府为加快美丽乡村建设、促进厕所革命的进程,其需求场景就是性价比高的解决方案;农户的需求场景是冬天如厕时不受冻不着凉,夏天如厕时没有异味干净卫生,享受与城市市民一样的如厕场景。

⑥策划营销活动。依据前四项任务,策划营销活动。比如:a.体验式营销活动。在河北省诸多农村的示范户家中进行免费安装体验。b."厕所文化"有奖征文活动。借助互联网信息传播优势,深耕厕所文化,营造正确的厕所文化,引起社会对第五代马桶技术和莱昂利福品牌的广泛关注。c.借助国家"厕所革命"一系列的政策,通过创建优秀的软文信息源,利用新媒体工具完成较好的传播效果。

1.4 项目技术路线

本项目利用互联网,在百度创建多个关键词,创建网站、博客、微博、微信群、百度知道、知乎、视频、音频、各类论坛等信息源,同时在这些平台定期发送软文推送来营造网络经营环境,线下采用代理制来逐步开拓市场。

1.5 项目特色

本项目利用互联网信息传播快、广、准的特点对第五代健康即排节水马桶这项新产品进行推广,采用精准营销和设计多个使用场景,让更多的人知道、了解本产品,借助国家厕所改造的大背景,从而使本产品得到更多人们的认可及使用该产品。

2 项目分析(创新)

2.1 市场需求分析

本公司产品为替代型产品,理论上讲所有使用厕所的场所都是需要开拓的市场。目前主要面临以下三类市场:农村旱厕改造、工程类厕所改造(城市机关事业单位、旅游景区等)、家庭住户厕所改造等。

1)农村旱厕改造

我国广大农村使用的厕所仍为室外旱厕,由于资源短缺,没有上下水排污系统,冬天天气寒冷,易结冰,城市里已经普及的虹吸式马桶无法在农村应用,冬天如厕冷,夏天如厕臭又蝇蛆满地爬,这是我国实施乡村振兴战略、美丽乡村建设最大的困境。本产品是一种微水防冻又防异味产品,完全可以有效地解决农村旱厕改造困境。

据调研,全国需要进行改造的农户厕所预估共 14 743.25 万个,市场前景广阔。

2)工程类厕所改造

工程类厕所改造主要包括旅游景区、机关事业单位、公共场所、新建综合建筑等领域。

该类市场主要特征表现为:第一,卫生条件差。使用者能直接感受到的痛点,依靠大量的清洁工高频次地维护厕所卫生;第二,水资源浪费大,为了保持厕所的卫生,不得不使用大量的水来冲洗厕所,加上弯管技术,进一步加剧了水资源的浪费;第三,细菌病毒传播场所。如厕排泄物、夏天苍蝇蚊子成为细菌病毒传播的主要源头。因此,该类市场迫切需要政府协同社会力量共同破解厕所问题。本产品用水量少,可以将如厕排泄物与外界隔绝,有效破解如厕卫生和细菌病毒传播的痛点。

据测算,该类市场的规模约千亿元级,远远大于农村厕所改造市场。

3)家庭住户厕所改造市场

该市场的主要特征是城市家庭通常在封闭的室内环境如厕,存在异味重、用水量大、易堵塞、排便不畅等痛点。该市场主要受众群体是家庭成员,改变如厕观念和习惯是开拓该市场的着重点,市场规模约在千亿元级 。

开拓以上三类市场面临的主要问题就是改变人们对如厕马桶认知和习惯,最大的竞争就是如厕观念,所以现阶段经营的主要目的是市场教育。

本公司目前针对农村旱厕改造,因改造情况而定,其他市场在后期会逐步进行。

2.2 市场定位分析

近期河北省各地市纷纷出台了推进农村厕所革命三年行动方案,到 2020 年,各地市要基本完成农村厕所改造任务,其中,《石家庄市推进农村厕所革命三年行动方案》中明确指出石家庄市农村旱厕改造具体分三年推进:2018 年完成厕所改造总任务量的 35%,2019 年完成厕所改造总任务量的 45%,2020 年底基本完成厕所改造总任务。同时,提升粪污无害化处理水平,卫生厕所普及率达到 85%以上,力争无害化厕所普及率达到 80%以上;承德市隆化县改革方案中明确指出:按照 2018 年省、市农村改厕工作安排,一般贫困村改厕工作由县级自筹资金开展;深度贫困村改厕工作由省级资金予以补助。

针对此,我们采取的市场进入战略是:先省内厕所改革,再进入省外进行厕所改造;先以农村旱厕改造作为目标市场,再开拓其他两类市场。

据初步统计,全省共有农户 1 127.67 万的厕所需要进行改造,目标市场总额达到 60 亿元。根据公司和项目团队资源优势,选择在农村建立试点,采取“试点村带动试点县,试点县带动试点市”的发展策略,利用家在农村的同学、驻村干部驻村优势,用 1 000 套产品专门用来建立试点,以点及面开拓市场。

全国约14 743.25万个厕所需要进行改造。公司采取区域性招商代理大会招募县级、村级代理,全面覆盖开拓市场。目前,在家在农村的同学以及驻村干部的帮助下,已经在承德隆化县东升村、三家村和北铺子村,石家庄市正定县秦家庄村等地区进行了试点改造。改造后卫生环境明显改善,得到试点农户的高度认可,发展潜力巨大。

在此基础上,制订了三年市场开拓计划,见表3。

表3 三年市场开拓计划

年份	目标市场	市场开拓计划量
第一年	承德隆化县、石家庄正定县、灵寿县、平山县、行唐县等	10.67万
第二年	承德其他县区、石家庄其他县区	25.34万
第三年	衡水、邢台、邯郸、沧州等地区	54.20万
合计		90.21万

三年市场总量占全省总量的8%的市场份额,大约完成90.21万座厕所改造。

2.3 可行性分析

SWOT分析结果如图4所示。

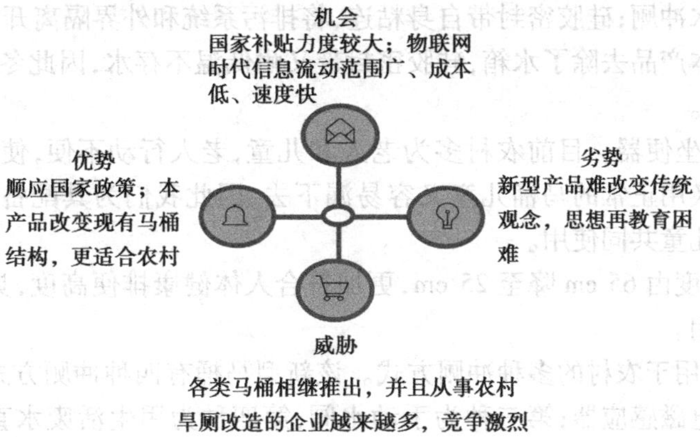
机会
国家补贴力度较大;物联网时代信息流动范围广、成本低、速度快
优势
顺应国家政策;本产品改变现有马桶结构,更适合农村
劣势
新型产品难改变传统观念,思想再教育困难
威胁
各类马桶相继推出,并且从事农村旱厕改造的企业越来越多,竞争激烈

图4 SWOT分析图

2.4 云计算与物联网的应用

厕所直排技术最大的竞争性要素是人们传统的如厕观念和习惯,几百年来农村习惯于用旱厕,不习惯用水厕。

采取的策略有:

①通过试点体验改变人们对厕所的认知。

②广泛宣传教育,改变人们的传统观念。

厕所直排技术最大的竞争性要素是人们的如厕观念和习惯,这是本项目最需要破解的难题。几百年传承下来的如厕观念和习惯:农民不习惯将厕所安装在室内,现有农村厕所一般都安置在室外，产生一系列厕所环境问题和不方便使用的问题；农村本身水资源短缺，农民更习惯于使用旱厕，不习惯使用水厕。

策略分析：

①通过试点体验改变人们对厕所的认知，首先在同学家所在农村，驻村干部所在农村承德市隆化县三家村、东升村、北铺子村，石家庄市正定县秦家庄村等农村地区进行厕所试点改造，改变人们的传统认知。

②广泛宣传教育，改变人们的如厕观念和习惯，借助电视广告、网页报道、媒体宣传、网络宣传等方式进行厕所知识普及和教育。

③借助政府在节水、环保等方面的政策，倒逼市场接纳新型产品。

④增加本产品形式产品（外观、智能等）的研发和推广，满足人们的需求。

3 项目设计（创意）

3.1 产品形态设计

我们将本产品的特点总结为八字方针：微水、防味、抗寒、子母。针对以上特点，本产品形态上的设计与第四代虹吸式马桶相比，主要在以下五个方面做出改进：

①内部结构上，以技术核心硅胶密封带替代了 S 弯管。本产品利用硅胶密封带的直排原理，实现微水冲厕；硅胶密封带自身粘连，将排污系统和外界隔离开，隔绝了异味。

②外观上，本产品去除了水箱，硅胶密封带又耐低温不存水，因此冬天在农村室外马桶也能正常使用。

③子母盖型坐便器。目前农村多为老人和儿童，老人行动不便，使用蹲便器老人容易蹲下起不来，换用正常的马桶儿童又容易漏下去，因此我们为其配备了子母盖型坐便器，方便老人和儿童共同使用。

④将马桶高度由 65 cm 降至 25 cm，更加符合人体健康排便高度，具有防便秘、缓痔疮、校脊椎的作用。

⑤增加了适用于农村的多种冲厕方式。该新型马桶有四种冲厕方式：第一种为高压水枪；第二种为电磁感应器；第三种为手动水阀；第四种为用生活废水直接冲厕，其中前三种冲厕方式适用于有上下水系统的农村。

3.2 经营模式设计

现阶段项目运营的主要目的是：将有效信息通过有效的渠道传递到有效的受众群体，借助电子商务这一手段让受众群体产生需求场景。

①创建有效信息；

②锁定受众群体；

③确定传播渠道；

④设计需求场景；

⑤策划营销活动。

3.3 技术方案设计

多功能节水坐便器利用复合型硅胶密封带替代第四代虹吸式马桶的S弯管来处理粪便,形成第五代即排健康节水马桶。新型产品去除了水箱,利用排泄物和水的自降可实现即排即冲、马桶零堵塞,并将马桶单次用水量由6~8升降至1升,相对第四代虹吸式马桶可节水80%,可以有效破解易堵塞、异味重、用水量大等痛点问题。

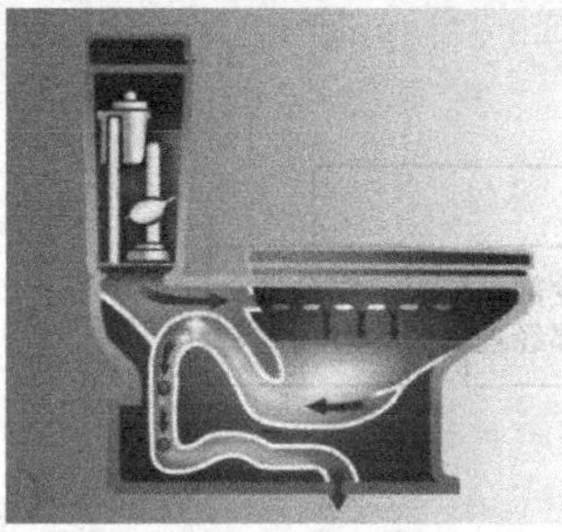

图5 第四代虹吸式马桶剖面图

图6 复合型硅胶密封带

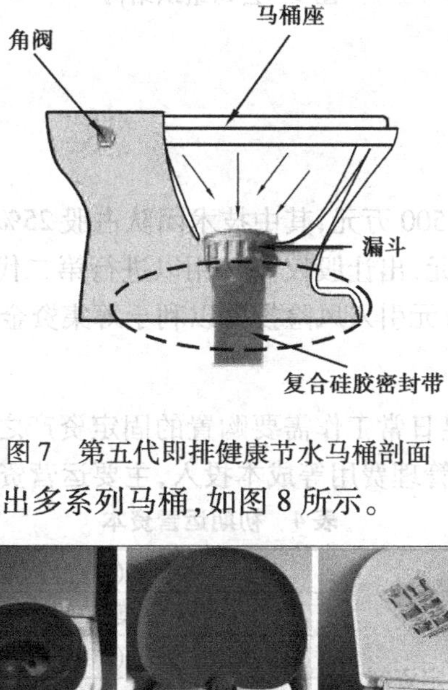

图7 第五代即排健康节水马桶剖面

公司面向不同市场研发出多系列马桶,如图8所示。

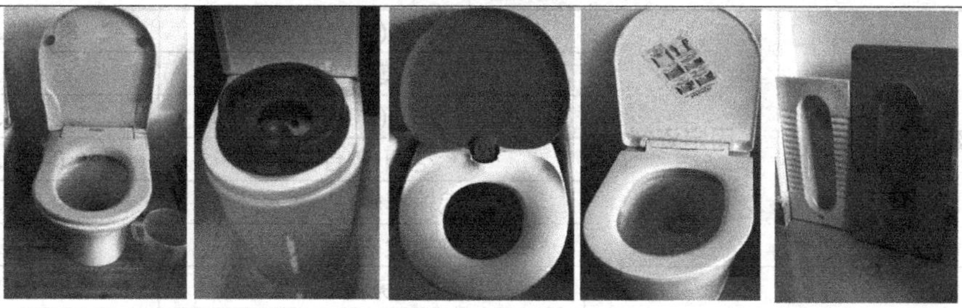

适用于城市家庭市场　适用于农村市场　适用于事业单位、工程类、旅游景区市场

图8 各系列马桶实物图

3.4　组织机制设计

本公司创业初期采用直线职能制组织架构，这种组织结构形式把企业管理机构和人员分为两类，一类是直线领导机构和人员，按命令统一原则对各级组织行使指挥权；另一类是职能机构和人员，按专业化原则，从事组织的各项职能管理工作。关键职能部门如图 9 所示。

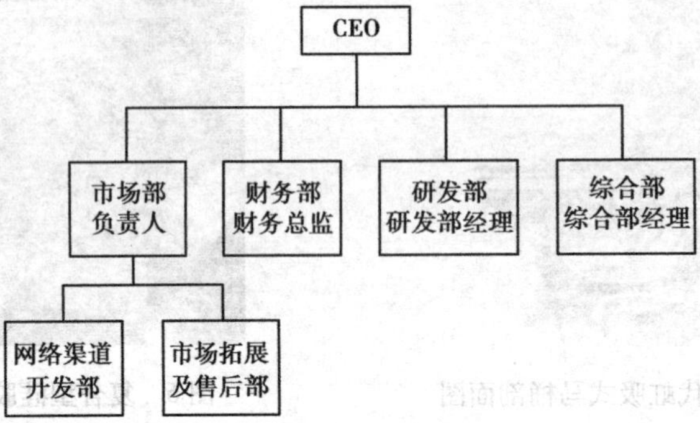

图 9　公司组织结构

3.5　财务管理设计

1）投资计划

本项目前期，资金入股 500 万元，其中技术团队占股 25%。后期销售额破 2 000 万元时，进行天使轮融资 500 万元，出让股权 10%用以进行第二代产品的研发，并扩大生产线加速占领市场。其余 500 万元引入风险投资以利于筹集资金化解风险。

2）成本来源

本项目初期除了为满足日常工作需要购置的固定资产之外，还需要运营过程中所用的制造费用、销售费用以及管理费用等成本投入，主要运营资本见表 4。

表 4　初期运营资本　　单位：元

建设期	固定资产	电脑（20 台）	80 000.00
		办公桌（20 张）	3 000.00
		椅子（40 把）	2 000.00
		空调（2 台）	10 000.00
		运输车辆（2 辆）	50 000.00
		各类设备及耗材	60 000.00
运营期		房租	180 000.00
		管理费用	2 618 000.00
		销售费用	500 000.00
		委托加工费	14 148 420.00
		物流费	600 000.00
		研发支出费用	660 000.00

3)项目收入概述

根据公司的发展战略,我们按三年一个计划段地把该项目运营展分为三阶段。预计现金流见表5。

表5 利润表 单位:元

项 目	2018年	2019年	2020年
一、营业收入	23 474 000	55 748 000	119 240 000
减:营业成本	14 928 420	34 490 840	73 159 200
销售费用	500 000	660 000	730 000
管理费用	2 618 000	3 389 000	4 204 000
税金及附加	3 295 750	7 827 019	16 741 296
二、营业利润	2 131 830	9 381 141	24 405 504
加:营业外收入	0	0	0
减:营业外支出	0	0	0
三、利润总额	2 131 830	9 381 141	24 405 504
减:所得税费用	532 958	2 345 285	6 101 376
四、净利润	1 598 872	7 035 856	18 304 128

3.6 风险控制设计

每一个创业活动都会面临风险,对此我们进行了相对全面的风险预测分析,成立风险管理体系,对可能出现的风险提出了相应的应对措施。本公司建设风险管理系统,全方位地对公司风险进行管理,以降低公司的风险,并做出了资金风险退出方案,来尽量减少资金退出所带来的影响。

1)技术风险

同行业存在潜在竞争对手,各类新型马桶相继推出,功能上也日新月异,市场上可能迅速就会出现相似产品把我们覆盖掉。团队成员需要面对巨大的技术压力,而本项目的核心科技关乎着公司未来产品的不断更新。

对策:公司销售部门、研发部门、售后服务及时关注消费者市场上的相关变化,并及时应对所出现的变化,优化方案,吸取长处,也可以采用拿来主义,参照现有马桶的优势,对自身产品进行升级改造,也要加强专利保护。

2)财务风险

没有合理配置资金、经营管理不善、市场预测失误、资金不到位等因素会引起后期财务困境。就本项目而言,在前期不断投放试用点的阶段,我们需要面临很大的资金压力,而试用点的市场反应将直接影响到本项目接下来的全部发展。

对策:对于创业期投资风险,应充分利用我校对学生创业的支持,争取得到资金上的扶持。利用相关政策对创新性公司大力度的扶持,争取获得银行短期贷款。公司对资金的投资及运用有详细合理的规定,对日常的各项收入与支出做详细的记录,每日进行财务总结,保证资金运作正常,准确掌握公司现金流量。通过预算,保持公司一定的资金流量用于公司日常运转,提前准备好备用资金,以备不时之需。

3)管理风险

在项目运行初期,团队成员由于没有太多的管理实践经验,大家的配合能力还有待提高,对于马桶这一行业的经营理念的了解还处于初级阶段,极易在管理方面出现意见上的分歧以及执行上的偏差。

对策:由于都是在校大学生,管理团队需要不断根据市场的变化,进行分析,从而进行改变,通过不断学习,提高自己的管理能力和市场把握能力,同时可以向专业人士学习管理经验,做好内部工作、分工明确、分工透彻,向有经验者请教管理模式,设置内部半数以上通过制。确立科学的内部管理制度,不同层次部门相互监督,设置监事会定期进行审查,保障公司制度真正落实。

4)市场风险

前景是否广阔,目前较大的市场在于农村的卫生间改造,由于产品自身的原因以及农村人群对于节水理念的认识有所欠缺,导致本产品在农村市场受限。

对策:定期对市场数据进行调查以便及时掌握市场动态。大力宣传节水理念,拓展农村卫生间改造市场,虽然我们面对的风险很多,但是我们相信前景依然很广阔。

5)法律风险

法律风险融通于各种企业风险中,是一种可能造成公司经济损失的商业风险。

对策:完善公司法律风险管理体系,提高中高级管理人员的法律风险管理意识,建立公司产权管理制度。公司在可控的风险范围内运作,增强公司的盈利能力和抵抗风险能力。

4 项目建设(创业)

4.1 组织机构建设

第五代健康即排节水马桶组织运营分为几个阶段:

①首先创建有效信息源。即从核心技术、如厕观念、产品社会效益、使用场景、试点反馈、营销活动等不同视角准确介绍第五代健康即排节水马桶,形成有效信息源。

②锁定受众群体。根据主要开拓的市场为农村市场,我们对受众进行详细划分,其中包括农户和老家在农村的城镇人。

③确定传播渠道。根据锁定受众群体获取信息的方式,选择合适的信息传播渠道。

④树立网络品牌。通过网络宣传渠道进行有效的传播。

⑤设计需求场景。从受众群体痛点出发,设计需求场景。比如,政府为加快美丽乡村建设、促进厕所革命的进程,其需求场景就是性价比高的解决方案。

⑥策划营销活动。依据前四项任务,策划营销活动。

4.2 技术支持建设

第五代健康即排节水马桶利用复合型硅胶密封带替代第四代虹吸式马桶的S弯管来处理粪便。该产品去除了水箱,利用排泄物和水的自降可实现即排即冲、马桶零堵塞,并将马桶单次用水量由6~8升降至1升,相对第四代虹吸式马桶可节水80%,可以有效破解易堵塞、异味重、用水量大等痛点问题。

4.3 商业运作建设

我们的经营系统建设在于以下三点:

①高绩效的工作团队。团队中每个人明确分工,各司其职,统筹协作。

②系统的经营模式,营销和推广系统化,使得产品的推广面积更大,提高产品影响力。

③较高的客户黏性。凭借"第五代健康即排节水马桶"的优势,因为关乎民生问题,所以吸引顾客广泛关注,有较高的客户黏性。

4.4 网络营销建设

通过"3+1"的营销模式("3"包括信息源、渠道、受众,"1"包括活动)来逐步打开农村市场。

1)线上营销策略

(1)创建信息源

①创建关键词:在百度搜索等国内主要搜索引擎编辑关键词来介绍本产品,使相关信息被该搜索引擎收录。

②软文推广策略:在百度文库和百度知道上发表一些软文。在微博、微信、博客等相关新媒体平台发表大量的软文来介绍本产品。

③开设网上店铺:在淘宝天猫、苏宁易购、京东商城等电商平台开设网上旗舰店,通过低成本的电子商务渠道来更好地打开本产品的市场。

(2)树立网络品牌

①本产品主要特点:微水、防臭、抗寒、子母。公司制订了自己的宣传口号——"厕所问题不用愁,莱昂利福解您忧",让更多的消费者在接触本产品时就能产生品牌记忆。

②为提高产品的品牌竞争力,提高消费者在不同情境下识别出本品牌的能力,本公司的品牌建设采取主品牌(莱昂利福)+二级品牌的品牌策略。

2) 线下营销策略

①点面结合的推广策略：在发展初期，通过在河北省诸多地区的农村建立示范点，以点带线，再通过试点村改造成效带动全县厕所改造；以线带面，逐步打开河北省农村市场；利用团队优势，在学校举办校园公益活动。

②产品组合策略：为拓宽产品销路，公司针对不同市场主推不同的组合产品。

③政府公关及产品巡展：我们通过加强与省、市、县"厕所革命"工作小组沟通交流，建立联系，从而进入政府招标名录，依托政策扶持，在政府引导下进行农村旱厕改造；积极参加国内与厕所改革相关的博览会或举办推介会进行产品展示，宣传本产品的产品特点和优势，借此契机进行宣传推广。

④经销代理模式布局销售节点：在河北省多地的农村建立示范点以后，面向这些贫困村，公司不定期召开招商代理大会，招募县级代理商以及村级代理商。

3) 薄利多销的价格策略

我们选取了承德市三家村北铺子村、东升村等贫困村，对村民经济状况进行调查，建立涵盖村民信息数据的数据库，为日后长远的营销建立基础。

5　项目运行与维护

5.1　运行与维护过程

本公司通过创建信息源和树立网络品牌来营造良好的网络环境，寻找示范村建立试点并在当地招募代理，人们可以通过网上下单和线下购买来认识和使用我们的产品。每季度进行优秀代理和优秀员工评比，对上榜者给予物质奖励，提高公司职员的积极性。公司不定期召开招商代理大会，招募市级代理商、县级代理商以及村级代理商。

5.2　运行与维护效果

1) 市场影响

我们的主要盈利将来自政府工程性改造以及代理销售带来的提成。据初步统计，河北省共有 1 127.67 万农户的厕所需要进行改造，本产品仅在河北省农村的总市场就达到了 60 亿元，而全国需要进行改造的农户厕所预估共 14 743.25 万个，市场十分庞大。而未来对产品的要求将越来越注重于节能减排，所以我们的第五代智能即排节水马桶可以完全抢占中国节水马桶电子商务的先机，市场前景广阔。

2) 运营业绩

目前，在家在农村的同学以及驻村干部的帮助下，已经在河北省承德市隆化县东升村、三家村和北铺子村，石家庄市正定县秦家庄村、邢台、等地区进行了试点改造。改造后卫生环境明显改善，得到试点农户的高度认可。并且，本产品自运营以来已销售20 000

多套,在网上已积累一定的粉丝,每篇软文推送都得到其不同程度的关注。

3)社会和经济效益

随着高新技术的发展,人们所生产的产品越来越注重节能环保。就马桶而言,出现了一代又一代新产品,我们的科研人员一直致力于将马桶卫生节水做到最大化。据不完全统计某高校采用该蹲便器(马桶),每年节水约 2.87 亿升;若河北省所有高校都采用该蹲便器(马桶),每年将节水约 374.2 亿升;若全国高校都采用该蹲便器(马桶),每年将节水约 10 846.3 亿升,相当于节约 75.8 个西湖的水量,若全国都采用本公司产品,将对我国水资源的节约做出巨大的贡献,有助于我国水资源的合理利用。

6 分析与评价

6.1 指导老师点评

该项目围绕着一系列厕所马桶的专利技术,团队通过 1 年多的时间深入乡村、院校、家庭、旅游景区等调研,摸清了马桶使用现状、存在的主要问题及痛点,与国内外最先进的马桶技术相比,本项目的马桶技术在节水、防味、防堵、室外耐寒等方面具有很强的竞争优势,特别是城市家庭和广大农村而言,更具有竞争优势。团队认真谋划了项目计划书,在河北部分地区进行了试销和试用,社会反响非常强烈。目前本项目产品已经制定了标准,取得了检测报告等进入市场的资质。

在整个项目的推进过程中,团队每位成员都有非常难忘的经历,从对市场的懵懂到娴熟,从投融资的感性到理性,从商业逻辑的无序性到清晰,从团队开始的一盘散沙到聚集力的形成,都渗透着每位团队成员成长和成熟。通过大赛,让我们看到他们的身上洋溢着青春的激情和梦想,此次阅历将成为他们最宝贵的财富。

6.2 专家评析

从“三创”(创意、创新、创业)的角度去评价分析,可以发现该方案具有以下特点:

①创意。对于全国的厕所改造,2018 年 10 月 17 日中央农办、农业农村部、国家卫生健康委员会等部门召开的全国农村改厕工作推进现场会给了一组数据:目前中国 53.5% 的村完成或部分完成改厕,近一半农户进行了卫生厕所改造。对全国而言,“厕所革命”是乡村治理难题之一,涉及资金、技术以及一整套生活方式与观念的变化。据媒体公开报道数据,目前中国仍有超过 1 亿的农户没有卫生厕所,这是一个巨大的市场,从这个市场挖掘产品是一个很好的创意。

②创新。对直排式马桶进行了一些创新研发,值得肯定。因为农村厕所很多都是没有下水道的,建议研发无须连接下水道系统的新型厕所或马桶,不仅可以杀死粪便中的病原体,还可以将粪便转化成为清水、肥料等副产品循环使用。

③创业。通过电子商务等手段进行市场开拓,体验式营销拓展市场,或到农户或景

区做几个样板市场,这样的做法值得肯定和推广。

④该设计方案中还存在着一些问题。

产品问题:直排式马桶虽然有很多优点,但也有不足。首先冲水力大,噪声较大;其次马桶内坡度陡,冲水时会溅起水花,影响卫生清洁,如厕时还容易溅到身上,特别不卫生,这些不足之处需要认真整改。

管理问题:公司顶层设计不够合理,没有大股东来对企业决策负责,随着发展可能会产生诸多内耗。财务报表预估过于乐观,市场费用预估不合理等因素存在。

市场问题:针对农村市场开拓更应该关注乡镇村基层部门的对接,针对景区市场更应该关注景区管理部门对接,其实该产品更应该关注B端的营销可能会更好。

只要同学们在实践中总结经验,克服不足,在电子商务创业道路上不断进步和奋斗,将来一定会发展得越来越好。

评析专家:加加林控股有限公司　任志鸿　董事长